给你一个队伍
看你怎么带

梦华　编著

吉林文史出版社
JILIN WENSHI CHUBANSHE

图书在版编目（CIP）数据

给你一个队伍看你怎么带 / 梦华编著. -- 长春：
吉林文史出版社,2018.11（2021.12重印）
ISBN 978-7-5472-5786-9

Ⅰ.①给… Ⅱ.①梦… Ⅲ.①组织管理学－通俗读物Ⅳ.①C936-49

中国版本图书馆CIP数据核字(2018)第263792号

给你一个队伍看你怎么带

出 版 人　张　强
编 著 者　梦　华
责 任 编 辑　弭　兰
封 面 设 计　韩立强
出 版 发 行　吉林文史出版社有限责任公司
地　　　址　长春市净月区福祉大路5788号出版大厦
印　　　刷　天津海德伟业印务有限公司
版　　　次　2018年11月第1版
印　　　次　2021年12月第3次印刷
开　　　本　880mm×1230mm　　　1/32
字　　　数　200千
印　　　张　8
书　　　号　ISBN 978-7-5472-5786-9
定　　　价　38.00元

前　言
PREFACE

　　带队伍是一门理论与实践相结合的艺术，考验的是管理者的综合能力。你可能正在带一个团队，也可能立志要做一名管理者……无论什么情况，你都要意识到，团队管理没有想象的那样简单。然而，人虽没有猛兽的尖牙利齿，没有飞禽的翅膀，但人类可以改变世界，这是因为人类对团队管理有深入持续的能动性研究和积极的实践运用。可以说，团队是事业兴盛的基础，没有了团队，事业就失去了存在与发展的根基。在企业中，任何一个项目的完成，都有赖于一支能征善战的团队。能够带出一支坚强有力的团队，是企业实现一系列目标的必备条件。

　　看看周围的世界，你会发现这样的现象：有的管理者，虽然意气风发地提出了团队未来几年的远大目标，但团队成员缺乏对目标的明确认识，劲儿总是不能使到一处；有的管理者，虽然耗时、耗力制定了严格的规章制度，却因为自己的一时心软导致制度被束之高阁；还有的管理者，抱着"有钱能使鬼推磨"的观点，设置了名目繁多的奖励措施，却没能换来员工的感激和尽心尽力地工作……让管理者头疼的情况简直不胜枚举。在团队管理中，什么是最重要的，怎么样才能让团队发挥出最大的功效？这是无数管理者仍在不懈探索的问题。团队的作用，包括正反两个方面，即：如果能够高效地管理团队，那么，团队就如一艘轮船，可以在海洋中纵横驰骋，到达目标的彼岸；

如果不能有效地管理团队，那么，这艘行驶在海洋中的轮船，就可能会触碰冰山而沉没海底。任何一个团队，不管是成功还是失败，都是有原因的，关键看你如何带这个队伍。

一个成功的管理者，不仅要关注团队业绩的提升，还应该能够通过引导员工的行为，从根本上提升整个团队的综合实力。那么，给你一个队伍，你应该怎么做，才能将其打造成一支优秀的团队呢？

一般来讲，作为团队的管理者，一定要志存高远，有目标。这个目标是一个导向，能使团队少走很多的弯路。在市场竞争中，为了使企业处于有利地位，更好地增加利润，保持企业旺盛的生命力，团队必须不断地设定更高的发展目标。当然这个目标并不是高不可攀，而是需要得到团队同人的理解和认可，激励整个团队去努力奋斗，以利于企业的生存和发展。

没有完美的个人，但可以有完美的团队。一个人的智慧总有晦暗的时候，但团队可以通过取长补短、集众人之智与众人之力，从而做出尽可能正确的决策，并付出卓有成效的努力。现代社会的发展越来越复杂，团队管理者的眼光要远，眼界要宽，看问题、办事情要有前瞻性、预见性，尤其要对自己的员工及企业的现状、发展走势、外部环境有十分清醒的认识。只有这样，工作的主动性才能增强，才能沉着应对可能出现的各种情况，达到趋利避害的目的。现在一些团队管理者都能意识到危机几乎是不可避免的，在面对危机时也能从容应对，最大限度地避免企业受损。有了危机意识，团队管理者就能更冷静、清醒地面对现状，预测下一步的计划。同时，面对现实社会激烈的竞争环境，一旦懈怠，退步也会接踵而来。只有团队整体保持对同类竞争与社会发展的高度敏感性，才不会降低团队的效率，才能让团队一直处于高效运转的状态，时刻保持旺盛的生命力。

对于团队管理者来说，如何带好队伍要有艺术。能否成为一个成功的管理者，一方面要有卓越的工作能力和竞争意识，努力使自己的愿望变为现实；另一方面则要有高超的驾驭下属的技巧，使每一个下属都人尽其才，才尽其用。很多企业强调公正、公平和支持的管理原则。其实，公正、公平和支持的原则非常适用，它是员工监督管理者的有效手段。大度容才就是说管理者要有容才纳贤的气魄和度量。只有具备宽容的气度，才能有团结众人的力量，最大限度地发挥人才的效能。宽容是激励的一种方式，也是带队伍的一种方式。管理者的宽容品质能带给员工良好的心理影响，使员工感到亲切、温暖和友好，获得心理上的安全感。

　　总之，带好一个队伍并非一朝一夕的事情，而是需要管理者的智慧、才情和心血，还有全体同人的齐心协力与精诚团结，方能使团队保持旺盛的生命力和持久的战斗力。

　　给你一个队伍，你能带好吗？作为团队的管理者，如何更好地领导下属和管理员工？如何建立优秀的团队？如何做到知人善任、人尽其才？带好一个团队将面临各种各样的问题和挑战，当你面对这些问题时，你是否会产生困惑或有力不从心之感？是否需要用新的管理知识和技能武装自己的头脑？是否想进一步提升自己的管理技能，以便更好地应对管理过程中出现的各种难题和挑战？作为一名中层领导和普通员工，如何通过自我修炼来提高当前的工作业绩？如何在工作和实践中提升自我？如果有一天你被任命为团队的管理者，你知道该做什么，不该做什么吗？如果将你从普通员工提升为中层管理者，你如何走好第一步？你具备管理者的基本素质和能力吗？为帮助读者掌握最切合实际的管理方法，使读者在管理过程中少走弯路，使管理更顺畅，从而游刃有余地开展工作，成为卓有成效的管理者，我们精心编写了这部《给你一个队伍看你怎么带》。

　　本书以如何带好队伍为出发点，分别从团队组织、团队战略、团队学习、团队激励、团队用人、领导团队、团队考核和自我管理等方面介绍了管理者所应对的事务，内容全面、系统、丰富，兼具实用性和指导性，帮助管理者打造出一个高效运作、良性发展的优秀团队。同时，本书也为中层领导和普通员工的自我提升和成长提供了可以借鉴和学习的素材，员工可以通过学习书中先进的管理理念和管理方法，优化自己的思维方式和知识结构，改变自己的工作方法，提高自身素质，为以后的发展与壮大奠定基础，继而成为公司不可多得的管理型人才。不管怎样，只要你仔细阅读并认真思考了，本书一定能为你从普通员工升为主管、主管升为经理助一臂之力，帮助你从员工见了就躲的"寡人"领导变为员工又敬又爱的"良师益友"型领导。

目 录
CONTENTS

① 主管的价值在于领导和整合

首要身份是完成团队使命的领导者

主管的首要任务是要明确团队的独特使命并完成这个使命，因此，主管的首要身份是团队使命的领导者。明确独特使命，是成为优秀管理者以及促进团队不断发展壮大的必要条件之一。

每一个优秀的领导者都会赋予团队一个清晰的使命，只有明确地规定了团队的使命，才可能树立明确而现实的团队目标。团队的使命是确定优先顺序、战略、计划、工作安排的基础，它是设计管理职位特别是设计管理结构的出发点，是实现高效管理的重要根基。

在声名显赫的商业领袖背后，总有关于团队独特使命的故事。

1903 年，亨利·福特创建福特汽车公司，1913 年，福特汽车公司又开发出了世界上第一条流水线，这一创举使 T 型车生产销售一共达到了 1500 万辆，缔造了一个前所未有的世界纪录（后被大众甲壳虫以累计生产销售 2000 万辆的纪录打破）。

福特为此被尊为"为世界装上轮子"的人。1999 年，《财富》杂志将他评为"20 世纪商业巨人"，以表彰他和福特汽车公司对人类工业发展所做出的杰出贡献。

福特成功的秘诀源于对团队使命的坚持：尽力了解人们内心的需求，用最好的材料，由最好的员工为大众制造人人都买得起的好车。

沃尔玛的创始人山姆·沃尔顿向员工始终灌输的经营观念是：要永远以"优于其他商家的服务质量"来对待顾客。这种根深蒂固的利他主义使沃尔玛公司的管理严谨有素，成为令同行叹服的超强企业——这个企业总是能谈成最优惠的价格，能及时从远方调集货物，并保持了灵活变通、应对及时的优势。

当然，也许有人并不总是认同山姆·沃尔顿怀有利他主义目的，在他们看来，沃尔玛很可能比其他企业更注重谋求利益。外人的眼光无法改变山姆·沃尔顿和其员工们对顾客的服务之心。让顾客买到质优价廉的商品，这是沃尔玛的追求。正是对这个目标的不懈追求，换来了沃尔玛在全世界的成功。

使命能够带来无限能量，这种能量足以促进企业不断获得进步。主管必须为团队找到使命，团队才有存在的价值和发展的空间。一个拥有独特使命的团队，管理起来就容易得多。

优秀企业都有自己的独特使命，例如，麦当劳体现的是食品、欢乐、朋友，国际著名的化学及制药公司默克集团宗旨是"挽救和改善人类生命"，迪斯尼的宗旨是"带给人们欢乐"。

使命管理的最大意义就是为团队描绘了愿景和前进方向。主管的最大价值就是达成使命。独特使命的存在使管理变得轻松：在使命达成的过程中，团队里的每个人都有着清晰的目标。

目标会为团队提供巨大的动能，这个时候，管理就成了举重若轻的工作。

黏合各个分子创造 1＋1＞2 的效益

主管必须是一个优秀的组织者。主管的组织能力表现在两个方面：团队成员的组织，促使各个成员相互合作，创造 1＋1＞2 的效益；协调、平衡团队外部相关利益分子的关系。

微软公司在美国以特殊的团队精神著称，像 Windows2000 这种产品的研发，微软公司有超过 3000 名开发工程师和测试人员参与，写出了 5000 万行代码。没有高度统一的团队精神，没有全部参与者的默契与分工合作，这项工程是根本不可能完成的。

主管的任务之一就是要促使成员通过合作产生 1＋1＞2 的

倍增效果。团队的根本功能在于使团队的工作业绩超过成员个人业绩，使团队业绩由各部分组成大于各部分之和。

据统计，诺贝尔获奖项目中，因协作获奖的占 2/3 以上。在诺贝尔奖设立的前 25 年，合作奖占 41%，而现在则跃居 80%。

主管的另外组织任务就是去寻求团队短期和长期绩效间的平衡，同时也要在团队各个相关利益分子，如顾客、股东、知识工作者的需求间寻求平衡。

平衡从来都是一种艺术。在企业发展平衡的过程中，企业管理者往往会遇到难以想象和难以拒绝的诱惑。他们时常在短期效益和长期效益中迷失自我。

巨人集团成立于 1989 年 8 月，到 1993 年 12 月已经发展到 290 人，在全国各地成立了 38 家全资子公司。它所推出的中文手写电脑、巨人传真卡、巨人加密卡、巨人防病毒卡等产品，实现年销售额 300 亿元，年利税 4600 万元，成为中国极具实力的计算机企业。

1993 年，巨人集团董事长史玉柱宣布将新建巨人大厦，在脑子一热的情况下，他没有考虑资金问题，当众宣布大厦高 72 层，在当时是全国最高的楼宇。

1995 年，巨人集团在全国以集中轰炸的方式，一次性推出电脑、保健品、药品三大系列 30 个产品，子公司从 38 个发展到 228 个。

然而，巨人集团内部却危机四伏。1996 年，巨人大厦资金告急。在贷不到款的情况下，史玉柱将保健品业务的资金调往巨人大厦。但是，保健品业务因资金"抽血"过量，再加上管理不善，迅速盛极而衰。1997 年年初，巨人大厦因资金链断裂未能按期完工，只建至 3 层的巨人大厦停工。因为史玉柱的冒进，巨人集团终因财务状况不良而陷入了破产危机。

真正的管理者会客观评估企业的发展态势，掌控发展速度，从而实现平稳发展。阿里巴巴发展初期，软银集团准备投资3000万美元。在那个所有互联网企业都缺钱的年代里，阿里巴巴董事长马云却说："阿里巴巴有2000万美元，太多的钱是坏事。"这就是马云的智慧。

一个懂得控制企业发展速度和企业平衡之道的领导者，必然懂得在有可能使企业走上弯路的巨大诱惑面前用坚决的态度拒绝。只有这样，才能保证企业行驶在平稳的航道上。

组织那些具有知识的人发挥效用

管理大师德鲁克在《21世纪的管理挑战》一书中写道："在20世纪，管理机制所做的最重要也是唯一的贡献，就是把生产过程中体力劳动者的生产效率提高了50倍；在21世纪，管理机制需要做出的更为重要的贡献是使知识型员工的生产效率得到同样的提高。"

"知识型员工"是指"那些掌握和运用符号和概念，利用知识或信息工作的人"。企业之间的竞争，知识的创造、利用与增值，资源的合理配置，最终都要靠知识型员工来实现。企业要赢得知识型员工的追随，就必须向他们证明，组织会给他们发挥运用知识的机会。

但是存在的客观难题是，真正才华横溢的人，往往又是充满个性而难于驾驭的人。对于这个管理难题，德鲁克有着清醒的认知，他说："知识工作者不能被有效地管理，除非他们比组织内的任何其他人更知道他们的特殊性，否则他们根本没用。"

知识型员工之所以难以管理，是由其群体特点决定的。知识型员工不再是组织这个大机器的一颗螺丝钉，而是富有活力的细胞体。与普通工人相比，知识型员工更倾向于拥有一个自主的工作环境，更强调工作中的自我引导，更渴望获得在工作场所、工作时间方面更大的自由限度。

知识型员工从事的不是简单重复性的工作，而是在易变和不完全确定的系统中充分发挥个人的创意，应对各种可能发生的情况，推动着技术的进步，不断使产品和设备得以更新。这就决定了在很多时候，知识型员工会在管理的权限之外进行决策，从而造成客观上"不服从管理"印象的产生。

知识型员工具有较强的成就动机，与一般员工相比，知识型员工更在意自身价值的实现，并强烈期望得到社会的认可。他们并不满足于被动地完成一般性的事务，而是尽力追求完美的结果。因此，他们更热衷于具有挑战性的工作，把攻克难关看作一种乐趣，一种体现自我价值的方式。

知识型员工高度重视成就激励和精神激励，在知识型员工的激励结构中，成就激励和精神激励的比重远大于金钱等物质激励。他们更渴望看到工作的成果，认为成果的质量才是工作效率和能力的证明。他们愿意发现问题和寻找解决问题的方法，也期待自己的工作更有意义并对企业有所贡献。因此，成就本身就是对他们更好的激励，而金钱和晋升等传统激励手段则退居次要地位。不仅如此，由于对自我价值的高度重视，知识型员工同样格外注重他人、组织及社会的评价，并强烈希望得到社会的认可和尊重。

知识型员工的劳动价值高，这决定了知识型员工对薪酬的要求更高。近年来，很多发展迅速的企业均致力于设立更具激励效果的薪酬体系，让员工切实感到自己是企业实实在在的"主人"而非"过客"，甚至让员工持有股份，从本质上承认劳动力、智力将成为资本存在于企业之中，借此实现共同愿景、共同参与、共同发展、共同分享的"企业利益共同体"。

知识工作者的管理是对未来管理者的挑战。管理知识型员工，要做到以下几点：

第一，要给知识型员工以充分实现个人价值的发展空间。现代企业作为社会经济生活中最具活力的领域和组织形式，往往被知识型员工视为展示自我、实现自身价值的最佳平台。企业管理者要在人事安排上多费心思，力求做到尽善尽美；要充分考虑员工个人的兴趣和追求，帮助他们实现职业梦想。管理者必须营造出某种合适的氛围，让所有员工了解到，他们可以从同事身上学到很多东西，与强者在一起只会让自己更强，以此来帮助他们充满激情地投入工作——而不是停在那里，对他们的际遇自怨自艾。

第二，企业管理者要充分授权，委以重任，人尽其长，提高知识型员工的参与感。根据知识型员工从事创造性工作，注重独立性、自主性的特点，企业一方面要根据任务要求进行充分的授权，允许员工自主制定他们自己认为最好的工作方法；另一方面要为知识型员工独立承担的创造性工作提供所需的资金、物资及人力支持，保证其创新活动的顺利进行。

第三，企业管理者要不拘一格，招贤纳士。具有创造性潜能的优秀人才往往有着强烈的个性，或者说，优秀人才的创造性往往蕴含于其独特鲜明的个性之中。而充满个性魅力的创造型人才恰恰是企业最宝贵的资本，是企业创新发展的源泉。正如 Sun 公司董事会主席和 CEO 斯考特·麦克尼里在回答人们关于怎样招聘员工的问题时所说，要雇用聪明人为你工作。

第四，提供有市场竞争力的薪酬，并提供培训机会，为员工设立能力不断提升的"梯级"。企业所提供的培训与教育将会成为吸引人才、留住人才的重要条件之一。为此，企业应让教育与培训贯穿员工的整个职业生涯，使员工能够在工作中不断更新知识结构，随时学习最先进的知识与技术，保持与企业同步发展，从而成为企业最稳定、可靠的人才资源。

要学会"指导"下属而非"指挥"

在一个知识型组织里，管理的方式并不是指挥，而是指导。这不是咬文嚼字。指挥是发号施令，下属没有主动权，只能被动地执行，由此引发出来的是员工的工作积极性不高；指导是一门艺术，既能帮助员工高效率工作，也能使员工发挥主观能动性，取得最理想的效果。

索尼的老板盛田昭夫是一个懂得"指导艺术"的人，同样，被他提拔的井深大也是这样的人。他们二人创造了索尼的辉煌。

在井深大刚进索尼公司时，索尼还是一个小企业，总共才20多个员工。老板盛田昭夫信心百倍地对他说："你是一名难得的电子技术专家，你是我们的领袖。好钢要用在刀刃上，我把你安排在最重要的岗位上——由你来全权负责新产品的研发，对于你的任何工作我都不会干涉。我只希望你能发挥带头作用，充分地调动全体人员的积极性。你成功了，企业就成功了！"

这让井深大感受到了巨大的压力。尽管井深大对自己的能力充满信心，但还是有些犹豫地说："我还不成熟，虽然我很愿意担此重任，但实在怕有负重托呀！"盛田昭夫对他很有信心，坚定地说："新的领域对每个人都是陌生的，关键在于你要和大家联起手来，这才是你的强势所在！众人的智慧合起来，还能有什么困难不能战胜呢？"

盛田昭夫的一席话，一下子点醒了井深大。井深大兴奋地说道："对呀，我怎么光想自己，不是还有20多名富有经验的员工嘛！为什么不虚心向他们求教，和他们一起奋斗呢？"于是，井深大马上信心满满地投入工作中。就像盛田昭夫放权给他一样，他把各个事务的处置权下放给各个部门，比如他让市场部全权负责产品调研工作。市场部的同事告诉井深大："磁带录音机之所以不好销，一是太笨重，每台大约45公斤；二是价钱太贵，每台售价16万日元，一般人很难接受。"他们给井深大的建议是：公司应该研发出重量较轻、价格低廉的录音机。

与此同时，井深大让信息部全权负责竞争对手的产品信息调研。信息部的人告诉他："目前美国已采用晶体管生产技术，不但大大降低了成本，而且非常轻便。我们建议您在这方面下功夫。"在研制产品的过程中，井深大和生产第一线的工人团结协作，终于攻克了一道道难关，于 1954 年试制成功了日本最早的晶体管收音机，并成功地推向市场。索尼公司凭借这个产品，傲视群雄，进入了一个引爆企业发展速度的新纪元。

井深大取得了伟大的成就，成了索尼公司历史上无可替代的优秀人物。在这个事例中，我们应该注意到最为重要的两个环节：盛田昭夫放权给井深大，井深大放权给其他部门。在充分授权下，索尼公司发挥出了团队的整体作用，调动了每一位员工的积极性，把团队的力量发挥到了极致，从而取得巨大成功。这就是"指导"的力量。

如果采用的是呆板的"指挥"，那情况会怎样？有这样一个例子：

有一家主要从事食品加工的乡镇企业，老板张总事必躬亲，对员工信任度不高。每当营销员将要出征时，他就会再三叮嘱："你们遇事一定多汇报，否则，出了问题，后果自负！"因而，在外省打拼的营销员们一个个小心翼翼，生怕办错事，唯恐算到自己头上。因此，张总经常接到这样的长途电话："张总，一天 30 元的旅店没找到呀，租一间一天 35 元的屋子可以吗？""张总，这边的客户表示需要我们意思意思，那我们是不是可以买几条烟送去呀！"无论事情大小，他们一律请示、汇报，只要未经老板认可，他们绝对不会主动作决定。

最终，一些有能力的营销员感到手脚被牢牢束缚着，有劲儿使不出，只好选择离开，另谋高就。留下来的那些营销员只会请示，工作起来没有丝毫主动性，领导不安排的事情一概不做，一年到头业绩平平。而张总也整日手机响个不停，忙得脚打后脑勺，花费上百万元的广告毫无效果，企业处于濒危边缘。

在军队里，多用"指挥"一词，这是因为军队的行动只需要服从上级的命令，而不主张自我创造。德鲁克在提出"管理是指导而非指挥"时，设置了一个极为重要的前提：在知识型组织里。知识型组织的最大特点是创新和创造，这对员工的主观能动性依赖很大。现代社会，任何企业都属于知识型企业，任何管理者都应该学会如何指导而不是如何指挥。

❷ 团队氛围就是不让成员仅凭感觉判断事务

告诉下属你是什么样的风格

你可能听不到，但是员工之间或者员工与他的朋友之间一定会有这样的谈论："我们领导高瞻远瞩，总是比同业者能多看到好几步棋，能加入他的团队中我感到很自豪""我们领导事必躬亲，下属凡事都要请示、汇报，工作效率低，员工士气低落""我们头儿给我们分配任务时，常常让我们感到无所适从"等等。他们议论的并不是你，而是你创造的工作氛围。

工作氛围是一个看不见、摸不着的东西，但我们可以确定的是，工作氛围是在员工之间的不断交流和互动中逐渐形成的，没有人与人之间的互动，氛围也就无从谈起。制度在这方面所能起到的作用有限，最多也不过是起到一个最基本的保障作用。更重要的是制度因为多种原因不能够得到很好的执行，这就要求充分发挥人的作用。人是环境中最重要的因素，好的工作氛围是由人创造的。尤其是领导者，领导者的个人风格很大程度上影响着团队氛围、工作氛围。

现在的员工越来越看重工作氛围。孟子曰："天时不如地利，地利不如人和。"人和，亦即良好的人际关系和工作氛围，已成为人才最为看重的工作条件。可以这样讲，良好的工作氛围，既是一种条件，也是一种待遇。没有这个条件，人才不来；没有这种待遇，人才也不来。

一家大型网络公司合并到新公司了，引起了业界人士的关注。然而，在这家著名网络公司工作的一位中层经理出人意料地说了这样的话："我们最关心的是在进入新公司后，是否能有原来的工作氛围。"当员工将要进入新公司的时候，关心的不是待遇、职位……而是工作氛围，可见，工作氛围对于现代从业者是多么重要。

研究表明，管理者的不同领导艺术会营造出不同的工作气氛，而工作氛围又最终影响到组织的绩效。有统计数字显示，影响组织成功主要有四个关键因素，它们是个人素质、职位素质要求、管理风格、工作气氛。其中，工作气氛对组织绩效的影响程度达35%，而管理风格对工作气氛的影响程度高达72%。

可见，积极建立良好的工作气氛是成功管理者的一个必备能力。其实，建立良好的工作氛围，不仅是管理者领导能力的体现、对员工精神需求的满足，更是成功企业的内在必然要求。因为工作氛围的好坏直接决定着员工的工作效率。

有这样一个案例：

张君，生性活泼，喜欢和人交流，不愿意受约束。他从事的是技术开发工作，刚到公司的头一天，他发现部门气氛比较严肃，大家都坐在自己的位置上一言不发，闷头做自己的事情，也很少有人走动。他觉得很不习惯，尽管工作环境很安静，但他的内心似乎有千军万马，焦躁不安，工作效率很低，以前一天能完成的工作如今变成了两天。

这个案例清晰地说明工作氛围对工作绩效的影响。因此，领导者应该注意适当调整自己的管理风格，创建出良好的工作氛围。良好的工作氛围是自由、真诚和平等的工作氛围，是员工在对自身工作满意的基础上，与同事、上司之间关系相处融洽、互相认可、有集体认同感、充分发挥团队合作，共同达成工作目标、在工作中共同实现人生价值的氛围。

在这种氛围里，每个员工在得到他人承认的同时，都能积极地贡献自己的力量，并且全身心地朝着组织的方向努力，在工作中能够灵活方便地调整工作方式，使之具有更高的效率。管理者应该掌握创造良好工作氛围的技巧，并将之运用于自己的工作中，识别出那些没有效率和降低效率的行为，并有效地对之进行变革，从而高效、轻松地获得有创造性的工作成果。

调节团队中各种负荷的"过"与"不及"

这里所说的负荷是指团队的责任。调节团队各种负荷的过与不及，就是要使团队始终保持一个适宜的状态，既不疲惫也不空闲。调节团队各种负荷的过与不及，对建设良好的团队氛围至关重要。负荷过重，团队就会因为疲惫而士气低落；过于轻松，团队就失去价值感。

作为团队的领导者，如何调节团队中的各种负荷？唯一的答案就是：理性决策。

迪斯尼公司曾想当然地认为，欧洲迪斯尼乐园的地址应该定在巴黎郊外。结果，开业6年后，亏损了4亿美元。福特的平托汽车由于油箱设置不当，引起多起伤亡事故。由于决策不理性，以为赔偿伤亡费就可了事，结果遭致起诉，损失高达2.4亿美元。如果当时福特高层稍微理性一点儿，把道德放在第一位，选择召回汽车的决策，可以大大减少损失。

诺贝尔经济学奖获得者、著名管理学家西蒙甚至断言："管理就是决策。"成就一个企业，需要100%的正确决策，而毁掉一个企业，有时只要有一个决策失误就可大"功"告成。据微软公司调查显示：超过74%的商业决策落后于预定计划或以失败告终，每年损失740多亿美元。虽然导致决策失误的因素很多，但不理性的决策居首。

1988年年初，生物健技术的持有人怀汉新辞去公职，投入保健品行业，他在广东东莞黄江镇创建了黄江保健品厂。8月，黄江厂的厂名、商品名和商标统一变更为"太阳神"，当年实现销售收入750万元。1990年，销售额跃至2.4亿元。

最初的太阳神公司，一直实施"以纵向发展为主，以横向发展为辅"的战略，以保健品发展为主，多元化发展为辅。但从1993年开始，太阳神将企业原有的战略改变为"纵向发展与横向发展齐头并进"，一年内上了包括石油、房地产、化妆品、电脑、酒店等在内的20个项目。在新疆、云南、广东和山东更是相继组建了经济发展总公司，进行大规模的收购。

短短两年时间，太阳神转移到这些项目中的资金达到3.4亿元。然而，这些项目没有一个成功的。在完成了早期的积累，开始步入发展阶段的时候，太阳神的管理者为利益所诱惑，认为什么领域利润高就进入什么领域，结果反而使太阳神失去了方向。到1997年，太阳神全年亏损1.59亿元，最终香港的股价也由1996年的每股2.2元港币跌到9分港币。

一般情况下，只要时间允许，优秀的管理者都不会仓促做决定。他们都是按照决策制定的步骤，一步一步地推演。他们确实也制定了很多好的决策！这里彰显着管理者的规划和组织技能：全盘的规划愈好，燃眉之急的决策就愈少，这就像下棋一样，一定要考虑全盘。

因理性而获得正确决策，利于团队氛围建设：正确决策能够向下属传输正向的领导能力和做事风格，进而获得信任。因此，最大限度地保持决策的正确性，减少因决策失误而造成的负荷失重，始终使团队保持在平稳状态，这是主管建设组织气氛必须要考虑的重要问题之一。

以身作则传递正能量

创造良好的工作氛围，首先要尊重下属、尊重员工。现代管理学著名的霍桑实验证明，与改善工作环境、实行计件工资、严明奖罚等措施比起来，经常与员工进行访谈沟通，给员工以"主人翁"的尊严和损益共担的归属感，更能广泛而持久地促进企业生产效率的提高。

在森林里，有一只两头鸟。这是个奇怪的动物，别的动物都觉得自己很笨拙，觉得两头鸟应该很聪明——毕竟比别人多了一个头，大家都很羡慕它。这只鸟的两个头"相依为命"，但是两个头有不同的习惯：一个爱吃肉，一个爱吃果。遇事向来两个"头"都会讨论一番，才会采取一致行动，比如到哪里去找食物，在哪儿筑巢、栖息等。

有一天，一个"头"不知为何对另一个"头"发生了很大误会，造成谁也不理谁的仇视局面。马上到了觅食的时间了，爱吃果的"头"希望能飞到果园里去，爱吃肉的那个"头"不干，非要在树底下寻找蚯蚓。结果，为了吃什么，两个"头"开始争执。爱吃果的"头"很生气，找到一棵毒草开始大吃起来，以求毒死对方消除心中怒气。结果可想而知，两个"头"都被毒死了。

不尊重对方，哪怕是一个生命躯体上的两个头，也难以达到和谐。心理学知识告诉我们：人性中最深切的心理动机是受人尊重、得到肯定和被人赏识的渴望。如果无视这个动机，漠视这种渴望，提高员工的积极性就缺乏有力的心理支撑。如果习惯于以训斥求驯服，结果只能是压而不服。不尊重员工，主管也不会得到员工的尊重，创建良好工作氛围将是一句空话。

在尊重员工的基础上，主管还要秉公办事。绝大部分员工不怕苦、不怕累，最怕领导不讲原则，从个人利益、个人好恶出发，待人分亲疏、处世有厚薄，提拔、使用、奖励不公正、不公开，从而使员工失去公平竞争的机会。这也正是有些管理者"其身不正，虽令不从"的原因所在。领导者只有公道正派、公正廉明，员工才能口服心服、无怨无悔、安心本分地干好工作。

保持领导的公正性，这就需要管理者从制度层面确定各个部门、工作职位之间的明确分工。部门之间、岗位之间的合作是否顺利是工作氛围好坏与否的一个重要标志，有明确的分工才能有良好的合作。各部门职责明确，权力明确，并不意味着互不相关，所有的事都是公司的事，都是大家的事，职务分工仅仅是说工作程序是由谁来具体执行的，如此才不会发生互相推诿、推卸责任等影响工作氛围的情况。

企业内部绝对不允许有官僚作风的存在，职务只代表分工不同，只是对事的权责划分，应该鼓励不同资历、级别的员工之间的互相信任、互相帮助和互相尊重；每一个员工都有充分表达创意和建议的权利，能够对任何人提出他的想法，主动地进行沟通，被沟通方也应该积极主动地予以配合，但沟通的原则应是就事论事，绝不可以牵扯到其他方面。

营造工作氛围最好从企业文化出发。古人说："欲谋胜败，先谋人和。""人和"有两层含义：一是营造亲密、和美的氛围。二是营造包容个性、和谐发展的生动局面。孟子说："物之不齐，物之情也。"我们不能因为强调严格管理而排斥员工个性，只有建立起尊重员工个性，同时又不失合作精神的团队文化，员工的创造智慧才会竞相迸发，创造高效益。

以敢于担当覆盖推诿

推诿是管理效率的天敌。企业组织管理的好坏，最为关键的指标就是企业组织的整体协调配合能力。整体协调能力的高低，与组织成员的水平和素质有关。在那些组织成员素质不高的企业里，时常出现的情况是，一旦出现了问题，每个人都开始推卸责任，从别人身上找原因，努力证明别人怎样做得不好，仿佛这些问题和错误与自己没有任何关系一样。

推诿是不敢承担责任的表现。无论是组织或者个人，如果具备了强烈的责任感，一定会目标明确、生机勃勃，面对任何艰难困苦的挑战决不犹豫、退缩。相反，如果失去了责任感，则会遇事推诿、消极懈怠、不敢决策，任凭组织滑到错误的深渊。

在今天，更多的人对沃尔玛感到熟悉，而对凯马特却逐渐忘却。其实，直至 20 世纪 90 年代，凯马特一直是美国最大的零售商之一。凯马特的失败，就是团队成员在问题面前推诿扯皮的典型例证。

关于凯马特的失败，有一个故事广为流传。在某一年的年度总结会上，一位高级经理认为自己在工作中出现了一个失误，他向坐在自己身边的上司请示如何改正和修补。这位上司不知道该做何回答，便向上级请示。

他对上级说："我不知道该怎么办，我需要听从您的指示。"而这位上级怕承担责任，便又转过身来向他的上司请示。据说，这样一个小小的问题，一直推到公司总裁那里。

总裁后来回忆说："真是不可思议，居然没有人愿意为这个小事情承担责任，而宁愿将问题一直推到我这里。"凯马特为什么会陨落，由此可见端倪。

推诿是一种不良风气，是影响企业肌体健康的毒瘤。企业管理者需要致力于创造一种团员赖以运行的企业文化，使团员既能建立勇于承担风险的自信心，又能承受基层对上级管理者制定的战略方案，让团员在团队中达到自己潜能的最大释放。

著名企业西安杨森，就十分重视部署之间的合作，企业在团队问题上十分注意培养员工的"雁阵意识"。任何一个销售区域、办事处、培训团或某一产品小组都是一个团队。公司在工作、活动、绩效考核和奖励方面，都很注意以团队为单位，目的是使员工学会在团队内求得个人的最佳发展。

总裁庄祥兴认为："雁文化"的实质就是团队的合作精神；雁阵当中的每只雁展翅高飞时都获得了来自同伴的"向上之风"；只有团队内成员齐心协力，互相帮助，才能实现团队的目标。一支优秀的团队能够包容不同的观点，拥有相同的价值观。如果企业中出现部署相互扯皮的方式，如何"化干戈为玉帛"呢。

　　遇事不推诿，主动寻求解决办法的人是企业最为欢迎的人。富有责任感的人最受敬重。

　　拿破仑征战期间，一个士兵为了能够把信送给拿破仑，连着三天三夜滴水未沾。敌人设有重重关卡，为了尽快将信送到，他不曾休息过一秒钟，并且在冲破敌人的围追堵截时，左臂也受了伤。当他赶到拿破仑面前时，由于劳累过度，他一下子晕倒在地，而那匹战马也一命呜呼。

　　拿破仑看了信后，起草了一封回信交给他，并吩咐他骑自己的马，快速把信送回。这名士兵拒绝了拿破仑的好意，说："我只是一个普通的士兵，我不配骑元帅的战马。"拿破仑回答："这个世界上没有任何一样东西是勇敢而负责的法兰西士兵所不配拥有的，我现在将这匹战马赠送给你。"士兵大为感动，翻身一跃，奔驰而去。

　　不推诿的人必定富有合作精神，并乐于与别人分享成绩。提升管理效率需要从加强合作开始。我国著名科学家王选说："美籍华人有个说法：日本人是围棋作风，讲究团队作战。比如松下当初把彩电倾销到美国时，联合了几家企业共同决定在美国卖成本价，占领市场。美国人喜欢桥牌作风，所以两家联合。比如英特尔和惠普，两个 200 多亿美元的大公司能够在下一代的 CPU 芯片上紧密合作。而有些中国人喜欢孤军作战，像打麻将一样，看着上家，防着下家，盯着对家，自己和不了，也不让别人和。"

　　而加强合作需要从管理推诿开始。一个处处推诿的团队是不可能富有合作精神的。为了避免部门间、员工间的推诿现象对工作造成的影响，除了不断完善企业内部的组织结构、明确职责之外，更重要的是要培养员工的责任意识，强化组织成员的责任心，做到事有人管，减少"踢皮球"的现象，顺利、快速、有效地完成公司布置的工作。

③ 制度的软硬度

为你的团队划出行为的边界

所谓行为的边界，就是制度。制度是团队文化的精髓，是一个团队在竞争激烈的环境里生存和作战的保障。一个富有战斗力的企业，必定有严谨的制度；一个合格的员工，也必定具有强烈的制度观念。如果没有制度，团队就会像一盘散沙，员工各自为战，毫无凝聚力。

很久以前，有五个和尚住在一起，他们每天都分食一大桶米汤。但是因为贫穷，他们每天的米汤都是不够喝的。一开始，五个人抓阄来决定谁分米汤，每天都是这样轮流。于是每星期，他们每个人都只有在自己分米汤的那天才能吃饱。后来经过研究，他们推选出了一位德高望重的人出来分。然而，好日子没过几天，在强权下，腐败产生了，其余4个人都学会想尽办法去讨好和贿赂分汤的人，最后几个人不但饥一顿饱一顿，而且关系也变得很差。然后大家决定改变战略方针，每天都要监督分汤者，把汤一定要分得公平合理。这样纠缠下来，所有人的汤喝到嘴里全是凉的。因为都是聪明人，最后大家想出来一个方法：轮流分汤。不过分汤的人一定要等其他人都挑完后，喝剩下的最后一碗。这个方法非常好，为了不让自己吃到最少的，每人都尽量分得平均。这个好方法执行后，大家变得快快乐乐，和和气气，日子也越过越好。

同样的5个人，不同的分配制度，就会产生不同的效果。所以，一个单位如果没有好的工作效率，那一定存在机制问题。如何制定这样一个制度，是每个领导需要考虑的问题。

一个强劲的管理者，首先应该是一个规章制度的制定者。

规章制度也包括很多层面：财务条例、保密条例、纪律条例、奖惩制度、组织条例等。好的规章制度可以使被执行者既感觉到规章制度的存在，又并不觉得规章制度是一种约束。

看看已经有百年历史的 IBM、花旗银行、默克制药等讲规矩的企业，我们可以发现，有规矩的企业才能有机会成为真正的百年老店。

再往前追溯，当年，吴王阖闾有争霸天下的雄心，但是没有强大的实力，大将伍子胥为他请来了军事家孙武，于是吴王想要试试孙武的能力。孙武上任后做的第一件事就是立规矩，规矩立好之后他反复重申，不遵守规矩者杀无赦。当吴王的爱妃被杀后，所有的规矩都立起来了，而孙武也终于成为一代兵圣，吴王也成了春秋五霸之一。

现代企业家杰克·韦尔奇当年立推"六西格玛管理"，张瑞敏发怒砸掉了不合格的冰箱，这其实都是在立规矩。规矩立起来了，大家就有了准则，有了行动的标杆。从更深的层次讲，企业之间的竞争实际上也是规矩之争，作为制定规矩的企业领导者来说，谁的胸怀和气度大，谁能立起有效的规矩，谁的企业才能随之长久和伟大！

创维集团总裁张学斌如此阐述企业制度的重要性：

我常常把企业的制度和一个国家来比较——像美国，只有200多年历史，但是现在就发展成了一个超级大国。其实它真正成为超级大国的时候，没有200多年，100多年就已经达到这个目标。它就是有一个很好的制度，只要这个制度在，大的问题就不会出现。

没有规矩不成方圆，团队是人的组合，而每个人都有自己的思想和行为。但是在团队里，需要尽量避免个人的思想和行为，要求整体步调一致，所以纪律的约束不能缺少。因此，在每个企业的建立之初，管理者首先要做的就是制定明确的纪律规范，为企业画出规矩方圆。

不要伤害制度的情感精神

所谓制度的情感精神，是指制度的软度，是说任何制度的建立、执行都需要揉入情感。这就要求主管要注意管理弹性，既要坚持制度，又要不伤害下属感情，这样既可以约束下属，又不至于因为处罚而伤了下属的心。管理必须要做到情感管理与制度管理"双管齐下"。

作为美国国际农机公司创始人，世界第一部收割机的发明者——梅考克，他掌握着公司的所有大权，有权左右员工的命运。但是他从来都没将员工当作是雇用工人，而是亲密的合作伙伴。即便是执行起惩罚性决定时，他也尽可能地为员工着想。

有一个老员工违反了工作制度，酗酒闹事，迟到早退。按照公司管理制度的有关条款，公司人事部门对他下发了解雇书。这名老员工收到解雇书后，火冒三丈，立即找到梅考克，质问他："当年公司债务累累时，我与您共患难。3个月没有工资我不曾有任何怨言，如今就因为这点儿错误，你竟然把我开除，是不是有点儿过分?!"

梅考克平静地听完，说："你应该知道这里是公司，是一个组织，有着严格的管理制度，我们每个人都应该遵守制度，而不是凌驾于制度之上，我们应该成为遵守制度的榜样，而不是践踏制度的带头人，这不是你我两个人的私事，我只能按规定办事，不能有一点儿例外。"这名老员工听完他的话，愤然离开。

当天下班，梅考克独自一人到这名老员工的家中。经过了解，他震惊地发现，这个老员工的妻子刚刚去世不久，留下了两个孩子，一个跌断了一条腿，一个因吃不到妈妈的奶水而啼号。老员工是在极度的痛苦中，借酒消愁，结果误了上班。看到这个情况，梅考克立即从包里掏出了一沓钞票塞到老员工手里。第二天安排这个老员工到他的一家牧场当了管家。

情感管理，尊重是第一步。在摩托罗拉公司的企业文化中，始终把"肯定个人尊严"的人才理念作为指导企业发展的最高准则，强调企业要发展，首先必须尊重人性，把员工当作朋友一样来对待。让员工深切地感到在公司内似乎没有级别之分，彼此之间都是朋友。

摩托罗拉公司的创始人高尔文有一句名言：对每个人都要保持不变的尊重。公司总裁每周都会给员工发一封信，把自己这一周的工作情况告诉员工，包括会见的客户、所做的事情，甚至他这周带孩子去钓鱼这样的事也会在信中与员工交谈。总裁不是以高高在上的口气与员工对话，而是以一个普通朋友的身份，把自身的经历、经验写给员工，信中还经常提出希望员工们要关心自己的家庭，等等。

摩托罗拉把人的尊严定义为：实质性的工作、了解成功的条件、有充分的培训并能胜任工作、在公司有明确的个人前途、及时中肯的反馈、无偏见的工作环境。为了推动"肯定个人尊严"的活动，每个季度，员工的直接主管都会与员工进行单独面谈，交流思想与感受。

惠普前总裁助理高建华在《笑着离开惠普》一书中这样写道：惠普的各级管理人员都会把尊重员工、信任员工作为头等大事，在言谈举止中体现出对员工的尊重和信任，至少在我任职期间，从来没有见到过管理人员骂员工，即使是批评也是在友好的状态下进行。

通用公司倡导"员工第一"，不但强调尊重员工，而且表现在企业发展中的作用优先性。通用电器公司竭力将企业培养为一种家庭式"高感情"管理方式。公司的管理层都实行"门户开放"政策，欢迎员工随时进入他们的办公室反映情况，对于职工的来信、来访也负责地妥善处理，公司的最高首脑与全体员工每年至少举办一次开放式的"自由讨论"。通用公司从上到下直呼其名，无尊卑之分，互相尊重，彼此依赖，人与人之间关系融洽、亲切。

有一次，通用公司发工资，机械工程师伯涅特却发现自己的薪水中少了 30 美元，这是他某次加班应得的加班费。为此，他找到部门主管，而主管却表示无能为力。于是他决定给总裁斯通写信："我们总是碰到令人头痛的报酬问题。这已使一大批优秀人才感到失望了。"斯通收到信后，立即要求最高管理部门妥善处理此事。

两天之后，公司首先补发了伯涅特的工资，其次又公开向伯涅特道歉；然后又在这件事情的带动下，了解那些"优秀人才"待遇较低的问题，调整了工资制度，提高了机械工程师的加班费。这一事件经《华尔街日报》披露后，在美国企业界引起了不小轰动。这件事情虽然不大，却能反映出通用电气公司"员工第一"的管理思想。

情感管理旨在从人之常情出发，关心员工生活，努力为其营造宽松和谐的工作环境，增强组织的亲和力。情感管理能有效弥补制度管理的不足，变消极为积极，化被动为主动。情感管理与制度管理，前者为柔，重在"布恩"；后者为刚，重在"立威"。刚柔相济，恩威并举，才能使员工心悦诚服。

例外的事情要被认可后方能办理

汉代有一位名叫丙吉的宰相。有一次他外出巡视，路人打架发生伤亡，有人拦轿喊冤。丙吉问明缘由后却绕道而行。后来看见一头牛在路边不断地喘气，他立即停下来，刨根究底，仔细询问。随从的人觉得很奇怪，问为什么人命关天的事情他不理会，却如此关心牛的喘气。

丙吉说，打架斗殴，由地方官吏负责，我不能越权处理。天尚未热，而牛喘气异常，就可能发生了牛瘟或是其他有关民生疾苦的问题，这些事情地方官吏一般又往往不太注意，因此我要查问清楚。

这则故事有很多耐人深思的地方。打架伤亡事件由专门的律法来管理，因为这些例行事件的处理大都制度化、流程化，并由专门的机构负责处理。相反，"牛喘气"作为一种偶发性例外事件，缺乏制度化、程序化的解决方式，就容易被忽视而造成严重的后果。

丙吉这种放手流程内和例行性事件、专注流程外和例外事件的管理思想，对企业的管理者有着很深的启示。制度只能管例行，管不了例外。而管理者就是要负责制度管不了的"例外"。

某公司规定进门要用识别卡或者身份证。你有识别卡，门口警卫就让你进去；如果没有识别卡，有身份证，警卫也会让你进去。如果有一个人，既没有识别卡，也没有身份证，就要闯进门，警卫就要请示领导来处理了。

制度多是一些硬性规定，一旦遇到特殊的情况，就无法处理了。

曹操带兵出去打仗的时候，看到麦田里的麦子长势很好，于是下令：大家注意，不要踩到麦田，哪一个人踩踏麦田，斩！刚刚讲完，他的马就踩到一大片麦苗。

怎么办？当时曹操就拿起刀来，所有的人都跪下去求情："千万不可以。"曹操坚持认为，自己发布的命令，一定要遵照。大家又赶紧求情："绝对不行！绝对不行！"那怎么办呢，于是曹操"割发代首"。

身为管理者，在执行制度的同时，要注意自己的行为举止，自己不要搞"例外"，否则将在下属面前失去威信，这将给自身的管理工作增加难度。

团队里出现例外情况很常见。如何面对团队出现的例外情况？怎么做才是最好的解决方式？既然是例外，自然是无章可循，最可靠的途径是由主管裁定，被认可后方能办理。

不是制度僵硬而是人僵硬

为什么很多人将制度执行得很僵硬？或者，但凡提到制度，就会被认为是束缚、限制？其中的问题在于人。不是制度僵硬，而是人僵硬。制度需要刚性，但也需要灵活。

春秋时期，晋国有位叫李离的狱官。有一次，在审理一件案子时，李离由于误听了下属的一面之辞，结果将一个犯人错判致死。后来案情真相大白后，李离决定以死赎罪。

晋国国君很看重李离，就劝说他："官有贵贱，罚有轻重。这件案子主要错在下面的办事人员，又不是你的过错。"李离回答："作为国家的狱官，要保证国家法律的公正。既然我犯了错，就违反了制定的法律。为了保证以后法律的有效实行，我不能打破这个规矩。"说完之后，李离就伏剑自杀。

李离以死赎罪，体现了其对国家法律制度的支持。晋国法律得到了有效维护，晋国的国力也因此大为增强。只有保证已有制度的贯彻执行，才能有效进行管理。制度建立的目的，是为了保证企业日常管理的规范。有制度，就要有执行。企业的管理中，保证制度的刚性是根本。

企业与企业环境总是会随着时间的推移而不断发展变化的，制度也得适应这个变化才能发挥好作用。因此，管理者必须时刻注意企业的规章制度，发现不切实际或不合情理的要及时纠正。一个好的规章制度，必然是不断修改、不断完善的。制度要顺应变化，这也要求管理者在企业管理上要具有灵活性。

2001年8月，清华同方在将产品打入西安大学校园时，遇到了一个问题：所配的部分产品零件与当地的环境不匹配。技术人员却无法予以更换，因为公司有"不允许使用其他企业零部件"的规定。如需解决，还要向总部报告，总部又要花时间去评估和研究。这样会耗费大量时间，致使当地客户怨声不少。

这时，负责当地市场的一位公司副总当机立断，下令打破原有规定，用其他企业的零部件代替部分不匹配产品，问题很快得以解决。这位副总及时调整了公司的管理制度，表面看似乎是打破了制度的刚性，实际上灵活的管理手段能够更好地维护制度。

清华同方规定"不允许使用其他企业的零部件"，其目的是为了保证产品质量与服务质量，防止各地的售后服务部门用质量差的零部件损害顾客的利益。因此，这个制度的目的是为了保证产品质量，维护顾客利益。而对制度的调整，更能有效确保目标的实现，管理上的灵活性就与制度的刚性得到完美的结合。

有了这种刚性与灵活性结合的思想，在企业管理中很值得借鉴。企业制定的每一条规章制度都具有一定的刚性，不过，要使制度发挥出最大的效用，又得做到灵活运用。制度化管理并不意味着死板与僵化，如果制度的刚性与管理的柔性不能有效结合，企业制度很难发挥最大的效益。

对于制度的刚性与管理的灵活性，管理者在企业管理中要注意两点：

一是制度应该让执行者有一定的自主权，使其能够按照制度的目标来处理某些例外情况，这也是管理的"例外原则"的精义所在；

二是要让制度的执行者对企业的理念有深刻的认识，为了企业的理念，能够灵活地处理例外情况。清华同方的那位副总对事件的处理，就充分体现了他对公司理念的认同，而不是"死守"条文，不知变通。

❹ 每个人知道未来的目标，而且知道如何实现

引导下属奔向共同目的

主管的梦想不管如何伟大，假如没有下属的认同与支持，梦想依然只是梦想。领导者要赢得发号施令的拥戴就要认同下

属的感受，找出他们的渴望，引导下属奔向共同的目的。

一位知名的企业家曾经说过："假如说领导者需要具备什么特殊天赋的话，那就是感受他人目的的能力。领导者只有凭借了解下属、倾听他们、读懂他们、采纳他们的建议，才能够说出下属的感觉，能够站在他们面前，信心十足地说，这就是我所听到的你的愿望，这就是你的需求与抱负，只要你跟着我朝着正确方向走，这一切都能在我们共同目标的实施中实现。"

大量的有关成功企业领导者的研究表明：比较完美的领导者能善用人类对满足的向往，使得每个人都能了解在创造的过程中自己所扮演的角色，并让他们知道哪里有鱼，到哪里去钓鱼，怎样才能钓到鱼。当领导者清楚地勾画出一个公司共有的愿景时，也就使那些要实现它的人变得更为勤奋。换言之，有助于振奋人们的精神。

著名管理咨询专家彼得·德鲁克说过："一个成功的企业领导者对领导艺术往往有更新、更深的领悟。在他们那里，领导才能就是影响力。真正的领导者是能够影响别人，使别人追随自己的人。他能使别人参加进来，跟他一起干。他还能鼓舞周围的人协助他朝着他的理想和目标迈进。"

在现实生活中，人们确实想有所奉献，只要有个共同的理由、召唤、任务、目的、展望或愿景使他们结合在一起，他们就能完成非比寻常的伟业。正如彼得·圣吉在《第五项修练》一书中所说的："这是人们心中的一股力量，一股不容忽视的力量……几乎没有任何力量，会像共同的愿景如此锐不可当。"

最令人钦佩的领导者是那些有热情、步伐有力、态度积极的领导者，他们相信自己是在参与一次生气勃勃的旅行，在他们身上人们会时常感受到一种活力，即使他们是在工作之余也不例外。

下属更愿意追随能做事的领导者，而不是那些总是辩解事情为什么不能做的人。优秀的领导者总是相信能够做成事，而且他从不说不可能。他们会传达给每个跟他见过面的人一个只要他们想要就可以办得到的信息。引导成员奔向共同目的,团队成员才能真正共同努力。

目标激励是最大的激励

设定目标是主管的责任之一,事实上也是首要责任。确立一个明确而具体的目标,让这个目标成为企业所有员工的共同目标,激发每个员工实现此目标的愿望,并紧紧围绕此目标展开工作,不可能就会变成可能,梦想就会变成现实。

福特汽车公司的老板亨利·福特生产著名的 V-8 型引擎时,决定要将8只汽缸铸造成一个整体,并命令他的工程师们设计这种引擎。设计的蓝图是画出来了,但是工程师们经过研究讨论后一致认为,要铸造一个8只汽缸的引擎是不可能的。福特却坚持说:"无论如何也要设法生产这种引擎!"

工程师们同声回答:"这是不可能的。"福特继续命令说:"继续去做,直到你们成功为止,不管需要多少时间。"这些工程师只好硬着头皮返回实验室继续去做。如果他们想在福特公司工作,他们只有做,别无选择。谁让福特是他们的老板呢。

6个月过去了,毫无进展。又6个月过去了,仍旧没有结果。工程师们试尽了各种可能的办法,以执行福特的这一命令完成任务。但是这件事似乎毫无实现的可能,他们的一致结论是"根本不可能"!在年终时,福特和工程师们进行讨论。工程师们再度告诉他,他们尚未找到执行命令的方案。

"继续去做,"福特仍固执己见,"我要这种引擎,我一定要得到它!"于是,工程师们继续去做。奇迹出现了,他们找到了诀窍,最终设计制造成了 V-8 型引擎。

目标会激发活力。领导者就要敢于向不可能说"不",通过不断制订新的更高的目标来鼓舞士气。管理者必须通过设立一个能够激励人心的目标来让每个员工焕发工作热情,激发新的思考和行为方式为企业创造价值。目标是一个方向舵，它指引企业发展的方向。

索尼公司开发家用录像机时就是先给自己的人才寻找目标，然后引导开发。当美国主要的电视台开始使用录像机录制节目时，索尼公司就看好这项新产品，认为完全有希望"打入"家庭。这种新产品只要从内部结构和外观设计上再进一步加以改良，肯定就会受到千家万户的欢迎。

一个新的目标就这样确立了，公司开发人员又有了努力的方向。他们先研究现有的美国产品，认为这些产品既笨重又昂贵，这是通过研究开发加以改进的具体主攻方向。新的试验样机就这样一台接一台造出来，一台比一台更轻盈、小巧，离目标也越来越贴近。但在感觉上，公司总裁井深大总是觉得没到位。

最后，井深大拿出一本书，放到桌面，对开发人员说，这就是卡式录像带的大小厚薄，但录制时间应该在一小时以上。目标已经非常具体了。开发人员再一次运用已掌握的基础知识，结合应用科学，调动自己的聪明才智，进一步开发自己的创造力，终于成功研制出划时代的 Betamax 录像机。

目标激励是最大的激励，给员工一个值得为之努力的宏伟目标，比任何物质奖励都更具有鼓励作用，也比任何精神激励都来得有效。

只有当人们明确了自己的行动目标，并把自己的行动与目标不断加以对照，知道自己前进的速度并不断缩小到达目标的距离时，其行动的积极性才能得以持续。因此，管理者应通过正确引导员工，帮助其明确目标任务，让员工在科学的目标诱引下，不断追求更大的进步。

清晰列出每个人应达到的绩效

主管必须知道并深刻了解，每个团队成员在组织的目标之下应该达到哪一水平的绩效。主管必须知道每个成员的能量，并为他在团队中所达成的绩效做出精确的预计。我们知道，如果期望过高，彼此就会失望；如果期望过低，下属就会产生不被尊重和重视的感觉，也会因为工作没有挑战性而丧失工作激情。清晰列出每人能达到的绩效，他们就会为这个目标全力以赴。

狮子对蚂蚁说："我希望你今天能带来一克的食物。"

小马在旁边听到很不爽，不服气地问："它的任务怎么那么少？为什么让我带一百斤？"

狮子说："因为你是马，而它是蚂蚁。你的躯体是它的躯体的几千倍。"

团队的共同目标是能产生聚合力的。一个组织的奋斗目标是团队发展的灵魂，是组织前进的路标。联想集团总裁柳传志曾说："中国有很多优秀的人才。这些人才好比一颗颗珍珠，需要一根线把他们连接起来，组成一串美丽的项链。这根线就是企业的共同目标。这个目标能够引导为大家共同的追求去努力。"因此，组织目标必须明确，而且一旦目标确立，组织所有成员的行为都会自觉地围绕"为了达成目标"而进行。

无论是团队目标还是个人绩效目标，都是有力量的，是能够产生动能的，所以，我们时常听到团队成员这样表述：为了达成目标，我愿意付出我所有的精力。一个有着清晰目标的组织必然会有所成就，而目标不清晰的团队必定会一事无成。同样，在有着清晰目标的组织中工作，每个人都会全力以赴去实现最好的绩效。

要想列出每人的绩效水准，首先是要求组织的目标应该具备可测性。这如同我们到郊外的河流中游泳，如果这个河流的深度不能被我们所带的工具测量，这就会打击游泳技术不好的人的信心；如果我们的身高有一米八，而河水的深度被我们测量出只有一米六，我们的安全感就会上升很多。可测量的目标就是明确的目标，这也是目标内涵的一部分。也就是说，应该要有一组明确的指标，以作为检查是否达到目标的依据。

要想列出每人的绩效水准，其实要沟通充分。肯斐尔德管理学院在 20 世纪 90 年代初期所作的一项调查，结果显示，三分之一的英国经理人不赞同公司的未来形式与方向。这份调查指出：如果要让高层管理团队共同实现公司的长远目标，团队成员间就必须有高品质的对话与信息分享。

然而，很多的管理者都忽略了这一重要环节。尽管大部分有能力的领导者，都知道自己有责任为团队制订目标，也还是有不少团队领导者对如何使目标更清楚明确，如何将目标落实到团队成员的行动中毫无头绪。目标清楚明白，大家才明白团队追寻的方向，才能使团队知道自己的工作进度，才有激发团队成员的热情、好奇心、活力、创造力与能力的原动力。

要想列出每人的绩效水准，还需要在决策时吸引下属参与。团队目标的制定，可以由团队领导者一人负责也可以由团队成员一起完成，关键是目标的本质。一个鼓舞人心的目标，会把枯燥无聊的统计数据（这些数据通常就是行动目标）转换成振奋人心、激励团队成员投入大量心力与时间的行动力量。一个清楚的目标，能够激发众人的想象力，释放无限的潜力。

具有想象力的目标，对团队成员有着强烈的吸引力，可以要求团队成员全身心投入，一门心思创造出非凡的业绩来。制订目标的团队领导，有时也可以由团队成员共同产生。但无论如何，只要有目标，就有成功的希望。

在促进团队目标转化为执行动能的过程中，团队领袖应注意两个关键问题：帮助成员充分认知目标；建立科学的绩效管理体系。团队领袖应该尽最大努力帮助成员正确认识团队目标的内涵和实现路径，帮助成员彻底领会行动方案的关键和秘诀，邀请他们参与到目标执行中的程序设计工作，引导他们从被动执行状态转变为主动为自己设定目标的境界。成员一旦有了个人目标,就会产生更大的工作动力。

一个明确的目标会使个体提高绩效水平,也能使团队充满活力。明确的目标可以促进团队的沟通,还有助于团队把自己的精力放在有效的成果上。

帮下属确定工作目标

帮助下属确立目标是调动下属积极性的一个重要方法。确立目标有令人意想不到的奇效,它会引导下属走向他们想达到的目标。如果一个人没有目标,就时时需要别人的激励。一旦有了目标,便会激励自己,自动自发地去做应该做的事。

英国一家教堂墙上有一块碑文,上面写道:"干活如果没有目标就会枯燥乏味;有目标而没有实干只是一个空想;有目标再加实干就成了世界的希望。"

基督教《圣经箴言》也讲道:"凡没有远见的地方,人们必然毁灭。"

有效的团队必须具有一个大家共同追求的、有意义的目标。由于它的存在,使员工认识到这是"我们的团队",而不是"他们的团队",而且知道"我们要创造什么",从而能够为团队成员指引方向,提供推动力,让团队成员愿意为它贡献力量。

马斯洛晚年从事出色团队的研究,结果发现它们最显著的特征就是具有共同的目标。他观察到:一个出色的团队,任务与员工本身已无法分开,或者应该说,当个人强烈认同这个任务时,定义这个人真正的自我,必须将他的任务包含在内。

因此,管理者如果想让自己的下属积极、高效地投入工作,就应当帮助下属确定工作目标,为他们构筑一个充满刺激而又富有吸引力的未来。

企业无论规模大小,属于什么行业,都会设立销售额、生产量等目标,并倾力获得必要的利润。我们常常可以听到"本季度××产品的销售额目标500万"这样的话。一个出色的管理者能够将企业整体目标予以细分，对下层组织给予一定的标准，最后决定每个下属的目标。

管理者应当注意，下属的目标不可强行制订，最理想的方式是以整体目标为依据，由下属在一定范围内自行决定目标。因此，管理者首先必须对下属详细说明整体目标的前瞻性与妥当性，以此为基础，再促使下属根据自己的能力与意愿建立个人目标。但是此项目必须有明确的根据。

不管是多伟大的目标，不将事实等列入考虑，最后仍是美梦一场。必须将过去的实力与未来的展望等作全盘性的考虑，再制订一个具体的、力所能及的目标。

把广泛的、方向性的团队目标转为可以衡量的、具体的、现实可行的具体目标，是团队要使共同目标对其成员产生意义的最重要的一步。具体目标会使个体提高绩效水平，也能使团队充满活力；具体目标可以促进团队的沟通，还有助于团队把自己的精力放在有效的成果上。

⑤ 有一份短期业绩，又有规划未来的现实计划

将部门目标像切蛋糕那样分割

主管必须明白，对于下属而言，相比团队的整体目标，他们更关注于一份被分割的短期目标，因为这些目标决定着他们的行动计划。所以，主管要学会分割目标。

约翰是一位销售部门的主管，可是他一直都希望自己的部门成为全公司业绩最好的部门。但是一开始这不过是他的一个愿望，从没真正去争取过。直到一年后的一天，他想起了一句话："如果让愿望更加明确，就会有实现的一天。"

于是，他当晚就开始设定自己希望的部门总业绩，然后再

逐渐增加，这里提高 5%，那里提高 10%，结果顾客却增加了 20%，甚至更高。这激发了约翰的热情。从此他要求下属不论碰到什么状况，任何交易，都会设定一个明确的数字作为目标，并在一两个月内完成。

"我觉得，目标越是明确越感到自己对达成目标有股强烈的自信与决心。"约翰说，他的计划里包括"部门的总业绩、每个人的总业绩、部门业务能力的拓展计划"，然后，他把所需要的资源都准备得充分、完善，相关的业界知识加上多方面的努力积累，终于在第一年的年终使部门的业绩创造了空前的纪录，以后的年头效果更佳。

约翰在部门总结会上分享自己得出的结论："以前，我不是不曾考虑过要扩展业绩、提升工作成就。但是因为我从来只是想想而已，不曾付诸行动，当然所有的愿望都落空了。自从我明确设立了目标，以及为了切实实现目标而设定具体的数字和期限后，我才真正感觉到，强大的推动力正在鞭策我去达成它。现在，感谢你们，我们一起创造了新的辉煌。"

分割目标实施目标管理，目标卡是一个相当有效、方便的工具。各员工与直属主管经过多次协调与讨论制订出适当的"目标"之后，必须将此"目标"书面化。实施目标管理的部门，对于目标的设定，通常都采用统一规定的目标卡。

虽然各部门之间目标卡的内容与格式未必相同，但若有了统一的表格，就可避免遗漏，使整个部门各成员的目标设定程序趋于一致，并有利于相关性的目标成果的汇编统计。又因表格化以后，可以减少制订目标的文字说明及重复记载，达到简化文书作业的效果。

目标卡类似上级和员工之间决心达成共同目标所订立的"契约"。既然是契约，就必须严谨。把这个严谨性表现在文书上的，便是"目标卡"。目标卡等于是"证据文件"。因为是证据文件，所以重要项目不可以漏列。

目标卡应和其他人力资源资料，同时列为永久保存的资料档案。目标卡要做成两份，主管和员工各执一份，正本由员工存查，副本交主管保管。员工和上级的目标卡，需要逐期保存下来，以便留下很有价值的记录文件。此项记录便是有关员工向什么工作挑战过、取得什么成果的事实依据。

各部门间的目标卡，其设计均不相同，但每个部门内的目标卡形式应统一规定，有利于管理。无论目标卡形式如何，其内容应包括：

项目：按轻重缓急，排列顺序先后，依次填写。

预计成果：将数字用具体的文字写出。

进度：填写执行期间每个月的预先进度，尽可能以数字表示。

措施：为达成目标采取的各种措施，由执行人员协商决定后，具体地逐项列出。

所需条件：为达成目标所需主管的支援，或其他部门的配合事项。

成果：将实际成果，在期末填记，以利对照评定。

自我检讨：自订的目标，期末要做自我评定，这是目标管理不可或缺的一项。

主管指导：总评与指示。除员工自行评定、评估外，主管也要加以评估，作为设定下期目标的主要参考。

工作目标的大小由其能力决定

团队成员每个人的工作目标，都是由他们的贡献决定。主管必须有量体裁衣的本事。工作目标与其能力的恰当关系是：工作目标稍高其能力，这样既能保证工作目标对其的吸引力，又能促使其为实现工作目标而全力以赴。主管要避免大材小用。

杰克是一家纺织公司的销售经理，他对自己的销售纪录引以为豪。曾有一次，他向老板表白，自己是如何卖力工作，如何劝说服装制造商向公司订货，可是，老板听后只是点点头，淡淡地表示认可。杰克鼓足勇气："我们的业务是销售纺织品，对不对？难道您不喜欢我的客户？"

"杰克，你把精力放在一个小小的制造商身上，值得吗？你的职务是经理，而不是普通的业务员，请把注意力盯在一次可订3000码货物的大客户身上！"老板直视着他说道。

杰克明白了老板的意图，老板需要他承担更大的责任。

于是杰克把手中较小的客户交给另一位经纪人，自己努力去找大客户。最后他做到了，他找到了很多家为公司带来巨大利润的客户。

他一个人创造的利润比十个普通业务员创造的利润还要多。

从这个案例中可以看出，不同职位的人要有不同的目标标准。要先实现工作目标与工作能力的很好匹配，主管就必须充分利用好业绩考评这个程序和方法。

对于主管而言，目标管理的核心思想就是把目标分解下达后，成为每个成员工作业绩的衡量标准。接下来最重要的工作就是根据下达的目标对各方工作和业绩进行检查和考评。

业绩考评是目标管理全过程中的最后一环。一个组织如果能够正确、公正地判断每个组织成员的业绩和工作努力程度，那么这个组织一定是无所不胜的，因为仅仅是公正的评价就已经成为组织成员的激励因素。事实上大多数组织很难做到这一点，组织很容易偏听那些说得多做得少的人，导致那些真正埋头苦干的人被忽视，最终影响组织的士气。

然而，这样一种情况往往出现在没有目标分解或目标分解不全的组织之中，正因为没有目标或目标分解不全，那些光说不做的人才有了偷懒的可能。反之，在目标管理的条件下，考评并不是看你说得如何，而是看你所做的与目标的差异程度，看你的真正的业绩。

科学的业绩考评能看出下属工作能力与工作目标之间的偏离度，为科学分配目标提供依据。同时反过来，员工能力与工作目标相适应，才能使业绩考核发挥出激励作用。

要想利用好业绩考核，就必须使业绩考核可行。考核方法要可行是指考核的方法要为人们所接受，并能长期使用，这一点对考核是否能真正取得成效是很重要的。

方法的可行与否，同方法本身的难易繁简有很大关系。要做到方法可行，考核的结果要客观可靠，使人信服，这也是方法可行的一条重要要求。否则的话，业绩考核就成了摆设。

为团队找到阶段性的目标栏

目标必须是作业性的，即必须能够转化为具体的工作安排。主管制订团队发展的目标无非是让全体员工明白他们的奋斗方向，鼓舞他们的斗志。然而，有些管理者在制订目标时，目标远远高于团队的实际执行力。目标制订者本意是对团队有一个更高的要求，然而常常适得其反，目标的不切实际反而令员工无法清晰地把握方向和执行目标。

团队发展的过程并非一场短跑，而是一场跨栏，不是 110 米跨栏，而是马拉松跨栏。跨一个栏以后，前面又有一连串的栏。将每一个栏杆比喻成团队的每一个短期目标再恰当不过。跨过去一个就如同实现了一个目标，而想要持续发展的团队，总会还有无数的目标等待着被跨越。因此，团队制订目标的最本质的目的就是为下一阶段的发展找到需要跨越的栏。

1990 年，澳柯玛集团在详细的市场调查的基础上，果断地提出了内部挖潜改造、自我约束、量力而行、走内涵或低成本扩张道路的经营战略目标。通过企业的产品调整、技术创新和管理创新相结合，设计和开发出 BD—150 型顶式家用小冰柜，填补了我国家用小冰柜市场的空白。

1996 年，澳柯玛集团开始了第二次创业，他们针对内外环境的变化，调整了经营战略，确定了建立国际化大型企业集团的战略目标，制定了规模化、多元化、集团化的经营方式，树立了"大、强、新"的经营思路，并设订了合理的短期目标，使集团在更高的起点上再次飞跃发展。

在 1998 年上半年全国家用电器产品市场占有率统计中，澳柯玛洗碗机、电冰柜分列同行业第一名，微波炉列第二名，电热水器列第三名，澳柯玛电冰箱已跻身同行业产销量前十名。另外，澳柯玛集团已分别在俄罗斯、新加坡、香港等国家和地区设立了澳柯玛系列产品经贸公司。许多产品已远销南美、中东、南非等国家和地区。澳柯玛集团与美国阿凡提公司签订的两万台电冰箱出口合同已经启动。

从资不抵债 2700 多万元，前后 37 次被告上法庭，到总资产 63 亿元，中国家电企业七强之一，澳柯玛集团在 9 年间经历了两次创业，为集团达到世界先进水平打下了坚实的基础。

澳柯玛集团给我们一个重要的启示，即确立明确合理的组织发展目标，然后将目标进行分解，并实行严格的目标管理是企业得以飞速发展，跻身领先地位的重要前提。

由此可见，制订合理的目标对于组织发展有着巨大的指引作用。因此，决策者必须始终牢记决策的目标，知道自己决策的目标到底是什么。

目标是不可以凭理想和主观愿望去制订的，任何过高、过急和不切实际的目标，都将对组织或团队产生巨大的危害。管理者制订的组织或团队目标，要做到切合实际，操作性强，而不是一句空话和不能实现的口号。如果目标与现实脱节时，将变得毫无意义。

你要回答你这样做的目的是什么

主管必须为自己的每一步行动找到支撑依据。决策的首要原则就是目标要明确。决策目标是指决策要达到的目的。决策目标明确与否，直接关系到决策效果的好坏。决策目标明确了，选择就会有依据，行动就会有针对性；决策目标不明确，选择就会发生偏移，甚至也会出现目标转换、南辕北辙的惨痛后果。在第二次世界大战中，就曾发生过这样的例子。

第二次世界大战的时候，美国是盟国的军火生产基地。美国为了把武器尽量多、尽量快地运往西欧前线，便让商船加入了运载军火的行列，但是商船常常遭到德军的袭击，为了使这些商船免受德军飞机的封锁和攻击，美国海军指挥部决定在商船上安装高射炮。但是过了一段时间发现，这些高射炮的战绩很令人失望，竟然没有击毁一架敌机。

于是海军指挥部有人提出没有必要在商船上安装高射炮，进而产生了是否还有必要进一步在其他商船上继续安装高射炮的问题。针对这一问题，盟军海军运筹小组研究后发现，把在商船上安装高射炮这一决策的目标定为击毁敌机是不妥当的。这一决策的正确目标，应是尽量减少被击沉的商船数，从而保证军火供给。虽然安装在商船上的高射炮没有击毁一架敌机，但实践证明，它在减少商船损失，保证军火供给方面却是卓有成效的。

因此，美国海军指挥部最终否决了"不在商船上继续安装高射炮"的错误意见，而实施了在商船上继续安装高射炮的正确决策，从而保证了盟军的军火运输。

试想，如果盟军海军运筹小组不进行深入研究，而在错误地决策目标指引下采用"不在商船上继续安装高射炮"的错误决策，那么盟军的军火供给肯定会遭到德军的严重破坏。由此我们可以看出，正确的决策目标具有重要意义；而决策目标的不明确或失误有时会造成难以弥补的损失。

确定目标是决策的前提，这是科学决策的重要一步。德鲁克提出的四个问题：这个决策要实现什么？要达到什么目标？这个决策的最低目标是什么？执行这个决策需要什么条件？为决策目标的制定提供了四个考量维度：目标是否清晰、目标的层次、目标的主次、目标的实现条件。

这就要求决策目标应当有确定的内涵，切忌笼统，要求决策目标、概念必须明确，表达应当是单义的，并使执行者能够明确地领会含义。企业管理决策中的目标基本上都是有条件的，因此，在确定目标时还要求管理者必须明确地规定约束条件。

另外，管理者要对目标的主次进行区分，并确立衡量目标实现程度的具体标准。只有这样，决策目标才能对控制和实施决策起到指导和依据的作用。

⑥／让下属知道你尊重并珍惜他们的才华和努力

明确表示一直为他们提供发展的指导

主管需要明白，下属之所以跟随你，无非是两个原因：能挣到钱、有发展空间。后者比前者更能吸引人。因此主管要关爱下属的成长和发展。

管理实践表明，只有把下属的事业发展和工作能力的提升时刻放在心头，这样才能赢得下属的尊重和追随。树木的成长需要肥沃的土壤，人才的成长需要适宜的环境。一个值得下属追随的领导者总是能在下属成长的不同阶段为他们创造一个适宜的环境，为之提供一个脱颖而出的机遇，搭造一个施展才华的"舞台"，让下属有机会脱颖而出，一展才华。

联想集团创始人柳传志就把培养下属当成自己的三大任务之一。在新生代职业经理人中，包括杨元庆、郭为、朱立南等人在内的联想CEO团队久享盛誉。可以说，联想老一辈为了培养这些年轻经理人费尽了心力。还是在很早以前，柳传志就已经在不断地告诫杨元庆"要有理想，但是不要理想化"。

1991年，杨元庆担任联想CAD部门总经理。CAD部门的主要业务是代理惠普公司的产品。柳传志给了他一个温暖的环境和适合的土壤，杨元庆就拼命地"长"。从1991年到1993年，CAD部门的销售额迅速增长，从5000万元人民币到1.1亿元人民币，再从1.1亿元人民币到1.8亿元人民币。柳传志还将杨元庆拉到身边培养。接触一段时间之后，柳传志发现杨元庆是一个执行力很强的"将"才，而不是运筹帷幄、决胜千里的"帅"才，杨元庆事业心很强，政治野心很弱。这样的苗子，柳传志最喜欢。

1994年3月19日，香港联想上市后一个月，30岁的杨元庆被任命为电脑事业部总经理。在很短的时间之内，杨元庆重组电脑事业部，电脑的销量大幅度提升。柳传志对于杨元庆的表现基本上满意，但他认为在推行改革的策略和手段方面，杨元庆还是显得有些"急躁"，缺乏"全局观"。柳传志告诫杨元庆说："要有理想，但是不要理想化！"但杨元庆置若罔闻，柳传志决定教育教育他。

有一天，当杨元庆为一个上海的项目又和公司大多数同事发生争论时，柳传志抓住这个机会，当着公司的许多高层和杨元庆的一些下属的面，将他劈头盖脸地臭骂了一通。在场的所有人都愣住了，大家跟随柳传志这么多年，他们还从未见过柳传志发过如此大的火。杨元庆很快就明白了柳传志对自己的良苦用心，逐渐学会了妥协，学会了做事要有全局观，学会了运用策略而不是蛮干。从此之后，杨元庆对柳传志说过的话一定会好好琢磨，细细推敲。

柳传志在"敲打"杨元庆的同时，也尽自己的所能为杨元庆扫清障碍。柳传志在杨元庆身上的努力获得了丰厚的回报：1996年财年结束的时候，联想电脑的销售额第一次登上国内市场的第一名，联想电脑在杨元庆的带领下开始在世界个人计算机市场上崭露头角。

由此可见，领导者应当关爱下属的工作和成长，将下属员工放到最能发挥其作用的岗位上去施展才干，以实现岗位所需和人才所长的最佳结合。同时，对那些从事某项工作有一定难度的下属员工，要多进行鼓励，使其在新的挑战和压力下，重新认识自己、调整自己和发挥自己，不断给他们搭建一个能真正发挥自己潜能、表现自己才干的新"舞台"，为他们创造一个适宜的环境和空间，这样才能够做到知人善任，赢得下属的拥戴和尊重。

请告诉下属你对他的期待

员工的行为和举止都会因为管理者的期待而表现。英国卡德伯里爵士认为："真正的领导者鼓励下属发挥他们的才能，并且不断进步。失败的管理者不给下属以自己决策的权力，奴役别人，不让别人有出头的机会。这个差别很简单：好的领导者让人成长，坏的领导者阻碍他们成长；好的领导者服务他们的下属，坏的领导者则奴役他们的下属。"

给予期望，就能促进下属成长。松下幸之助就常对工作成就感比较强的年轻人说："我对这事没有自信，但我相信你一定能胜任，所以就交给你办。"领导的期望就像是一条沟渠，被领导期望的员工像是流在沟渠里的水，沟渠有多深，水流就能有多深。只要管理者给予期望，下属都不会让其失望。

企业对员工的期望，表达的主要方式是分配其重要任务。让员工承担重要工作，是促进员工成长最有效的方式。根据员工的才能、潜力委派任务，再适时加以指导和引导。对工作成就感比较强的员工，要善于压担子，给其提供锻炼与发展的机会，以挖掘其潜力，创造更大的成绩。领导者越是信任，越是压担子，员工的工作热情就越高，工作进展就越顺利。

作为世界上最大的石油和石油化工集团公司之一，BP就常用给予有挑战性的任务这种方式来促进员工成长。BP 首席执行官布朗要求 BP 公司里的每个员工都要清楚两点：

第一，自己的任务是什么，自己应该做什么，而不是由别人告诉你做什么。如果是公司的管理人员，他还要对团队成员的才能、素质以及自己掌握的资源所能做成的事情十分清楚。

第二，任何人都要能做出详尽的工作计划，在研究公司战略上必须清楚和能正确评估其资金实力和可能有的多种选择。通过这两点，保证了整个团队的每个人都知道自己该做什么。因为每个人都理解什么事情能做和应该做，就能行动快，员工就能随着工作的完成而得到快速成长。

BP 很重视对年轻人、开发管理人才的培养。他们的目标是使每一个进入 BP 的人都能做得更好。他们对有才能的年轻人进行培训，让他们到不同岗位、不同国家工作，丰富他们的经验，提高他们的领导技能，有能力的就提拔。对公司一级的接班人，还要让他们了解公司整体状况，了解决策是怎样做出的。决策前必须听到最好的建议，而不是先决策，再咨询。

对于有潜质成为重要高级管理人员的人，布朗培训最独特的方法之一是让他做 1 年至 1 年半布朗的个人助理，在公司内被戏称为"海龟"——这个词来自日本动画片《忍者神龟》。作为布朗的助理，小到递雪茄盒，替他做日程，大到旁听董事会辩论、决策，都要全程参与。布朗说，这是让年轻人通过观摩来学习怎样做出正确决策，怎样向人解释决策，怎样沟通，碰到问题时知道哪些该做，哪些不该做，明白如何分轻重缓急等，核心问题是学会怎样成功。

BP 是个大公司，许多事情要靠各级管理者个人决断，所以，布朗认为，最好一次选对人，否则后患无穷。被重点培养的人，能够充分感受到公司的期望，所以，从布朗办公室走出的高级管理人员的工作都很出色。"我们有最好的队伍"是 BP

骄傲地写在年度报告上的三句话之一。布朗说，正是这样的机制使 BP 非常有效率。

要想促进下属成长，让下属知道企业对他们的期望很重要。相反，管理者如果把员工看作是螺丝钉，出于担心员工能力不足把事情做坏而事必躬亲，不仅累坏了自己，也不利于员工的进步和后备人才的培养。管理者要想使自己轻松起来，就必须学会给予下属期望，让他们在信任中快速成长起来。

将下属提升到未来高级管理层的候选人中

曾有成功的企业家说："人为先，策为后，让合适的人做合适的事，远比实施一项新战略更重要。"组织或团队想要挣脱套在它身上的桎梏，长期生存发展下去，管理者就要将更多的精力与智慧放在为组织或团队培养更多能够创造财富的管理者身上，并在企业内培养一种可供优秀经理人成长的健康文化。

麦当劳为了使优秀人才能早日得到晋升，设立了这样一种机制：无论管理人员多么有才华，工作多么出色，如果他没有预先培养自己的接班人，那么其在公司里的升迁将不被考虑。这一机制保证了麦当劳的管理人才不会出现青黄不接的情况，由于这关系到每个人的前途和声誉，所以每个人都会尽一切努力培养接班人，并保证为新来的员工提供成长的机会。这种激励机制正像马蝇一样，使马儿们欢快地奔跑起来了。

在花旗银行，一项人才培养计划：适时注意了解全球大约 1 万名中层管理者的情况——他们的近况如何？他们需要提高哪些方面的能力？把他们换到什么部门才可能使他们充分施展才能？花旗银行的人力资源主管拉里·菲利普斯称此项计划为该公司全球发展的"关键"。

井植薰在三洋公司采取的是"水涨船高"的人才培养方式。"水"就是公司的全体职工，首先要把"水位"提高，让全体职工都有一个提高能力的机会，这通过完善的培训来完成；"船"是浮在水面上的出色人才，"水"涨高了，"船"才能涨得更高。当有冒尖的人才出现时，立即将他聘任到更重要的岗位上去，这样选出来的干部比起"水落石出"中涌现出来的干部在能力、思想以及工作热情上都要更胜一筹。

不仅三洋公司，世界上任何成功的公司都验证了一个颠扑不破的真理：企业如果要想取得理想的成绩，就必须奖励那些做出贡献的人。而人员晋升的决策是对组织真正想要的人员以及真正代表的精神做出肯定。它们比任何讲话更具有说服力，比任何数字都更加清晰了然。

20 世纪 80 年代，柳传志经过多年的打拼，建立了联想集团。在柳传志将事业做大的同时，他还在员工之间及早地开始了物色接班人的活动。联想集团的高层干将，多数都是从基层一步步提拔起来的，这些人为了联想的事业做出了很多杰出的贡献，并最终成为了联想集团今天的中流砥柱。像郭为、杨元庆、刘志军等这样的少将派在联想集团中不为少数。

关键性的晋升并非一个员工的首次晋升——虽然这对他本人和他的职业生涯而言可能是最重要的一次。关键性的晋升也非提拔到最高职位的最后一次晋升；一般而言，那个层次的职位必须由管理层从一个预先圈定的小范围群体中选择填补。

关键性的晋升就是将员工提升到未来高级管理层的候选人中。这是一个组织金字塔在突然变窄处的决策。在金字塔的这一点以下，对于一个大的组织而言，每一个空缺通常有 40—50 人可供选择。而在这一点以上，每一个空缺的选择余地将缩减到 3—4 人。同时，在这一点以下，一个员工只在一个领域工作，或者担任一项职责。从这一点往上，他就是为整个公司工作。

稍懂棋道的人都明白，下棋时每落一子至少要看到后面的几步。同理，管理者在选举接班人也应从大局出发，选择有能力使企业基业长青的人才。只有及时将员工提升到管理层的候选人中，才能真正将实质性的任务交托给他去做，也只有这样，企业才能赢得先机。

满足下属的工作成就感

现实生活中往往有一些人，他们只想享受工作的好处，拒绝承担工作的责任或不愿为工作付出，那么结果只能和自己的目标南辕北辙，永远也无法得到自己想要的成功和幸福。同时，也有这样的一群人：他们乐于追求工作的挑战，他们对工作成就感的追求重于对薪水及名誉的关注。

有一个中国女孩子，她年轻、漂亮、聪明，在与哈佛、耶鲁齐名的美国"常春藤"盟校之一的达特茅斯大学经济系度过了四年的留学生活后，经过紧张的面试，如愿加入了美国两大投资银行中的摩根斯坦利银行，得到了一份最时髦、薪水最高的工作。

她工作做得很好，得到上司、同事和客户的一致赞扬，于是就不停地被分配到项目，经常是手上有四五个项目同时进行。作为优秀员工，她甚至可以自己挑选项目。作为分析师职员里的唯一一个中国人，她被所有美国人都接受和喜欢，并且她所在的部门竟把她作为榜样又陆续雇用了很多中国人。

她拥有的是一份旁人眼中的理想工作，她过的是一种别人看来幸福的生活。然而这只是硬币的一面——光鲜的一面，出色表现的背后，是不为人知的辛劳。在纽约的两年，是这个女孩子一生中的黄金年龄，而她的生活中除了工作便再也没有其他内容了。回想起在纽约工作的两年，她用"疯狂"这个词来形容。为了做好工作，她特意把住所安排在离公司很近的地方，走路两三分钟就能到。

刚开始的半年多时间，她经常是通宵工作之后回家洗个澡换身衣服，然后继续回去上班，每天平均只睡两三个小时。白天累极了就趴在桌子上小睡十分钟，然后又盯着计算机继续工作，参加小组会议，与客户见面。长时间的用眼过度使她的一只眼睛严重发炎，肿得像个红灯笼，她就包起那只眼睛，让另一只眼独自承担观察财经风云瞬息万变的任务……

在别人眼里，也许会认为她的付出是值得的，出色的工作为她带来了丰厚的回报：在全世界一流的公司获得难得的实践经验，也可以和全球最有权势、最优秀的商业巨头打交道，更可以随意买下昂贵的名牌服装，还可随意出入世界各地的高级场所。对于付出与回报的理解，她的眼里所看重的并不是金钱和荣誉，而是这段工作经历带来的成就感，她曾与几个美国同事做了一整年的英国石油和美国阿莫科石油公司的合并项目，这个项目让她感到极其自豪。因为那是全世界最大的五个合并项目之一。

这个女孩就是凤凰卫视著名财经节目主持人曾子墨，上述种种就是她进入凤凰卫视之前在纽约的工作经历。现在，转换轨道的她表现依旧卓越。在新的工作中，她依然获得了耀眼的业绩，她依然要面对新的工作带来的压力和辛劳。支撑旁人眼中理想工作、幸福人生的是对卓越的不懈追求。从挑战性的工作中不断收获成就感，这就是曾子墨的工作秘诀。

从曾子墨的工作追求中就可看出工作成就感是优秀人才高效工作的动力之源。管理者应该从中得到重要的管理启示：要想使下属高效工作，就要满足下属对工作成就感的追求。这是获得卓越管理必须遵守的一条重要法则。

一般而言，越是优秀的人越喜欢接受挑战性工作。因此，管理者要擅于委派挑战性工作于最为优秀的人才，这样做不仅使人才易于获得成就感，也能使管理工作实现真正的高效。

❼ 即使没有责任，也会做好负责的准备

有承担责任的能力和立场

卓有成效的主管会为部下所犯的错误主动承担责任。这样的主管，会让员工觉得是一位心胸坦荡、有责任心的人。因为责任而树立起的威信更能让员工信服。

著名戴尔公司的老板迈克·戴尔就是一位勇于承担责任、能主动承认错误的领导。从 2001 年开始，戴尔公司就开始实行年度总评计划。每位戴尔的员工都可以向他的上级、部门经理甚至是迈克·戴尔本人提出意见，指出他们的错误所在。第一次员工总评过后，迈克·戴尔得到的评价是"过于冷淡"。对此，戴尔本人当着手下众多员工的面承认了自己的问题："我个人太腼腆，显得有些冷淡，让人觉得不可接近，这是我的失误。在这里我对大家做出承诺，在以后的日子里，我会尽最大努力，改善与所有员工的关系。"

这件事情在后来被记者提及："戴尔先生，你不担心员工提出的问题是根本不存在的吗？"迈克·戴尔微笑着回答："戴尔公司最重要的一条准则是责任感。我们不需要过多的借口，只要拥有高度的责任感就行，在戴尔公司你绝对不会听到各类推诿之词。"

这段戴尔本人的公开表态，在戴尔公司内部引起了巨大的反响，大家都认为：公司的老总这么勇于承担"莫须有"的责任，那么我们还有什么理由不向他学习呢？因而，"承担责任，不找借口"的风气迅速在戴尔公司内部形成，这也是戴尔公司拥有强大竞争力的原因之一。

香港首富李嘉诚认为，部下的错误就是领导者的错误。他是一个非常宽厚的商人，也十分体谅部下的难处。多年的经商

经验让他深知，经营企业并不简单，犯错是常有的事情。所以只要在工作上出现错误，李嘉诚就会带头检讨，把责任全部揽在自己身上，尽量不让部下陷于失败的阴影。他时常说："下属犯错误，领导者要承担主要责任，甚至是全部的责任，员工的错误就是公司的错误，也就是领导者的错误。"

作为领导，能否主动勇敢承担错误的责任，关系到一个领导者的品格和威望。主动承担错误和责任的领导人，让人们看到了他的高风亮节与光明磊落，让上司更器重，让部属更敬佩，威望不仅丝毫无损，反而会大大增进。

在向上邀功这件事上，假如主管是个喜欢独占功劳的人，相信他的员工也不会怎样为他卖力。反之，如果主管能乐于和员工分享成功的荣耀，员工做事也分外卖力，希望下次也一样成功。所以领导者正确的做法是与员工分享功劳，分享成功的幸福和喜悦。每个人做事都希望被人肯定，即使工作不一定成功，但始终是卖了力，谁也不希望被人忽视。一个人的工作得不到肯定，他的自信心必然会受到打击，所以作为主管，千万不能忽视员工参与的价值。

在一个大公司的年终晚会上，老板特别表扬了两组业绩较好的员工，并邀请他们的经理上台发表感言。没想到，两位经理的表现形成了极大的反差。第一位经理好像早有准备似的，一上台就夸夸其谈地说起他的经营方法和管理哲学来。不停向台下员工暗示自己为公司所做出的贡献，使得台下的老板及他自己的员工听了心里都很不舒服。

与第一位经理不同，他说："我很庆幸自己有一班如此拼搏的员工！"最后还邀请员工一一上台来接受大家的掌声。这使得台上、台下的反应大大不同。像第一位经理那种独占功劳、常自夸功绩的人，不仅会使员工不满，就是老板也不会喜欢。第二位经理能与员工分享成果，令员工感到受尊重，那么他们以后一定会更加努力拼搏。其实老板心里最清楚功劳归谁，所以那不是你喜不喜欢与他人分享的问题。你是希望自己像第一个经理那样，还是像第二个经理那样？想必答案不言而喻吧！

美国零售大王山姆·沃尔顿在总结自己成功的时候说："和帮助过你的人一起分享成功是我成功的秘诀。"分享成功会使员工产生归属感，并因此激发出强大的责任心，会自觉的认为自己应该争取更大贡献，从而以更加认真和积极的态度来看待自己肩上的责任。

用催化机制调动下属的责任感

主管应该清醒地认识到，下属的责任感需要调动，否则就难以获得。而调动下属责任感最好的方式就是主管要以身作则，带头行动，以榜样的姿态告诉下属应该怎么做。

东芝公司董事长土光敏夫认为，领导不应只做企业领袖，更要处处为员工树立榜样的作用，以身作则不仅能为公司带来巨大的经济效益，而且还是企业培养敬业精神的有效手段。土光敏夫正是这样严格管理自己的，他几十年如一日，每天第一个走进办公室，从未请过假，从未迟到过。他这种以身作则的行为深深感染着东芝公司的所有员工，也像董事长一样严格要求。

优秀管理者不会时刻地盯着下属，而是加强员工的自我管理。但要加强员工的自我管理首先要做好管理者的自我管理，成为下属的榜样，用自身行动去说服员工而不是"照你说的那样去做"，让员工自觉主动地"照你做的那样去做"。

一个管理者只要端正了自身，做到以"理"服人而不是来"权"来压人，管理的工作就简单容易多了。《论语》中说："苟正其身矣，于从政乎何有？不能正其身，如正人何！"孔子认为管理者必须自身修正，如果自身不修正，只靠领导的权威下属也是很难服从的。

但在实际工作中，很多管理者为了达到管人的目的，总是费尽心机制定出若干规章制度，要求员工去遵守，却把自己游离于这些制度之外。如果领导者能够率先示范，能以身作则地努力工作，严格遵守自己制定的各种规章制度，那么这种以身作则的精神就会感染其下属，从而在团队里形成一种积极向上的态度，良好的工作氛围。

领导的行为对下属产生着巨大的激励作用，正如俗话所说的："强将手下无弱兵"。领导的表率作用永远是激励员工的最有效的方法。

电视剧《亮剑》曾在各大电视台热播，深受广大观众的欢迎。剧中主人公八路军团长李云龙每次冲锋陷阵他都在最前面，指战员们很担心他的安危而责怪他不该这么玩命。李云龙却说："如果我不带头冲锋在前，那么战士们怎么会毫不犹豫地奋勇作战呢？"李云龙正是以这种以身作则的激情去影响着每一个战士。

管理者能身先士卒，以积极正确的示范作导向，就可以调动员工的积极性，激发他们努力向上的干劲；相反，如果管理者持一种消极、观望的态度，自己不率先示范，只是督促员工的工作，势必会削减员工的工作热情，对领导的行为产生抵触情绪，进而对企业的发展前途失去信心。

很多管理者对下属的工作状态不满，每日为下属的状态发愁。与其天天为员工消极的状态而愁眉不展，倒不如自己拿出激情，率先士卒一心一意地工作。

只要自己尽全力专注地工作，带头遵守相应的规章制度，做好团队的榜样，那么，管理者必能感动下属，将工作的热情传递给下属，使他们积极地工作。

"积极主动负责"才是真正有责任感

对于一个普通员工，要求其积极主动负责，已经足够。对于主管，除了要求敢于承担责任之外，还需要其在管理队伍上不揽功、不诿过。这是对管理能力的要求。

古时候有个叫孟之反的人，在战场上打了败仗，他让前方败下来的人先撤退。自己一人断后，快要进到自己城门时，才赶紧用鞭子抽在马屁股上，赶到队伍前面去。然后告诉大家说："不是我胆子大，敢在你们背后挡住敌人，实在是这匹马跑不动，真是要命啊！"

著名学者南怀谨先生认为，孟之反善于立身自处，怕引起同事之间的摩擦。自己不但不表功，而且还自谦以免除同事之间的忌妒，以免损及国家。

一个优秀的领导者应当像孟之反一样，时刻体察自己的下属，不揽功、不诿过，这样才能赢得下属的追随。秦穆公就是一个主动为下属揽过的典范。

公元前 628 年冬，秦国驻郑国的大夫杞子突然派人回国，秘密向秦穆公报告说："郑国人信任我，把都城北门的钥匙交给我保管，这是我国用兵的大好机会。如果您派一支军队来突袭郑国，我们里应外合，一定可以占领郑国，借此扩大疆土，建功立业。"秦穆公听了喜出望外，对领土的贪婪一时间充斥着他的头脑，争霸中原的野心使他再也按捺不住。于是秦穆公立即决定调动大军，袭击郑国。

然而，作战经验丰富的老臣蹇叔毕坚决反对出师郑国。秦郑两国路途遥远，调动大军长途跋涉，必然精疲力竭，元气大伤。再说，如此大的行动，浩浩荡荡的军队千里行进，郑国怎么会不知道呢？一旦兵败，不仅国内人民心中不满，其他诸侯国也会小看秦国。因此，蹇叔力劝秦穆公不要发兵。

求功心切的秦穆公对蹇叔的话不以为然，坚持派孟明视、西乞术、白乙丙 3 人攻打郑国。事实果然被蹇叔言中。次年 2 月，对秦攻郑之举，晋襄公及其谋臣先轸认为是对晋国霸主地位的挑战。为维护晋之霸业，晋襄公决定待秦军疲惫会师之时，在殽山伏击，并遣使联络附近的姜戎配合晋军作战。

4 月初，晋襄公整顿人马，亲自出征，在殽山一带大败秦军，俘获孟明视、西乞术、白乙丙 3 人。幸好秦穆公之女文嬴巧施计策，劝晋襄公放回了孟明视 3 人，秦国才免于 3 员将帅之损。

秦军大败的消息传到秦国，秦穆公立即认识到自己贪心过重，急于求成，不但劳顿 3 军，更险些折损 3 将。

此时，秦穆公勇于承担责任，揽过于己。他身穿素服，来到郊外迎接 3 人，见面时放声大哭："我不听蹇叔的话，使 3 位受到如此侮辱，这都是我的罪过啊。"孟明视等人叩头请罪，秦穆公说："这是我决策失误，你们何罪之有？我又怎么能用一次过失掩盖你们平时的功绩呢？"之后他对群臣又说："都是我贪心过重，才使你们遭受此祸啊！"秦穆公承担了全部责任，感动了群臣，3 帅更是力图回报，欲雪国耻，从此整顿军队，严明纪律，加紧训练，为再次出征做准备。

秦穆公爱护下属，勇于揽过，不找替罪羊为自己开脱，这对调动部下的积极性，团结上下极为重要。试想，若秦穆公杀了孟明视 3 人，其结果必然使朝野震动，从此没有请命之将，那么何谈雪耻，攻占城池？那么，秦国的历史也许就会改写。

不诿过于下属，是赢得人心的法宝。一个让下属放心追随的领导者既不会独占功劳，也不会诿过于下属，他们在下属的心里就像一棵可以乘凉的大树，是下属真正可以依靠的靠山。

认错从上级开始，表功从下级启动

在企业中，常常发生这样的事：有了功劳归领导，有了过错则推给下属，这是很不好的现象。"现代管理之父"彼得·德鲁克说过，当自己分管的部门出现问题时，管理者不应推卸、指责和埋怨，而应主动承担责任，从自身的管理中去找原因。

一个公司发奖金，谁拿得更多？领导。一个公司派人出国考察学习，谁去？领导。一个公司配车，谁开？还是领导。权利和义务永远是对等的，既然管理者得到的最多，那自然也应该承担更多的责任。

对于智慧的管理者来说，在工作中出现过错时自己揽下来，而不是推到下属头上，恰恰是树立权威的机会。

一家建材公司的采购员在采购一批货物时犯了一个错误：将客户订购的产品颜色弄混了，结果造成上万元的损失，最后经理帮他补了这个窟窿。自知闯下大祸的采购员向经理递交了辞职信。经理问他："我骂过你吗？""没有。""我跟老板说到你了吗？""没有。""1万多元的损失是你承担的吗？""不是。""我刚刚替你交完学费，你却要走，我不同意。"

采购员流下了眼泪，经理说："把眼泪擦掉，有本事就把那1万元赚回来再辞职，我马上就批。像个男人！这事就算了。"几年之后这个采购员成了公司的副总经理。

管理者主动承担责任，不但可以稳定军心、保持士气，还有助于维护自身的威望。不诿过于下属的管理者，下属看到了他的高风亮节，更加愿意追随。

在管理中，犯错和出现问题都不可怕，可怕的是否认和掩饰错误。愚蠢的管理者总是会尽力为自己的错误辩解，找各种各样的理由来证明这些过错与己无关，最简单的方式就是推给下属；明智的管理者则不然，他们会主动承认错误、承担责任，并努力改正。

"认错从上级开始，表功从下级启动"才是优秀领导者应有的担当。在表彰功绩时，也不能"肥水不流外人田"，而应秉持客观公正的原则。首先统计出直接有功的人，再找到间接有功的人，最后再确定指挥有功的管理者，按顺序排列。

⑧ 大多数决策既合理又及时

他人意见是你决策的保险

古人云："兼听则明，偏听则暗。"决策者要主动听取下属的意见，这样才能全面客观地了解事物，做出正确的决策。从管理角度来说，决策者全面听取各方意见，尤其是听取下属的反面意见，可以团结有不同意见的下属，也能赢得下属的尊重和信任，提高组织的凝聚力。

秦始皇执掌大权后，下了一道命令：凡是从别的国家来秦国的人都不准居住在咸阳，在秦国做官任职的别国人，一律就地免职，3天之内离境。李斯是当时朝中的客卿，来自楚国，也在被逐之列。他认为秦始皇此举实在是亡国的做法，因此上书进言，详陈利弊。

他说，从前秦穆公实行开明政策，广纳天下贤才，从西边戎族请来了由余，从东边宛地请来了百里奚，让他们为秦的大业出谋划策；而当时秦国的重臣蹇叔来自宋国，邳豹和公孙枝则来自晋国。这些人都来自于异地，都为秦国的强大做出了巨大贡献，收复了20多个小国，而秦穆公并未因他们是异地人而拒之门外。

李斯直言指出，秦始皇的逐客令实在是荒唐至极，把各方贤能的人都赶出秦国就是为自己的敌国推荐人才，帮助他们扩张实力，而自己的实力却被削弱，这样不仅统一中国无望，就连保住秦国不亡也是一件难事。李斯之言使得秦始皇如醍醐灌顶，恍然大悟，急忙下令收回逐客令。正因为秦始皇听取了李斯的建议，不仅留住了原有人才，而且吸引了其他国家的人才来投奔秦国。秦国的实力逐渐增强，10年之后，秦始皇终于完成统一大业。

决策需要了解不同的信息，需要对企业经营中的不同情况进行有效判断，但是任何决策者都不可能掌握全部的信息和资源，所以决策者必须重视别人的意见。尽管某些意见不能被采纳，但至少可以作为决策的参考，即使是那些反对的意见，也可以提醒决策者需要规避决策中的风险。

本田宗一郎被誉为"20世纪最杰出的管理者"。回忆往事，他常常对周围的人说起一则令他终身难忘的故事。一次，一位来自美国的技术骨干罗伯特来找本田，当时本田正在自己的办公室休息。罗伯特高兴地把花费了一年的心血设计出来的新车型设计图纸拿给本田看："总经理，您看，这个车型太棒了，上市后绝对会受到消费者的青睐……"

当时本田正在闭目养神，罗伯特看了看本田，话还没说完就收起了图纸。第二天，罗伯特见到本田后，第一句话就是："尊敬的总经理阁下，我已经买了返回美国的机票，谢谢这两年您对我的关照。"面对本田的惊诧，罗伯特坦言相告："我离开您的原因是由于您自始至终没有听我讲话。就在我拿出我的设计前，我提到这个车型的设计很棒，而且还提到车型上市后的前景，我是以它为荣的，但是您当时却没有任何反应，而且还低着头闭着眼睛在休息，我一恼就改变主意了！"

后来，罗伯特拿着自己的设计到了福特汽车公司，受到了高层领导的关注，新车的上市给本田公司带来了不小的冲击。通过这件事，本田宗一郎领悟到"听"的重要性。他认识到：如果不能自始至终倾听员工讲话的内容，不能认同员工的心理，就有可能会失去一位技术骨干，甚至是一个企业。

这就说明，决策者的任何决策都需要一种决策艺术。决策者必须要重视别人的意见，必须善于把自己的决策通过员工参与的方式体现出来，因为所有的人都愿意当主人，而不想做奴仆。通过这样的方式，决策者处于决策的主动地位，并能积极地引导员工参与决策，以提高绩效。

有效决策需要有不同意见

为了防止和避免决策失误，必须对备选方案加以全面分析和评价。备选方案的分析、评价应当是全方位的，其评价内容主要包括：决策目标是否合理；决策所依据的价值准则是否正确；决策方案在技术上是否可行；制定决策方案所采用的理论和方法是否科学。管理者要擅于在评估和分析过程中听取反对及不同的意见，根据这些建设性意见对方案进行再次优化。

而在决策会议上是否会有反对及不同意见的出现，尤其是一些低级职位的人敢不敢发表自己的看法，则和企业的企业文化氛围有关。很多企业把倾听员工意见当作一种企业文化的内涵。在日本，大多数企业在谈到合作或意见一致时，通常意味着消灭个性。索尼公司则欢迎员工把意见公开讲出来。因为提出反对意见的人往往是出于对公司的责任心，而且不同意见可以使人从更多的侧面考察问题，它可能引导出水平更高的好主意。

当盛田昭夫是副总经理的时候，曾和田岛道治发生过一次冲突。昭夫的一些意见激怒了田岛，最后他再也忍不住了，他说："盛田君，你我意见不同，我不愿待在你这样的公司里。"

昭夫的回答非常大胆："阁下，如果在一切问题上你我意见都完全一致，那就没有必要让我们两个人都在这个公司拿薪水了。假使那样，不是你就是我应当辞职。请考虑我的意见，不要对我发火。如果因为我有不同意见，你就打算辞职，那说明你对我们的公司不够忠诚。"

田岛一听昭夫这番话最初吃了一惊，但是，最后他决定继续待了下去。

要让员工能够在上司面前自由地发表自己的意见和看法，这一点非常重要。

在 IBM 的种种措施中，良好的沟通机制是独具特色的。因为 IBM 公司深深懂得，只有良好的沟通，才能确保员工对公司的认同感和忠诚，使员工感受到自己是公司的一员，而不只是依令行事的雇工，这样才能发挥员工的积极性和自主意识。

对于下级而言，IBM 公司鼓励员工及时向上级，甚至向公司总裁陈述。这样，在公司内就形成了良好的民主气氛，不仅解决了具体问题，而且增进了团结。公司还设立了意见箱，拓宽沟通渠道。员工对工作有意见和建议，可以通过意见箱与各部门主管直接联系。意见箱由专人负责，对于切实可行的建议，对提建议者予以重奖。

其实任何方案都需要论证的，所谓的论证就是在不断地搜集信息的基础上，对方案提出质疑并进行完善的过程。所以，民主决策的实质是充分调动与会人员的积极性，让他们充分发表意见，特别是反面意见。

作为决策者要有海纳百川的心胸，认真对待不同意见，并对既定的方案进行修订，甚至完全推倒既定的方案，确保决策方案进一步优化。只有这样，所做出的决策才是最好的决策。

以任务结果来衡量决策有效性

在日益激烈的竞争压力下，公司每天都在面对着新的变化，每天都可能出现新的危机和机遇。无论是面对危机或机遇，都需要主管开展卓有成效的行动，以阻止恶化或者抓住时机。

2000年10月19日，美国联邦食品和药品管理局的一个顾问委员会紧急建议：应把PPA列为"不安全"类药物，严禁使用，因为一项研究结果表明，服用含有PPA的制剂，容易引起过敏、心律失常、高血压、急性肾衰、失眠等严重的不良反应，甚至可能引起心脏病和中风。

美国联邦食品和药品管理局的这一建议犹如一枚重磅炸弹，在全球范围内引起了轩然大波：在墨西哥，卫生部部长呼吁禁止使用含PPA的制剂，许多医疗部门和药店纷纷向制药厂家退货，厂家和销售商损失惨重。在英国，卫生部下令紧急调查PPA。在日本，公众反应激烈，许多感冒患者拒绝服用含有PPA成分的抗感冒药。在东南亚，许多国家开始回收药品。

这对中美史克来说绝对是一场史无前例的危机。一方面，康泰克与康得在中美史克全球业务量中占较大比重，叫停后对中美史克的销售冲击很大。另一方面，康泰克被醒目地绑上媒体的绞刑架上，很多媒体上都将PPA和康泰克等同起来或者将二者相提并论，生产厂家中美史克的企业形象及其他产品的市场命运正在经历着严峻考验。

中美史克公司在接到通知后立即成立专门负责应对危机事件的危机管理小组，并划分职责：危机管理领导小组、沟通小组、市场小组和生产小组。危机管理领导小组，职责是制定应对危机的立场基调，统一口径，以免引起信息混乱，并协调各小组工作；沟通小组，负责信息发布和内部、外部的信息沟通，是所有信息的发布者；市场小组，负责加快新产品开发；生产小组，负责组织调整生产并处理正在生产线上的中间产品。危机公关，在悄然有序地执行着。

16日傍晚，中央电视台播发了政府的禁药令后，员工心态开始浮动。17日中午，公司召开全体员工大会，总经理向员工通报了事情的来龙去脉，并表示了公司不会裁员的决心，以《给全体员工的一封信》的书面形式将承诺公布给每一位员工。企业的推心置腹、坦诚相见和诚挚果断的决心打动了员工，这为危机处理赢得了良好的内部环境。同日，全国各地的50多位销售经理被迅速召回天津总部，危机管理小组深入其中做思想工作，为他们解开思想上的结，以保障企业危机应对措施的有效执行。

18日，这50多位销售经理带着中美史克《给医院的信》《给客户的信》回归本部，应对危机的行动纲领在全国各地按部就班地展开。为了及时掌握顾客的反应，公司专门培训了数十名专职接线员，负责接听来自客户、消费者的问讯电话，并做出准确、专业的回答，使之打消疑虑。21日，15条消费者热线全面开通。

同时为了争取较好的舆论环境，避免不必要的麻烦，20日，中美史克公司在北京召开了新闻媒介恳谈会，总经理回答了记者的提问，做出不停投资的决策，并表示"无论怎样，维护广大群众的健康是中美史克公司自始至终坚持的原则，公司将在国家药品监督部门得出关于 PPA 的研究论证结果后为广大消费者提供一个满意的解决办法"。

经过这些应对危机的措施的有效实行，终于取得了不凡的效果，中美史克并没有因为康泰克和康得的问题影响到其他产品的正常生产和销售。用《天津日报》记者的话说："面对危机，管理正常，生产正常，销售正常，一切都正常。"随着时间的流淌，有关 PPA 的紧张已逐渐消去。

如果一个公司不能积极应变，为阻止危机或抓住机遇做出卓有成效的决策，那么这个企业将难以在市场上立足。只有在关键时刻敢于决策和善于决策，才是一个成熟的管理者及成熟企业的风范。

任务结果是衡量决策是否有效的唯一标杆。决策的基本功能主要有两个方面：抓住机遇或防止恶化。前者是正向的动力，后者是负向的终止。一个正确的决策必然会实现这两者中的一种。主管要善于从任务结果中总结决策经验，以促进在下一次获得更为成熟的决策。

群体决策既有好处也有弊端

在实际工作中，时常看到的情况是：一个重大的决策通常由几个甚至一个大脑来决定的。这种决策方式带来的风险是：由于决策者个人掌握的信息有限，造成决策的严谨性与周密性不强；由于决策者对未来形势的变化估计不足，导致做出了错误的决策假设；由于决策者多数不是一线执行人员，导致决策指导不了操作，缺乏可执行性。

群体决策是避免决策误区、避免决策失败的预防针。顾名思义，群体决策机制就是决策过程的广泛参与性，强调的是民主，不是一言堂，不是一人说了算。比如在制订战略计划时，不仅是企业的高层全部参与，而且还要让那些与战略执行相关的人员参与进来，比如战略的实施人员、相关领域的专家、各个部门的主管和代表等。

群体决策机制带来的好处是，任何决策在产生的过程中就赢得了广泛的情感支持，任何参与决策和执行的人不会把决定看作是上级的指示，而是看作"我们"共同的意见。

但是群体决策机制会带来的风险有三种：一是因为过于强调民主成分而使决策的形成过程成为平衡各家意见的过程，致使决策结果平庸化；二是因为过于鼓励发表不同观点而使决策会议上拉帮结派，使决策的讨论过程成为争权夺利的过程，降低了决策效率；三是决策过程越民主，决策的过程就越长，企业管理者很容易失去耐心，会轻而易举地出台决定，不仅使决策机制没有起到正向作用，反而出现了反作用。

南北战争爆发后不久，美国总统林肯开始为选任军事统帅而发愁。为了解决这个问题，有一天，他将内阁中最重要的成员召集在白宫会议室。会议一开始，林肯就向大家强调：外面战火轰隆，我们的会议一定要有效率，我们要在今天为已经操练3个月的8万士兵找出一个优秀的统帅。

在林肯的这种要求下，这些内阁大臣们纷纷发表出各自不同的意见，不一会儿，几个人便热烈地争论起来。在幕僚们讨论的过程中，意见逐渐清晰，有人推荐史考特将军的，有人推荐麦克多维尔的，随着推荐的候选人的不同，这些内阁大臣们分成几派，他们不同派别之间针锋相对，相互指责对方所推荐的候选人的不足和缺点。场面气氛十分激烈。

由于被选任的人将担任最为重要的职位——北方军队的统帅，这个职位能够左右着美国未来的命运，林肯和内阁成员们制定选人规则，即只有在2/3的同意下，候选人才能被任命。由于这个规则的存在，他们的会议从早上一直开到晚上，因为始终不能使2/3以上的人的意见保持一致，最终是毫无结果。

虽然群体决策仍然存在缺点，但显然要比一个人独裁、单人负责拍板定案的方式稳妥很多。现代企业面临的是一个环境复杂而又变化多端的局面，要想在竞争激烈的商场中立于不败之地，就需要管理者提高决策的准确性和正确性。管理者要想最大限度地避免决策失误，就需要充分发挥集体智慧，建立科学的群体决策机制，以集体智慧来保证决策的成功。

⑨ 采取令人信服的交流方式

采用目标策略传递管理信息

管理者为了使员工能理解企业的战略和目标，并将之贯彻到自己的行动中，就必须与员工全面沟通，必须使员工认同企业的战略、目标和决策。这种沟通过程即为目标策略。

即使最基层的员工，都能了解公司的战略意图，都能清晰地表达出企业对顾客利益的重视，这样的企业使员工以主人翁的精神参与到企业管理中来，自然能赢得市场，获得长远发展。可见，目标策略大大强化了组织高层和基层的沟通，从而有效地贯彻组织战略和目标。

目标策略还可以促使组织内部不同部门之间的沟通合作。传统企业的各个部门之间相互条块分割，彼此联系较少、沟通有限，这就会造成企业总目标在执行过程中形成不同的执行方案，部门与部门之间的协调不充分，从而影响企业整体绩效的实现。通过目标策略，加强跨部门沟通，从而打破部门樊篱，使企业内部能够充分协调合作。

飞利浦是欧洲最大的电器设备生产商，全世界每7台电视机中就有1台装的是飞利浦的显像管。但是在占据整个公司销售额1/3的家电部门却效益很低。2001年新上任的总裁杰拉尔德声称，在未来的3年里，飞利浦的家电部门要么就赢利，要么就关门！这个目标计划并没有人相信。

　　杰拉尔德也没有采取极端的措施，而是各部门以这一目标为中心展开一场"战略性交谈活动"。他认为，应树立员工们的信心，通过目标策略增加沟通的有效性。从而实现跨部门的合作。因为他上任后发现，公司被条块化地分成了6个业务部门，它们之间很少或者完全没有沟通。

　　他的第一个动作是根据总目标确定了4个关键性的主题，这些主题描绘了飞利浦可能取得成功的技术前景，它们包括：显示器、存储器、连通性和数字视频程序。这样一来，这些主题使得不同技术部门之间的边界变得模糊。要取得成功，这些部门就必须进行全新的、直接的深入对话。

　　杰拉尔德开始战略性交谈的方法是聚集所有对该主题做出贡献的人，不管其职位的高低，一起参加一次为期一天的峰会，让与会者交流看法、讨论方案并且最终针对不同的重要项目制定策略和方针。这一会议促使目标变得非常清晰，并且促成了在不同部门之间进行更好的合作。

　　战略性交谈很快显示出效率，一个显著的例子就是在DVD市场上取得成功。当管理层确信在光学存储器上的成功就意味着会在DVD市场上取得成功，一个囊括了来自飞利浦公司的半导体部门、配件部门以及家电等部门的人员的项目团队开始行动，他们改写了DVD的新标准，并在2003年抢占了美国DVD市场60%的份额。

　　为什么飞利浦公司最重要的赢利部门却不能产生效益，其根本原因就在于：各个部门各自为政，互相扯皮，彼此间缺少共同的目标，不能实现有效的合作。杰拉尔德通过设定企业未来3年的发展目标，进而确定战略性交谈，通过全面沟通，使跨部门合作成为可能，进而大大提高了企业效益。可见，目标策略有利于企业增强组织内部跨部门沟通合作，从而有利于全面提高企业的业绩。

　　目标策略使员工可以参与到管理过程中来，不仅使组织内纵向的上下级沟通增加了有效性，而且还使横向的部门更加密切协作。所以说，目标策略是促进良好的组织沟通的助推器。

动嘴巴之前先要发动耳朵

沟通是管理过程中的一个重要环节。有人说没有沟通就没有效能。那么如何才能做到品质的沟通，在互相交流的过程中最关键的是什么？一些管理者会说是"说"。

沟通中积极表达，发问反馈是不可缺少的，但是作为管理者这样反而容易忽视聆听别人的作用，耐心了解对方要表达的重点，经过分析判断，再做出合情合理的决定，是管理者高品质沟通的关键。

有人把倾听看作是人成熟的基本素质之一，其实它也是职场成功人士的必备潜质之一。因为沟通需要用"心"去倾听，没有有效的倾听就达不到沟通的效果。

乔·吉拉德被誉为当今世界最伟大的推销员，说起自己成功的经历时，他总会谈起下面这个终身难忘的故事。

一天，乔·吉拉德向一位客户销售汽车，两人聊天很是投机，交易过程也相当顺利。可是就在客户正要掏钱付款时，吉拉德却和旁边的一位同事谈起昨天的篮球赛，吉拉德一边跟同事兴致勃勃地说笑，一边伸手去接车款，没想这位客户却说，他不买车了，掉头而走。吉拉德苦思冥想了一天，也不明白这位客户为什么突然改变主意。

当天晚上，按照顾客留下的地址，乔·吉拉德找上门去求教。客户见他满脸真诚，就实话实说："你的失败是由于你没有自始至终听我讲话。就在我准备签约前，我提到我的独生子即将上大学，而且还提到他的运动成绩和他将来的抱负。我是以他为荣的，但是你当时却没有任何反应，而且还转过头去和别人讲话！"

乔·吉拉德的失败就在于他没有意识到"听"的重要性，

就是因为他没能自始至终倾听对方讲话的内容，认同顾客的心理，最后失去自己的顾客。事实上，能做到第一层次倾听的人占 60% 的左右，能够做到第二层次倾听的人只有 30%，做到第三层次倾听的人只剩 15%，达到第四层次水平上的倾听仅仅只有至多 5% 的人能做到。

管理者在沟通过程中应该提高自身的倾听技巧，学会做一个优秀的倾听者，通过对员工或者他所说的内容表示感兴趣，才是高品质沟通的保证。

一个访谈节目的主持人，在一期节目上访问了一位小孩儿，主持人问："你长大了想当什么呀？"这个孩子天真地回答："我的愿望是当一名优秀的飞机驾驶员！"主特人接着问："如果有一天你开着飞机在海洋上空飞行，这时候飞机的引擎熄灭了，你会怎么办？"小朋友想了想："我先告诉飞机上的乘客系好安全带，然后我系上降落伞，先跳下去。"

顿时，现场的观众哄堂大笑，主持人却注视着孩子。看到孩子的泪水涌出来，这时主持人又问他："为什么要这么做？"这时孩子委屈地说："我要去拿燃料，我还要回来把飞机开到机场！"

这位主持的与众不同之处就是能够让孩子把话说完，并且在"现场的观众嘲笑声中"仍保持着倾听者应具备的一份亲切、一份镇定、一份耐心。

倾听，是管理者必须掌握的技能。倾听不是被动地接受，而是一种主动行为。在听的过程中思维要跟进，在适当的时机提问、解释，使得沟通进一步深入下去。管理是一种双向过程，只有获得下属的反馈才能实现管理上的高效，因此要切记：动嘴巴之前要先发动耳朵。

要弄明白下属希望你说什么

德鲁克说，只有了解了对方的期望，我们才能了解沟通是否能够利用收听者的期待，以及是否需要对他"当头棒喝"，而让他意识到"不能如其所愿"的事情正在发生。也就是说，通过了解对方的期待，使我们的沟通更有针对性。

主管要掌握说话的艺术，要知道如何和不同的人谈话，要能够使对方较为容易地理解自己所要表达的意思。如果谈话没有针对性，没有照顾到个体差异，沟通质量就大打折扣。

一次，孔子的学生仲由问："听到了，就去干吗？"孔子说："不能。"又一次，另一个学生冉求又问："听到了，就去干吗？"孔子说："干吧！"公西华在一旁听了犯疑，就问孔子："两个人的问题相同，而你的回答却相反。我有点儿糊涂，故来请教。"孔子说："求也退，故进之；由也兼人，故退之。"（意思是，冉求平时做事好退缩，所以我给他壮胆；仲由好胜，胆大勇为，所以我劝阻他。）孔子教育学生因人而异，我们谈话也要根据不同人的期待而因人而异。

主管要学会根据下属的期望进行沟通。而要实现这一点，就需要主管多观察、多了解，感知下属的内心境况，根据客观情况进行沟通，将话说到下属的心窝里去。

杰克·凯维是加利福尼亚州一家电气公司的一位科长，他一向知人善任，并且每当推行一件计划时，总是不遗余力地率先做榜样，将最困难的工作承揽在自己的身上，等到一切都上了轨道之后，他才将工作交给下属，而自己退身幕后。虽然，他这种处理事情的方法是很好的，但他太喜欢为他人表率，所以常常让人觉得他似乎太骄傲了。

最近不知怎么搞的，一向神采奕奕的凯维却显得无精打采。原来最近的经济极不景气，资金方面周转不灵，再加上预算又被削减，使得科里的机能差点停顿。凯维看这种情形若继续下去，后果一定不可收拾。于是他实施了一套新方案，并且鼓励职工："好好干吧！成功之后一定不会亏待你们的。"但没想到眼看就要达到目标，结果还是功亏一篑，也难怪他会意志消况了。

平日对凯维就极为照顾的经理看了这些情形后，对他说："你最近看起来总是无精打采的，失败的挫折感我当然能够了解，但是我觉得你之所以会失败，乃是因为你只是一味地注意该如何实现目标，却忽略了人际关系这种软体的工程，如果你能多方考虑并多为他人着想，这种问题一定能够迎刃而解。"

经理停顿了一下，又接着说："大丈夫能屈能伸，才是一个好的管理人员。我觉得你就是进取心太急切了，又总喜欢做员工的表率，而完全不考虑他们的立场，认为他们一定能如你所愿地完成工作，结果倒给了员工极大的心理压力。大概也就是因为这个缘故，所以大家都说你虽能干，但你的部属却很为难。每个人当然都知道工作的重要性，所以你大可不必再给他们施加压力。你好好休息几天，让精神恢复过来，至于工作方面，我会帮助你的。"

经理在与杰克·凯维沟通之间，已经做过详细的调查，不仅清楚凯维消沉的原因，也知道了同事对他的评价。他判断，凯维此时最需要的一定是失败的原因和鼓励的话语。所以，他才说出上述的话。这些话对于凯维来说确实很受用，在经理与他谈完话的第二天，他就信心百倍地开始工作了。

会打棒球的人都知道，当我们要接球时，应顺着球势慢慢后退，这样的话球劲便会减弱，与此相似，主管在沟通的时候，如果能将接棒球的那一套运用过来，沟通就会变得极为容易。

弄明白下属希望你说什么，你才能有的放矢，才能符合对方的期望，实现高品质沟通。

你应该为下属的怨气负责

由于种种原因，你的下属可能满怀怨气，那么，身为领导，如何说话才能让下属消解心中的怨气，而又不失自己作为上司的尊严与威信呢？

1. 主动自责

谁都有犯错的时候，不要以为自己是领导就高高在上，当自己说错话、办错事时不妨主动承认自己的错误，只有这样才能让员工消解怨气，让自己树立威信。

当下属因为你过激的批评而心怀怨气时，能主动找到下属，作真诚的自责，实际上就是传达一种体贴和慰藉，责的是自己，慰的是下属。这有利于在对方本已紧凑的心理空间辟出一块"缓冲地带"，让命令得以执行，工作能够顺利地开展下去。

2. 晓以利害

说服下属关键在于要让下属知道个中利害关系。从利益的角度进行说服，最有力量。任何人一旦遇到与自己切身利益相关的事情，就会认真起来。

某市无线电厂由于长期亏损，债台高筑，濒临破产。这天，该市电视机厂对无线电厂实行有偿兼并的大会在无线电厂举行。上千名职工感到耻辱，坚决反对兼并，愤怒的人群争吵着、吼叫着、吹口哨、鼓倒掌，场面十分混乱。

这时，电视机长的吴厂长，扯大嗓门对陷入失控状态的人群喊道："我告诉你们一个事实：到下个月工商银行的抵押贷款就要到期，无线电厂马上就要破产，上千名职工就要失业！难道你们愿意这个具有几十年历史的我市唯一的收录机专业生产厂家破产吗？难道我们厂上千名职工情愿失业，重新到社会上待业吗？请问，谁能使无线电厂不破产？谁能使上千名职工不失业？是能人，请站出来说话，有高招，请拿出来！你们反对兼并，拿出主意来！"

愤怒的人群开始静了下来，他面对着上千双翘首以待的眼睛，接着说："我吴某人不是资本家，是国家干部。就我个人而言，叫我兼并无线电厂，我才不干呢！我又何必自讨苦吃？可我是共产党员，看到国家受损失，我于心不忍啊！"

这时有人站起来说："我要问你，你能保证我们不失业，无线电厂不破产吗?"

吴厂长说:"有些同志对我不信任,这是可以理解的,因为不了解嘛。请大家放心,从并厂后第一个月起,如果再亏损,由我吴某人负责。我和大家同舟共济。如果要下海,我第一个带头跳!至于具体办法,我这里就不说了!"

这时,全场爆发出雷鸣般的掌声。在当时骚乱的情况下,面对愤怒的人群,训斥制止都不行,婉言相劝更不行。这时,吴厂长直言并与不并的利害得失,终于打破了人们的认识障碍,镇住了混乱的场面,又消解了大家的怨气。

下属与上司的不同之处在于,上司除了关心自己的利益之外,更应该关心单位的整体利益,而下属则有权关注自己的切身利益胜过关注整体利益。因此,对下属说话应该常记住"晓以利害"这一技巧,当他们对某件事有与上司不同的想法时,作为上司的你就应该明智地对他们做一番权衡利弊的分析,只有让他们觉得你的决定才是真正有利于他们切身利益的时候,他们才会真心地消除不满,转而支持你的工作。

3. 抓住实质

下属的怨气很多时候是不理性的,主管要学会从理性的角度去说服。所谓理性,就是要根据事情的本源和客观规律作为谈话的切入角度。

冯玉祥当旅长时,有一次驻防四川顺庆,与一支"友军"发生矛盾。这支"友军"将骄兵惰,长官穿黑花缎马褂,蓝花缎袍子,在街上招摇过市,极像当地的富豪公子。有一天,冯玉祥的卫士来报:"我们的士兵在街上买东西,他们说我们穿得不好,骂我们是孙子兵。"

冯玉祥看到自己穿的灰布袄,便说:"由他们骂去,有什么可气的。这正是他们堕落腐化、恬不知耻的表现!"为了避免士兵们由于心里不平衡而生闷气,冯玉祥立即集合全体官兵,进行训话:"刚才有人来报,说第四混成旅的兵骂我们是孙子兵,听说大家都很生气，可是我倒觉得他们骂得很对。按历史的关系来说，他们的旅长曾做过20镇的协统，我是20镇里出来的，你们又是我的学生，算起来，你们不正是矮两辈吗？他们说你们是孙子兵，不是说对了吗？再拿衣服说，绸子的儿子是缎子，缎子的儿子是布，现在他们穿绸子，我们穿布，因此他们说我们是孙子兵，不也是应当的吗？不过话虽这么说，若是有朝一日开上战场，那时就能看出谁是爷爷，谁是真正的孙子来了！"

几句话把官兵们说得大笑起来，再也不生闷气了。冯玉祥正是抓住了问题的实质，即军队就是比赛打仗的，而不是比赛穿衣服的，因此他把手下人说得心服口服。

当下属心怀怨气的时候，单纯劝导难以起到真正的作用，只有把他们心中的怨结打开，才能让他们豁然开朗。而打开怨结的关键就是抓住令他们生气的问题实质，带领他们走出思想的误区。

⑩ / 做好时间管理的表率

确信你把时间用在正确的地方

卓有成效的的管理秘诀就在于搞好时间管理，成为高效的表率。美国的托马斯·爱迪生说过，世界上最重要的东西是"时间"。美国著名的管理大师杜拉克说道："不能管理时间，便什么也不能管理。""时间是世界上最短缺的资源，除非严加管理，否则就会一事无成。"

如何确保自己的时间用在正确的地方？主要有三方面的建议：

1. 审查自己的时间，区分轻重缓急

区分轻重缓急是时间管理最关键的技巧。许多人在处理日

常事务时，完全不考虑完成某个任务之后他们会得到什么好处。伊莱恩·比赤在《咨询师的快速指南》中这样说："最后一次坚持写时间日志的时候，我吃惊地发现，在办公室里，我几乎有一半的时间是用在电话上，或者是接电话，或者给别人打电话。"

像他那样的人以为每个任务都是一样的，只要时间被工作填得满满的，他们就会很高兴。或者，他们愿意做在表面看来有趣的事情，而不理会不那么有趣的事情。他们完全不知道怎样把人生的任务和责任按重要性排队，确定主次。在确定每一天具体做什么之前，要问自己三个问题：

（1）我需要做什么？——明确那些非做不可，又必须自己亲自做的事情。

（2）什么能给我最高回报？人们应该把时间和精力集中在能给自己最高回报的事情上，即所谓"扬己所长"。

（3）什么能给我们最大的满足感？在能给自己带来最高回报的事情中，优先安排能给自己带来满足感和快乐的事情。把重要事情摆在第一位。

2. 做好时间规划

为每个任务设定时间参数，行动列表是很有用的。建立行动列表，认真估计每项任务所需要的时间，然后在日历上框出来，这个办法不仅能帮助完成列表中的任务，还能提高估计时间的能力。有关每日计划的四个建议：

（1）每天要抽出一定的时间来系统安排一天的计划。

（2）每天都在笔记本的"今天应该做的事情"一栏中写上相应的活动安排，然后按照优先顺序排列。

（3）最大限度地利用你的笔记本，做计划、记录，它可以成为你工作时的参考。

（4）为了摆脱每天无所事事的状态，每天至少要做三件事情。

3. 不浪费零碎时间

不浪费零碎时间，是一种习惯。任何人的零碎时间都不尽相同，但如果建立起不浪费零碎时间的习惯，其结果都是相同的，那就是他们从零碎时间中获得了时间价值。

上述三招可能不是万能的，但对于一个渴望获得卓有成效管理的主管是有用的。管理人员是团队的焦点，大家都在盯着，你要想使别人不浪费时间，你就要成为利用时间的榜样。

有些资料或文件是不必看的

管理大师德鲁克曾说，不管他的职位有多高，没有任何一个管理者能够因为浪费工作时间而引起别人的尊重。作为领导者，不懂得管理时间，就难以获得真正的领导力。

所罗门王有一天晚上做了一个梦。一位先贤在梦里告诉他涵盖了人类的所有智慧的一句话，让他高兴的时候不会忘乎所以，忧伤的时候能够自拔，始终保持勤勉，就就业业。但是，醒来后却怎么也想不起那句话来，于是他召来了最有智慧的几位老臣，拿出一颗大钻戒，向他们说了那个梦，要他们把那句话想出来。并说："如果想出那句话来，就把它镌刻在戒面上。我要把这颗戒指天天戴在手上。"一个星期后，几位老臣来送还钻戒。戒面上已刻上了一句简单的话："这也会过去。"

这个故事说的主题就是时间。时间就是这样在我们眼前不经意地流走，而且永不回头。在时间面前，所有的荣辱得失已变得黯然失色。生活中我们无数次地看到，腰缠万贯的富翁重暮之时，宁愿撒尽所有财富，欲换得多活几分钟却已不能够。时间，对于每个人而言，是唯一最公平的东西。所以，对于管理者而言，要想在和别人同样多的时间里卓有成效，就需要将自己的时间利用起来。

美国著名作家杰克·伦敦的房间，有一种独一无二的装饰品，那就是窗帘上、柜橱上、衣架上、床头上、镜子上、墙上……四处贴满了各色各样的小字条。他非常偏爱这些字条，几乎和它们形影不离。这些小字条上面写满各种各样的文字：有美妙的词汇，有生动的比喻……

睡觉前，他默念着贴在床头的小字条；第二天一觉醒来，他一边穿衣，一边读着墙上的小字条；刮脸时，镜子上的小字条为他提供了方便；在踱步、休息时，他可以到处找到启动创作灵感的语汇和资料。外出的时候，他把小字条装在衣袋里，随时都可以掏出来看一看，思考一下。英国文学史上著名女作家艾米莉·勃朗特在年轻的时候，除了写作小说，还要承担全家繁重的家务劳动，如烤面包、做菜、洗衣服等。她在厨房劳动的时候，每次都随身携带铅笔和纸张，一有空隙，就立刻把脑子里涌现出来的想法写下来，然后再继续做饭。有时候我们也一边休息，一边工作，只要把工作的性质变动一下，就能轻易地做到这一点。

莎士比亚说："时间是无声的脚步，是不会因为我们有许多事情要处理而稍停片刻的。"好好安排一天的时间，做好规划，才能提升做事的效率。

管理者要想避免时间的浪费，就要立即烧掉那些正在或潜在浪费时间的资料或文件。不为时间流逝留下任何借口，只为如何高效利用时间找到最好的方法。

以任务目标引领时间最节时

德鲁克在《卓有成效的管理者》中对时间有着极其精彩的论述："卓有成效的管理者懂得，时间是个限制因素。任何流程的输出量都会受到最紧缺资源的制约，而在我们称之为'绩效与成就'的这条流程里，这一制约因素就是时间。时间也是一种非同一般的资源。资金和人才都比较容易解决，然而，我们的确无法通过租用、雇用、购买或者其他手段来获得更多的时间。

时间的供应是没有伸缩性的。不管需求有多么强烈，时间的供应就是这么多。它没法用价格来进行调节，也没法为它绘制边际效用曲线。另外，时日稍纵即逝，根本无法储存，昨天的时间已一去不复返了。所以，时间才是最短缺的东西。

时间失掉以后是完全无法补偿的。在一定的范围内，我们可以用一种资源来替代另一种资源，比如，用铜来替代铝，用资金来替代劳力，我们可以使用更多的智力，也可以使用更多的体力，但是没有任何东西可以替代已经失去的时间。

做任何工作都要耗费时间，时间是必须具备的一个条件。完成任何工作都要耗费时间。可是，绝大多数人都对这独一无二的、失去之后无法补偿的、干任何事情都不可缺少的资源不太当一回事。要说卓有成效的管理者与其他人有所不同的话，最大的区别就在于他们对自己的时间十分爱惜。"

但是，人在如何使用自己的时间问题上往往有许多不足之处。德鲁克曾举过这样一个案例：

一个公司的董事长十分肯定地对德鲁克说，他的时间大体上可以分为三个部分。1/3 的时间，根据他的感觉，是花在公司的高级管理人员身上的；另外 1/3 的时间是花在重要客户身上的；最后的 1/3 的时间是用在地区社会活动中。德鲁克和他的助手后来用六个多星期的时间，对他的实际活动作了详细的记录，结果十分清楚：在上述三个领域里，他几乎没有花什么时间。

他自己也知道，应该把时间花到这些领域上去——记忆总是很帮忙的，它会告诉他已把时间花在上述这些事情上了。然而，实际记录显示：他把绝大部分时间都花在调度工作上了，随时了解他所认识的一些客户的订货情况，还为他们的订货不断地打电话给工厂。其实，这些订货中的绝大部分都进行得很顺当，而他的干预只会延误订单的落实。然而，当他的秘书拿着这份记录来到他的办公室时，他根本就不相信秘书所做的记录。在几次三番看到了类似的记录之后，他才开始相信：关于时间的使用问题，记录要比记忆可靠得多。

成功学家卡耐基说过，只有善于把握时间的人，才能走向成功。

我们先看一个计划时间的案例。

1976 年冬天，19 岁的迈克尔在休斯敦大学主修计算机。他是一个音乐爱好者，同时也有一副天生的好嗓子，对他来说，成为一个音乐家是一生最大的目标。因此，只要有空余时间，他就把它用在音乐创作上。

不久，迈克尔又找了一个名叫凡内芮的年轻人一起合作。凡内芮了解迈克尔对音乐的执着。然而，面对那遥远的音乐界及整个美国陌生的唱片市场，他们无计可施。

一次闲聊，凡内芮突然冒出了一句话："想象你 5 年后在做什么。"

迈克尔还来不及回答，他又说："别急，你先仔细想想，完全想好，确定了再告诉我。"

迈克尔想了想，开始说："第一，5 年后，我希望自己能有一张唱片在市场上发行，而这张唱片很受大众欢迎；第二，5 年后，我要能天天与一些世界一流的音乐家一起工作。"

凡内芮听完后说："好，既然你已经确定了，我们就把这个目标倒过来看。如果第五年，你有一张唱片在市场上；那么第四年，一定要跟一家唱片公司签约；那么第三年，一定要有一个完整的作品，可以拿给很多很多的唱片公司听，对不对？那么第二年，一定要有很棒的作品开始录音了；那么第一年，就一定要把你所有要准备录音的作品全部编曲，排练好；那么第六个月，就是要把那些没有完成的作品修饰好，然后让你自己可以一一筛选；那么第一个月，就是要把目前这几首曲子完工；那么第一个礼拜，就是要先列出一个清单，排出哪些曲子需要修改，哪些需要完工。"

凡内芮一口气说完，停顿了一下，接着说："你看，一个完整的计划已经有了，现在你所要做的，就是充分利用时间，并按照这个计划去认真地准备每一步，一项一项地去完成，这样到了第五年，你的目标就实现了。"

说来也怪，恰好在第五年，迈克尔的唱片开始在北美畅销起来，他一天24小时几乎全部都忙着与一些顶尖的音乐高手在一起工作。

这个故事给我们的启示是：掌握时间，运用逆向思维，目标倒推，将时间完全置于目标中，会取得最大化绩效。当今社会竞争激烈，很多人把时间浪费在没有用的争吵、抱怨、牢骚上，唯一缺少的就是管理自己的时间，致使工作毫无起色，人生平庸。卓有成效的管理者恰好与之相反，从掌握时间开始行动，向时间要效率和效益，并始终是时间的最大的受益者。

不要让昨天的任务占用今天

管理者每天都需要耗费大量的时间去修改或放弃昨天的行动或决策。事实上，管理者可以减少这些不在产生成果的任务，以缩短浪费者这些事情上的时间。

如何避免为昨日的任务而继续忙碌的现象发生？我们来看贝尔公司是如何做的。

美国贝尔电话公司为什么能多年称霸市场？尽管电话系统是一项典型的公用事业，但在20世纪初到20年代中期，费尔担任该公司总裁的这20多年时间里，贝尔电话创造了一家世界上最具规模、发展得最快、最大的私营企业。个中秘诀是什么？

菲尔认为这归功于公司做出的"四大决策"。

第一大决策是要求贝尔公司满足社会大众的服务要求。美国的贝尔电话公司是一家私营企业，要想保持它的自主经营而不被国家接管，必须预测和满足社会大众服务的需求，所以公司提出了一个"本公司以服务为目的"的口号。根据这一口号的精神，贝尔公司树立了一个全新的标准：衡量一个经理的工作成绩，应该是服务的程度，而不是盈利的程度。

第二大决策是实行"公众管制"。不能把一项全国性的电讯事业看成是一种传统的"自由企业"。公司领导者认为要想避免政府的接管，在管理上唯一的办法就是实行"公众管制"。所谓"公众管制"，就是坚持有效、诚实、服务的原则，这是符合公司利益而且事关公司生死存亡的关键所在。公司把这一目标交付给各地子公司总经理，使公司从高层领导到普通员工，都能朝着这一目标共同努力。

第三大决策是建立"贝尔研究所"。电讯事业的生存与发展，领先技术具有决定性意义。为此必须建立一个专门从事电讯技术研究的"贝尔研究所"。目的是为了摧毁"今天"，创造一个美好的"明天"。

第四大决策是发行股票开拓大众资金市场。贝尔设想发行了一种 AT&T（美国电话电报公司）股票，来开拓着眼于社会大众的资金市场，可以避免通货膨胀的威胁。正是得益于这项决策，贝尔公司长期以来始终保持着源源不断的资金来源。

四大决策确保了贝尔在通讯市场上的持续领先。很多管理者一直不明白自己为什么一直在为昨日的任务而忙碌，其中的主要原因就是因为昨日的决策存在着失误，而今天只好通过修补行动来为失误埋单。

显然，贝尔四项决策的出台，并不是公司的老板拍脑袋定下来的，而是通过集体的民主决议，最大限度地保证了决策的正确性，从而使公司的管理者每天都行走在正确的道路上。

决策的最高境界是精准性、科学性，面对竞争激烈的年代，管理者要尽可能降低在决策实施过程中的不确定性因素。但是，不可避免的是，任何企业及管理者都曾碰到过决策失误或偏离的情况，这个时候，德鲁克给出的建议是放弃。

也就是说，管理者尽可能减少为了修补错误而浪费属于今天或明天的时间。只有做到这一点，企业及管理者才有足够的时间投入到更有潜力的事情上去。

⑪ 任务和能力相匹配是激励员工的基础

发挥工作本身的激励作用

管理大师德鲁克说，工作要能够鼓励及引导个人的成长。因此，主管要善于发挥工作本身的激励作用。如何实现这一点？那就是：必须让员工感觉到他们的工作具有挑战性。

2008年年底，郎平与土耳其某排球俱乐部签约，出任主教练。郎平在接受采访时说，她来土耳其之前是希望保密的，因为在北京只是她的经纪人与土耳其这边沟通，所以也无法确定自己是不是能签约，想利用一周时间进行考察。

没想到土耳其电信女排俱乐部在网上公布了她要来土耳其的消息，使她的行程暴露。她在土耳其时间11月28日晚抵达位于安卡拉的俱乐部，第二天与俱乐部方面进行面谈后感到跟以前经纪人所谈的情况基本相符，而且当时已经进入赛季，俱乐部希望她尽快执教，所以立即就与该俱乐部签约，正式出任主教练。

郎平说："土耳其的排球联赛10月就开始了，目前球队的成绩很不理想。我喜欢有挑战性的工作，所以最终决定留下来。"

工作是否具有挑战性，成为许多人选择工作的一个重要标准。

在公司待了已有5年之久的李婷，形容自己的现状是"一潭死水"。薪水也好，职位也罢，在短期内都不会有大的变动，工作上也是按部就班。"现在每天都过得没什么生气，基本就是打发日子，我想挪挪窝换个新环境，是不是会有点干劲。"李婷还考虑到，她已经29岁，还没结婚，还有结婚和生子两件大事没落实，这会在一定程度上影响用人单位，因为职场女性普遍在生子后会把重心转移到家庭，自己最多还有个两三年的奋斗时间，有了小家庭后冲劲就会小很多。

调查后发现，在24—30岁之间的白领群体中，不少职场人在身处稳定环境时，心境反而容易产生变化。"拼死拼活地工作，还不是为了今后能有个稳定的生活，可是一旦这种稳定提前到来，反而有点无法适应，总觉得我还年轻，不甘心就这么不咸不淡地耗着。"多数白领都表达出这样的心声，然而，一旦有挑战性的新选择出现时，他们又很难取舍："在安逸的环境里待久了，人的顾虑反而越来越多，容易失去在职业'险境'中的果敢和勇气。"

最终，为了追求挑战性工作，不想让自己的人生轨迹过早地固定下来，李婷选择了跳槽，他们希望通过自己的努力使自己的职业发展更上一层楼。

企业管理者应该看到这种客观现象，精准把握员工的心理，充分调动员工的积极性。企业管理者应该认真思考这个问题：当公司给员工的资源够了，给的待遇够了，给的奖励也够了时，员工还追求什么呢？那就是开展挑战性的工作，实现飞跃式的发展。

给员工以挑战性工作，不仅使你的员工在自我挑战中得到成长，更能使企业在员工卓越成长中获得丰厚的回报。企业管理者应该在如何激发员工潜能上多琢磨、多下功夫。

确定每个人的"热键"并对其匹配

关于人才的匹配，管理界有个耳熟能详的故事：

所有人都说千里马是马中极品，有一个农夫于是就花了几年积蓄在市场上买了一匹千里马，回到家中后却发现实在没有什么大事需要千里马去完成，便让它和一头驴子一起拉磨。千里马被囚禁在磨坊里拉磨，传出去很丢千里马一族的脸面，于是，每次拉磨时千里马总是很不老实地折腾一番。农夫很生气，就用鞭子使劲抽打它，没过几日，千里马生生被打死。有了这次经验，农夫再也不买千里马了，为了和驴子搭配，他就又买回了一匹骡子。骡子和驴子很和谐，干起活来，搭配得很好，磨坊的效率很高。

有一天，农夫得了急病，需立即送到城里救治。家人拉出了骡子来拉车，骡子在磨坊里磨叨惯了，任凭农夫的家人使劲抽打它，它始终跑不快。抽打得急了，骡子就更加放慢了速度，最后索性在原地转起圈来了。家人无奈，只好迁就着骡子，晃晃悠悠地赶往城里，因此延误了治疗，农夫落下了后遗症。回来后，农夫一怒之下宰掉了骡子。

看完了这个故事，大家就会明白：农夫其实相当于企业的总经理，千里马、骡子、驴子是企业的员工。这里面，千里马最优秀，但是因为被放置在不合适的工作环境里，活活被折磨死。骡子本来也是很优秀的人才，和驴子搭配起来，能够为企业产生很高的经济效益。但是，却被抽调出拉马车，这本是千里马的长项——结果，骡子也死在它不适合的岗位上。

四季酒店是一家世界性的豪华连锁酒店集团，在世界各地管理酒店及度假区。四季酒店曾被评为世界最佳酒店集团之一，并获得 AAA 5 颗钻石的评级。酒店属于服务业，服务型企业的成功共性就是要拥有一批能够执行企业服务理念的人才队伍。一位入住过四季酒店的旅行者在他的日记中写道："别的酒店是把酒店单纯地当作酒店来经营，而四季酒店却把酒店当作旅行者之家来经营，这种浓郁的家庭氛围，一路奔波的旅行者怎么能拒绝？"

为顾客创造家的氛围的是四季酒店训练有素的员工。人才是四季酒店成功的根本原因。四季酒店亚太区人力资源总监吴先生认为符合四季用人理念的人才应该包括以下素质：诚信、灵活、踏实。优秀人才不是凭空产生的，是要结合具体一个行业，一家企业，一个职位来定义的。四季身为服务行业的企业，对人才最大的要求就是"灵活"。这个灵活要体现在对客户上，适应力、变通能力与抗压能力都要强。当然在这些能力之前，最为关键和基础的就是道德品质。

了解了企业的工作特性，四季酒店总是很容易找到企业最需要的人，然后把他放在最合适的岗位上，为企业创造出最大价值。四季用人最大的特点就是无论是高学历者还是普通学历者，包括"海归"，都需要从基层做起。吴先生认为一名优秀的员工，哪怕是把他放到最基层的位置上，经过一些时日，肯定会比其他人"跑得快"。

吴先生说："曾经有个新人，学历背景很优秀，能力也很强，他信誓旦旦要在两年内做到部门经理。我当时立刻否决了他。不管一个人多优秀，在四季，要做一个部门经理至少需要15年的时间，这是许许多多前辈留下的经验，是经过实践检验的，我不认为会有特例。所以，一个人需要磨炼，更需要有被磨炼的耐心。"

正是对员工孜孜不倦的长期打磨，使企业充分了解到员工的特点、特长、能力和发展潜力，无论员工晋升和调岗，企业总是能最快地实现人岗匹配，从而保证酒店不为人员的调动而降低组织运行效率。

优秀的企业管理者从来都不把入岗的匹配问题当作是小事情。企业管理者应采取正确的措施和手段对人力资源进行合理配置，合适的人工作在合适的岗位上，这将会使得员工的工作绩效、工作满意度、出勤率等得到提升，从而提高组织的整体效能。

主管要善于把优秀的人才放到合适的岗位上，发挥他应有的作用。不要"大材小用"，也不要"小材大用"，要量才而用。

要想实现人尽其才，就必须要了解人才的特长、专长和优势，找到人才身上的"热键"，并根据这些去匹配工作。只有完美匹配，才能创造高效益。

准确解读下属的能力密码

美国有家著名人力资源杂志曾经报道，通过对全球 36 万人在 20 年中的职业生涯跟踪调查表明，留住员工很重要的一点是确保他们的能力与所在的岗位相匹配。这就意味着企业提拔和重用下属也要适可而止，千万不要超越员工的工作能力范围。岗位与员工能力不匹配，就会出现用人失误。历史上最著名的用人失误事件莫过于长平之战中赵国起用赵括。

公元前 260 年 4 月，秦派兵攻赵。赵国派廉颇为将抵抗。廉颇根据敌强己弱的形势，决定采取坚守营垒的战略。赵王以为秦国不可惧，应该主动出击，为此屡次责备廉颇。这时，秦国散布流言："秦国所痛恨、畏惧的，是马服君赵奢之子赵括。"赵王听信流言，便派赵括替代廉颇为将。赵括自大骄狂，在不明虚实的情况下，贸然进攻。结果中了秦军埋伏，大败，四十万赵军被秦军活埋。

在这个著名战役中，赵王不能知人善任，将关乎国家命运的大事交给只会纸上谈兵的赵括，险些丧国。与他相对应的是，秦王知道赵括最怕白起，果断启用，最终取得胜利。全球华人企业顾问中心执行长、美国 PDP 大中华区策略合伙人、领导风格的研究专家陈生民先生曾分析说："事实上，每个人身上都有一组'能力密码'，这组密码是开启一个人潜能的钥匙，每个人都不一样。能够解读能力密码的人就等于拥有了知人知心的能力。"

如果岗位与员工的能力不能实现完美匹配，那么一定会出现大材小用，或者小材大用的现象。假如出现小材大用，其造成的结果是员工不能胜任工作，而其他员工则不会服气；同样，如若出现大材小用，就会使员工为自己怀才不遇而感到前途无望，他甚至会考虑离开。这里需要提醒的是，多数管理者最容易犯的错误是大材小用。企业为了谨慎起见，他们迟迟不敢起用员工，总是要"考察考察再考察"。

另外，将岗位与员工的能力相匹配，管理者应该弄清楚员工的最佳状态。很多人都喜欢看篮球赛，篮球运动员在赛场上最美的动作就是一路冲破障碍，高高跳起，一投命中。投篮这个拼搏的姿势充满了生命的激情，又显示着成功者的风采。但是假如不用跳起，而且像顺手把垃圾扔到纸篓里一样简单的话，运动员就丧失激情；假如篮筐遥不可及，无论如何都投不进，也会让人气馁，放弃努力。所以，这需要管理者在确保能力与岗位相匹配的基础上，稍微将岗位考核目标高于能力，这样能最大限度地保证员工的激情。

与人的能力不断增长相比，企业内部的岗位要求是相对固定的。员工的工作能力是随着实践摸索、适应岗位、培训学习等手段不断增强的，所以，每个员工在某个岗位上都会经历磨合期、成长期、成熟期和饱和期。然而，水饱和了就再也放不进糖，人饱和了就很难吸取新知识。一般来说，在某个岗位处于饱和期的员工，就一定出现了"能力高于岗位要求"的"不和谐"现象。所以，身为企业管理者，应该经常研究员工发展到哪个阶段了。对那些已经处在成熟期的员工，要适时地让他们"百尺竿头更进一步"，给他们分配到一个能力要求更高的岗位，或难度更大的工作，以避免他们滑入饱和期，造成人才的浪费。

"巧夺天工"地使用下属性情

用人必须讲究针对性，必须用其所长。一个工程师在开发新产品上也许会卓有成就，但他并不一定适合当一名推销员；反之，一个成功的推销员在产品促销上可能会很有一套，但他对于如何开发新产品却会一筹莫展。有这样一个例子：

一家大公司花费重金雇用了一位著名的化学教授从事某一重要产品的开发，然而几年过去了，老板终于不得不痛苦地承认雇用这名教授是个天大的错误。原因是这位老先生在宁静的大学校园里搞研究可能很有成就，但置身于商业竞争极为激烈的市场，则无法适应巨大的压力，因而无法推出适销对路的产品。

聘请这样的人对公司无疑是一种损害。如果主管在决定使用一个人之前，能详细地了解此人的专长，并确认这一专长确实是公司所需的话，这类用错人的悲剧就可以避免了。

对一个人来说，性情为人也许是天生的。但作为管理者却应能够"巧夺天工"地运用他，使之能够既显其能，又避其短。下面的方法就是这方面用人的经验。

（1）性格刚强却粗心的人，不能深入细致地探求道理，因此他在论述大道理时，就显得广博高远，但在分辨细微的道理时就失之于粗略疏忽。此种人可委托其做大事。

（2）性格倔强的人，不能屈服退让，谈论法规与职责时，他能约束自己并做到公正，但说到变通，他就显得乖张顽固，与他人格格不入。此种人可委托其立法制。

（3）性格坚定又有点韧劲的人，喜欢实事求是，因此他能把细微的道理揭示得明白透彻，但涉及大道理时，他的论述就过于直露单薄。此种人可让他具体办点事。

（4）能言善辩的人，辞令丰富、反应敏锐，在推究人事情况时，见解精妙而深刻，但一涉及根本问题，他就说不周全，容易遗漏。此种人可让其做谋略之事。

（5）随波逐流的人，不善于深思，当他安排关系的亲疏远近时，能做到有豁达博大的情怀，但是当归纳事物的要点时，他的观点就疏于散漫，说不清楚问题的关键所在。这种人可让他做小部门主管。

（6）见解浅薄的人，不能提出深刻的问题，当听别人论辩时，由于思考的深度有限，他很容易满足，但是要他去核实精微的道理，他却反复犹豫，没有把握。这种人不可大用。

（7）宽宏大量的人，思维不敏捷，谈论仁义道德时，他的知识广博、谈吐文雅、仪态悠闲，但要他去紧跟形势，他就会因为行动迟缓而跟不上。这种人可用他去带动下属的行为举止。

（8）温柔和顺的人，缺乏强盛的气势，他去体会和研究道理就会非常顺利通畅，但要他去分析疑难问题，他就拖泥带水一点也不干净利索。这种人可委托他执行上级意图办事。

（9）喜欢标新立异的人，潇洒超脱，喜欢追求新奇的东西。在制定锦囊妙计时，他卓越出众的能力就显露出来了。但要他去实践中做这些工作，他就可能会碌碌无为、一事无成。这种人可以委托他为你出谋划策。

⑫ 对员工更注重内在的激励

赞赏是零成本的激励

赞美是最有效的激励手段之一，同样可以运用在管理中，达到激励的最佳效果。心理学家威廉姆·杰尔士说："人性最深切的需求就是渴望别人的欣赏。"优秀的管理者要巧妙运用赞美激励你的员工。管理者希望下属具有怎样的优点，就要怎样去赞美他。

赞美能够使员工树立自信、提高工作热情，并且可以进一步提高工作的效率。作为管理者，对于这种不需要成本而效果明显的激励"武器"，为什么不经常使用呢？人的天性就喜欢听好话受赞美。

每个人在得到来自他人的认可及赞美时，都会感到自尊心和荣誉感的满足。而听到别人对自己的赞赏，并感到愉悦和鼓舞时，不免会对说话者产生亲切感，从而使彼此之间的心理距离缩短、靠近。人与人之间的融洽关系就是从这里开始的。

很多时候，如果没有赞美，我们便很少会主动为自己设太高的目标，而有了赞美，有了鼓励，为了不辜负别人的欣赏与肯定，我们更加严格要求自己、全力以赴地做好眼前的工作。由此可见，赞美也是一门艺术，管理者要理解好员工的动机和需求，给予员工恰到好处的赞美是企业付酬最低、却能换回效果最佳的方式之一。

管理者要学会多对自己的员工表达认可和欣赏。但赞美方式不恰当就成了变相批评，甚至有时候比批评还难受。赞美也是有技巧的：

首先，赞美要及时。一旦发现员工的优点或取得了成绩，立即赞美他，为他打气，过时的赞美无效。宝马首席执行官赫尔穆特·庞克每次与管理人员谈话时都会问："今天，你表扬员工没有？"他说，表扬应该"现在进行，不要因为有急事而改为明天"；并且要结合具体事情赞美你的员工；表扬时要有感情，语气要诚恳，可以拍拍员工的肩膀或者给他一个加油的手势。管理者可以在每天下班前，抽出几分钟时间写个便条纸对表现好的员工表示赞美。

其次，要公开赞美。赞美要尽量以公开的方式对优秀的员工进行表扬。一位企业家说："如果我看到一位员工杰出的工作，我会特别兴奋。马上冲进大厅，告诉所有其他员工这个人很优秀取得了成果。"其实他的用意不仅仅告诉大家如何把工作做好，更重要的是想说明要想获得赞美只有把工作做好，更好地引导大家努力工作。一些企业专门开表彰会，正是起着导向作用。

优秀的管理者总是善于在表扬中一箭双雕：既鼓励了先进，又鞭策了落后。因为对先进的表扬，也就意味着对落后者的批评。由于这种批评是间接的，起到一种引导与鞭策的作用，往往比直接地批评更有说服力，更有利于激发落后者的内在动力。

再者，赞美要注意真诚和客观。表扬要实事求是、客观公正，管理者要发自内心地赞美，语言、表情要严肃认真，不能给人造成虚假做作、漫不经心的感觉。如果一边看报、喝茶，一边说几句赞美的话，即使再动听的语言，员工听着也不舒服，只会以为是讽刺他或敷衍他。

赞美本身虽是好意，但不着边际、无关痛痒的赞美不仅不会产生积极的效果，反而容易让员工产生厌烦感。在赞美员工时要在一个适当的场合，诚恳而严肃地给予表扬，只有这样员工心中才会感到无限的喜悦。

让每个下属都觉得他最"受宠"

有位老板接到一单任务相当重的业务，客户要求必须在半天内把一批货搬到码头上去，而老板手下只有十几个伙计，半天之内很难完成。

为了解决这个问题，老板苦思冥想一夜，第二天一早，他亲自下厨做饭。饭做好了，老板把饭给伙计盛好，而且还亲手端到他们每人的手里，把饭给每个伙计时，老板脸上显出一副极有深意的表情。

一个姓刘的伙计率先接过饭碗，拿起筷子正要往嘴里扒时，一股诱人的香味儿扑鼻而来。他急忙用筷子戳开一个小眼儿，发现竟然有三块油光发亮的红烧肉躺在米饭下面。他终于明白了老板看自己时那意味深长的表情，于是立即转过身，狼吞虎咽地吃起来。

一边吃他一边想："老板真是看得起我，今天我一定要多出点力！"于是那天干活的时候，他一改往日懒散，把货装得满满的，一趟又一趟来回飞奔，汗如雨下也顾不上擦。整个上午，其他伙计也都和他一样卖力，所以一天的活，一个上午就干完了。老板在旁边偷偷乐了起来。

老板为什么要单独在每个人碗底放红烧肉，而不是端在桌子上让大家共同分享呢？红烧肉单独放在每个人碗里产生的激励作用，与放在桌上共享的激励作用，究竟哪个会更大一些呢？很显然，故事中的老板这么做，意在激励每一个人，而那位老板的做法妙处在于，他让每个员工都感到这份激励只是针对自己的。如果这碗红烧肉放在桌子上让大家去夹着吃，那大家就不会如此感激老板了。正面想一想，老板的这种精明其实也是一种很用心的精神激励手法。对于管理人员来说，怎样让大家吃红烧肉而且吃得有劲头，是个永恒的且常新的话题。

作为员工，每个人都渴望得到精神激励，在获得有效激励的时候，他们都会因为这种激励而产生自豪感、成就感。从表面上看，老板给了所有员工三块红烧肉作为物质激励，但是事实上，老板给予员工的是精神激励，这种激励使员工意识到自己"与众不同"，为了感激老板，他们自然会卖命干活、愿意"士为知己者死"了。

所以说，如果你是这样一位管理者，就要用良好的工作环境传达关爱之情，有亲自为员工端茶倒水的思想，抓住给员工雪中送炭的时机，了解员工的真正生活。要知道，无薪的精神激励更能体现出管理者的领导能力和企业管理水平。

激励要与下属的期望同步

如何与员工的期望同步？唯一的方法就是要及时奖励。这是因为下属都渴望能够在第一时间获得来自领导的奖赏。激励只有及时才能使人们立刻意识到做好事的利益或做坏事的恶果，所以给员工奖赏不能错过好的时机。

如果留心，你会发现每个到饭店就餐的人都对桌子上的瓜子非常感兴趣。不管是否喜欢吃，反正他们一坐下就开始抓起瓜子，一粒接一粒的嗑起来。即使中途出去接电话或者上厕所，回来还是很自然的抓起瓜子嗑。这到底是为什么呢？

心理学专家对此解释是：每嗑开一颗瓜子，人们马上就会享受到一粒香香的瓜子仁。这是对嗑瓜子的人即时的回报，在这种即时回报的激励下，人们不停地去嗑下一颗瓜子。另外，一盘瓜子嗑完以后，就会有一堆瓜子皮产生，这会使人们产生比较明显的成就感。

这个案例对企业管理具有相当的警示作用。作为一名企业管理者，如果有办法能让他的员工像嗑瓜子一样愉快地完成工作，那么他无疑是成功的。企业管理者应该懂得，对于员工每一次完成任务都应该给予及时的激励。也就是说在员工完成任务以后，第一要激励，第二要马上激励。下属的任务就是嗑开瓜子，而企业领导者对下属的态度就是瓜子仁。如果下属连续两次吃到坏瓜子，那么，下属肯定不愿意再嗑瓜子了。如果你的某个下属这个月任务完成得很好，那么你就应该按照制度当月兑现你给予他的奖金承诺，不要拖到下个月或者下下个月，更不能闭口不谈兑现奖金的事。否则员工的工作热情会因为出色的工作表现而没有得到上司的及时肯定或者奖励而衰退。

有位国外名将认为在战斗中表现突出的部队，应给予迅速表彰，奖励可以立即进行，向媒体宣布；随后再办理文书工作，不能因为各种报表的填写而造成时间上的延误，致使激励的效果减到最低，那种认为"有了成绩跑不了，年终算账晚不了"的想法和做法，只能使奖励本该有的激励作用随着时机的延误而丧失，造成奖励走过场的结局。

海尔集团总裁张瑞敏曾经讲过一个开年终总结会的例子，他说："比如今天下午开会，那么中午的时候就一定要把奖金给大家发了，下午的会才会开得有效果。如果某个员工工作很出色，应该给其加薪或者予以奖励，结果拖了半年才真正兑现，虽然花了钱，但起不到应有的激励作用。"

企业以追求效益最大化为目的，而员工业绩的最大化本身就是企业效益最大化的基础，因此管理者必须把握激励的及时原则，以使员工业绩最大化。在员工有良好的表现时，就应该马上给予奖励。不要等到发年终奖金时，才打算犒赏员工。等待的时间越长，奖励的效果越可能打折扣。管理者应该明白的是，激励员工，受益的不仅是员工，企业从中的受益更大。

以成就动机激发下属热情

领导就是把一个人的眼界提到更高的水平，把一个人的成就提到更高的标准，使一个人的个性超越他平常的限制条件。只要有正确的领导方法，员工的潜力是无限的。著名科学家爱因斯坦说过："与应有的成就相比，每个人只能算是'半醒者'，大家往往只用了自己原有智慧的一小部分。"因此，最好的管理之道就是鼓励和激励下属，让他们了解自己所拥有的宝藏，善加利用，发挥它最大的神奇功效。

张安国是北京一家著名房地产公司的总经理，也是一位精于授权的领导者。他很少介入具体的管理工作，公司的经营管理、具体业务方面的事情他出面的时候很少，甚至厂商都不认识他，张安国也很少和厂商打交道。他倾向于把人员组织起来，把责、权、利充分地授权下去，考核结果。只有发现结果不大对劲的时候，才去看一看，这人有没有选对？张安国很不喜欢介入到具体事情的过程里面去。

张安国有七个知根知底、合作多年、十分能干的副总，所以，他就可以"一切具体事也不用管"，"我不可能帮他们做他们分管业务的事，我的思路可能和他们不一样。我做浅了，他们不满意；我做深了，又可能会对他们的风格产生影响，这样更麻烦。"

张安国经常出差，去各专卖店转转，"不是具体指导他们做什么，就是和经理们聊聊，也不解决什么问题，别人一提什么问题，我就说，好吧，你这事跟副总经理李为说说。我要做的主要是人际方面、理念方面的沟通，以及看看不同城市市场的变化情况。"真正需要张安国做的事，通常是晚上和人吃饭、谈贷款、谈合作、沟通联络，等等。白天，张安国没有具体明确的事要做，就可以自由安排自己想做的事，给专卖店经理打打电话，上网逛逛，或者看看报，张安国有时一看报纸就看半天。

张安国总能如此地潇洒清闲？"有些事情急的时候也很急，贷款没有如期下来，那也是焦头烂额的，但这个急不是企业具体事务的急。我所做的都是单件事情，而且是由我来出面相对比较好的；他们出面比较好时，我肯定不管。出了问题，肯定是他们的事，我一管，他们的责任心反而下降了。"

当然，没有副总们的精明能干，不会有张安国这般超脱，也不能如此超脱。但企业发展到一定规模的时候，确实需要领导者从具体繁琐的事务性劳动中解脱出来，去考虑更为宏观的事情。只有当事情没法分派给别人做的时候，张安国才亲自做。张安国十分推崇一句话："能不能随时离开这个部门，是你是否已经管理好这个部门的唯一标准；能不能随时离开这个公司，是你是否已经管好这个公司的唯一标准。"

张安国对自己的长短认识得非常清楚，他是比较少见的承认自己有能力缺陷的企业家。他认为自己并不是一个最好的领导者，所以愿意寻找能力互补的人建立职业管理团队。虽然业内提起公司对张安国的知之甚少，对其下属的名字更熟一些，但这正是张安国要求的效果，他善于找到每项业务的最佳管理者并使该项业务达到极致。

正如一位成功企业家所说："如果最高领导者从来都不让他的副手分享领导权力，分享成功荣誉，而是把功劳全往自己身上堆，那谁还会跟着他干呢？除非是傻瓜。"

张安国善于授权的事例告诉我们，他的成功诀窍就是"让别人成为英雄"。领导者必须有这样一种胸怀，为别人的成就打上聚光灯，而不是为自己的成就打灯。

成就动机是能激励人心的。管理者要善于激发下属进取之心背后隐藏的巨大热情。

⑬ 深入第一线

灵感大多来自于一线信息

管理学家这样总结说："喜欢走市场的老板都容易成功。"在企业范围内，"人和"是指领导者和员工之间的和谐。具备人和的条件之一就是领导人要身居一线。

一位资深企业家说过，"一线领导"不仅为领导者树立"平易近人、求真务实"的形象，还形成了一种信息沟通渠道，员工可以将报表上无法反映的情况反馈给领导，使许多管理问题迎刃而解。同时，领导者身居一线是一种对下属有效的考核和激励办法，下属的工作业绩如何，去一线看一看自然一清二楚。领导身居一线是还是一种企业文化的"教育"行为，企业领导身居一线，能将企业的价值观通过身体力行、言传身教的方式传递给员工，可以增强企业组织的凝聚力，这对于企业长期健康发展、持续赢利有着重要意义。

在传统的企业金字塔式的管理模型中，企业领导往往根据通过层层汇报上来的市场信息进行决策，然而这些信息往往有遗漏、偏差。此外，由于人对信息的选择性知觉，在信息传递过程中，人们往往会选择对自己有利的信息，而舍弃对自己不利的信息，他们往往有可能忽略掉对于领导准确把握市场真实情况非常重要的信息。如果领导者身居一线，这一问题能够获得较好的解决。因为领导者身居一线，可以站在全局的高度，及时地纠正营销管理中的短视行为，找到短期利益和长期利益之间的均衡点。快速获知竞争信息，方能超越领先对手。

企业的目标就是创造顾客价值，通过创造顾客价值来获取利润和其他目标。然而，最能体现顾客价值前沿阵地在一线业务，一线业务的创新往往是被有意或者无意地忽视掉，但如果老板们能有意识地把它重视起来，那可能会开创出一条新路，也可能是企业后来居上的一大法宝。

立白公司是一家知名的生产洗衣粉的企业，其实力雄厚，产品很受欢迎。然而，广东汕头的潮阳县在各项资源没有立白品牌丰富的情况下，却做出了比立白品牌洗衣粉还要好的销售量。

这一情况是立白的高层在分析市场时发现的，老总们立即总结经验，全面推广，还要求全国经销商和业务员到潮阳县开现场会，学习竞争对手的营销模式。

知己知彼，百战不殆。身居一线，领导者可以从竞争对手的终端见微知著，获知对手的动向，快速有效地见招拆招；身居一线，领导者可以更快、更好地协调各部门的行动，以实现统一的战略目标；身居一线不仅可以监督战略执行情况，而且还可以鼓舞士气，了解客户和消费者的需求和反应，及时对战略进行调整；身居一线，领导者可以更好地了解员工、贴近员工、体察民意，无形之中缩短了与员工之间的距离，增进了领导和员工之间的感情，增强了员工的归属感。

企业之间的竞争归根到底还是人才的竞争，优秀人才是企业的宝贵财富，企业领导经常到市场去走访，有利于慧眼识人，培养和储备有潜力的人才，为企业战略的实现提供有力的保障。无论是市场推广模式也好还是产品创新也好，抑或是管理模式也好，企业经营者绝对不可能坐在办公室内能凭空想得出来。

"灵感大多都来源于市场一线"。因为身居一线的业务员和导购员最了解消费者的需求。以此可以看到，身居一线是企业领导们利用熟悉市场的优势，是完善企业管理体系，将企业做大做强的不二法门。

主管执行力需要在一线上锤炼

主管必须是一个执行能力强的人。古今往来，太平盛世的局面背后必定有位贤明的君主，战无不胜的队伍当中必定有指导有方的将军。行军打仗，将军的做法和能力直接决定着军队的战斗力。同样，作为组织的领导者，主管的执行能力直接决定着整个组织执行力的强弱。

具有百年历史的雅芳已发展为全美500家最大的企业之一。1999年，是美国有史以来最大的经济繁荣期，雅芳的股票却一落千丈，公司运营走入低谷。许多女性不愿意推销雅芳的产品，产品销售量也急剧下降，品种似乎已经与时代脱节了。

雅芳董事会成员Annmoore（现任时代公司执行副总裁）回忆说："当时确实有那种疑问，雅芳时代已经过去了吗？"事实证明，情况并不会就这样糟下去。因为这年的11月，雅芳在步入生命第四十三个年头的时候，钟彬娴接手了雅芳。她也是雅芳百年历史上第一位华裔女CEO。

1958年，钟彬娴生于加拿大多伦多。20岁时她从普林斯顿大学毕业，获得英语文学学士学位。在刚上任的短短20个月时间里，钟彬娴的举措令所有人大吃一惊。1999年12月，在她上任四个星期后的一次分析研讨会上，推出了一项"翻身"计划。她说，要开拓全新的产品领域，开发一鸣惊人的产品。

最令人惊讶的是，她没有放弃表面上看来已经过时的直销销售方式，同时提出通过零售点销售雅芳产品——这是在雅芳115年的历史中从未有过的。现在雅芳专柜已经进入了遍布美国各地的零售业巨头JCpenney全局管理商场内。

与此同时，为了壮大雅芳销售代表队伍，她实施了一项新的计划，即雅芳销售代表可以找下家，雇用新的销售代表，并可以得到下家的部分销售收入，但是同时必须付出更多的汗水和辛苦。通过这种方式，仅一个季度，雅芳的销售代表总数就增长了将近 10％。

一个优秀的管理者可以成就一个团队。更优的产品加上更优的销售方式，使得雅芳在竞争中逐渐找回了过去的优势地位，在化妆品行业重新引领王者风范。雅芳因钟彬娴而获得新生。同样的事例在商业历史上不胜枚举：比尔·盖茨创建微软王朝，张瑞敏创造海尔神话，洛克菲勒缔造石油帝国……在企业发展过程中，绝大部分成就其实都是在领导者强大执行力的带动下取得的。

管理者是组织执行力之源。通用电气总裁韦尔奇被誉为"世界经理人的经理人"，但多数人对他的了解和尊重，并非是因为他在管理学基础理论上做出了多么大的建树（尽管他一本书的版权就卖了几十万美元），而是作为通用电气总裁与属下的有效沟通和示范，他经常手写一些"便条"并亲自封好后给基层经理人甚至普通员工，能叫出 1000 多位通用电气管理人员的名字，亲自接见所有申请担任通用电气 500 个高级职位的人。正是通过这些简单有效的办法使韦尔奇的策略有效地贯彻下去，形成了一个具有强大执行力的优秀团队。

执行是从领导开始的，管理者决定了整个团队的执行力的强弱，一个企业的领导决定着一个企业的执行力，一个部门的领导决定着一个部门的执行力。执行力的实施就是通过领导者与员工之间的沟通和示范来推动的，因此，作为一个优秀的领导者，必须身先士卒、百折不挠，由此产生的巨大的示范和凝聚作用，有效地激励和团结员工，共同实现企业目标。

"干着指挥"产生神圣的领导力

在竞争愈来愈激烈的今天，企业随时随地都会面临各种困难。当面临困境时，领导者能够率先垂范面对难关，这样的精神就会影响部下，让大家都能够勇敢地面对挑战。

领导亲临一线如同主帅亲征，战士们必能舍生忘死，所向无敌。

有一个动物园的管理人员做这样一个实验：

工作人员穿上狮子皮伪装成狮子，进攻黑猩猩群。开始时，黑猩猩群觉得恐惧，不停地发出哀号。猩猩首领也很怕狮子，它看着对面随时准备进攻的"狮子"，又看看身后这些望着自己的猩猩们，一会儿，这位首领拾起身边的树枝，做出勇敢地向狮子挑战的样子。

尽管猩猩首领也很恐惧，但它却没有逃跑，而是勇敢地率先向狮子挑战。因为它深知在危难之际，自己的责任。此刻如果它选择临阵脱逃，一定会被同伴鄙视，再也不能做大家的首领了。

领导者在指挥下属工作的时候，"干着指挥"比"站着指挥"更能够有效调动下属的积极性。"干着指挥"是一种无声的命令。这种命令，甚至比有声的、文字的命令更有效，更有威力。这种威力，不是靠领导者手中的权力，不是强制力，而是靠领导者自身的模范带头作用，艰苦实干的作风，这是一种威望之力，也是一种最神圣的指挥。

身为领导如果仅仅是"站着指挥"，与下属就会产生一种无形的距离，甚至一道鸿沟，指挥就会失去威力。即使目前仍在你的手下工作，也只是机械性地工作。

深入生产第一线，并不仅仅是亲自到现场查看而已，而是在巡视过程中要问："发生了什么？我看到什么？情况如何？问题何在？"

不要小看这几个问题！这就要求我们的各级管理人员必须深入了解操作流程、标准化工作等，同时还必须有能力对实际情况进行仔细评估与分析（包括数据的分析）。此外，还必须知道如何对观察到的人和问题找出根本原因，并有效地和其他人沟通并解决之。

解决问题的方法是"带头往下跳"

管理者要充分发挥个人魅力的领导细节，激发团队的斗志，最简单的方法就是"带头往下跳"，自己不率先显现出一种气魄，又怎能去感染人？只有以身作则，显现出与常人不同的气质，用个人的魅力去感染人，达到一种"无声胜有声"的理解和交流，这比任何命令都来得有效！单靠权力来带人，只会喊口号的管理者是最下等的领导，如果没有一点带头往前冲的魄力，很难得到员工真心的追随。

最高明的领导则是身先士卒，通过自身散发出达到愿望与目标的热情。史瓦兹·柯夫将军说："下令要部下上战场算不得英雄，身先士卒上战场才是英雄好汉。"在战场上，最能鼓舞士气的莫过于将领身先士卒，带头冲锋陷阵。而在管理中，也是同样的道理。最有效的下达指令一定是"带头往下跳"的行为影响力，也就是真正领导的魅力。郭台铭就是这样一个随时站在第一线上的领导者。

郭台铭从生产黑白电视的旋钮起家，如今已经成为台湾第一大民间制造业者，企业的迅速发展与他以身作则的个人领导魅力分不开。

10多年前，郭台铭每天都会亲自到工厂带领员工一起钻研技术。他通常是比员工早到，收工比员工晚，饿了随便吃点饼干，困了找个地方将就睡会儿，就像一台不知疲倦的机器。而员工们受到郭台铭的感染，以厂为家，努力磨炼，终于将技术提升到了国际水准。

2003年，SARS危及全国。尤其是广东更是红色警报区。可就在这时，深圳基地出现了一些问题急需解决，郭台铭想都没想就决定飞往深圳，他的下属及家人都一致反对，可是郭台铭依然，他对大家说："哪里最危险，我就在哪里。"正是在他这种身先士卒的精神所散发出来的个人魅力的感染下，全体员工上下一心，共同将公司打造成为世界品牌。

在遇到问题时，要想尽快解决困难，最简单有效的方法就是，领导要"带头向下跳"。身先士卒比站着指挥更有效，"带头向下跳"是一种行为影响力，更能说服影响下属的执行力和行动力。管理工作中，领导与下属之间，就是发出指令和执行的关系。好的管理者一定会对下属产生一种吸引力，下属会自觉地跟着你奋斗，这是领导者以身作则的力量，产生了影响员工行为的魅力，从而发出一种无声的命令。这种命令让下属无法拒绝，由衷追随。

⑭ 成功的领导都是政治高手

将下属培养成你的信徒

管理者需要信徒，但是想要成为精神领袖，让周围的人们追随你，形成一个凝聚人心、催人奋进、具有强大吸引力的领导核心，仅仅依靠体制和职务赋予的权力是远远不够的。它还应该建立在由宽广的胸怀、完美的领袖艺术、高尚的人格魅力等方面构成的个人权威之上。

在封建社会，统治者为了加强君权，经常采用的一个手段便是极力美化君主的人格。"神圣者王，仁智者君，武勇者长，此天之道、人之情也。"统治者总是力图使人民相信：君主的人格是完美的，君主即代表着伟大、睿智、圣明、仁德、英武。

事实上，古代君主不仅不可能具备上述美德，而且也不需要在实际上去追求这些美德。他们所要做的，仅仅是一番虚伪的表演，只要在臣民心目中造成君主人格神圣完美的假象，就算达到了目的。管理者也要学会为自己造势，为自己创造一大批忠心追随的信徒。

西汉末年，每逢遇到水旱自然灾害，都为野心家王莽提供了表现"美德"的机会。"每有水旱，（王）莽辄素食"，皇太后大为感动，特下诏褒扬慰劝："闻公菜食，忧民深矣。今秋幸孰，公勤于职，以时食肉，爱身为国。"王莽是否真的为"忧民"而不食荤腥，时人不得而知，但这番沽名钓誉的表演，却是收到了效果，大大增加了王莽的政治资本。

信仰的力量是巨大的，一个目标、一条信念，假如人们心中已经根深蒂固地建立起对你的信仰，他们将狂热地追随你的脚步。人们都有一种不可抗拒的欲望，那就是信仰某些事情。通过给他们提供一个目标和一个可以追随的信念，你自己就可以成为他们愿意追随的人。

秦二世元年七月，由阳城去渔阳戍边的900名农民，在大泽乡时因暴雨被困，无法前行。按照秦朝法律，无论何故，如果过了朝廷的期限，这些人都要被斩首。一时，900人虽心急如焚，却又无可奈何，人人都感到了厄运的临近。

农民出身的阳城人陈胜不甘这样等死，他私下对同行的吴广说："大丈夫生而为人，如此丧命岂不可惜？与其白白送死，倒不如聚众一搏，或许有一线生机，你以为怎样？"

吴广深表赞成，说："朝廷无道，老百姓全无生路，早该反了。只是你我无权无势，如果不能召集大家一同起事，毫无胜算啊。"

陈胜长叹一声，忧心地说："你我有心，奈何别人心怀侥幸，是一定不会听我们号令的。这个问题不解决，我俩只能等死，该想个妙法才行啊。"

二人顿感气馁，相对无言。

突然，吴广哀叹一声，苦笑说："你我都是草民一个，天生的贱命，如果咱们是落魄的王孙贵族，说话的分量自是不同了。可笑人们都相信他们，相信天命，这有什么办法呢？"

一句话提醒了陈胜，他眼中一亮，思忖片刻，这才出语道："人穷命薄，难以服众，可我们可以巧借天意啊。如果我们要些手段，让他们相信天命在我，自无人敢不服从了。到时我们再陈述利害，这事一定能行。"

二人兴奋起来，又商议打着兴楚的旗号，借以聚众。一切筹划好后，两人便分头行事。

第二天，做饭的部卒在买回来的一条鱼腹中，竟取出了一张帛书。更奇怪的是，帛书上清楚地写着"陈胜王"三个字。此消息不胫而走，戍卒们人人惊骇，议论纷纷。陈胜见计策已见奇效，于是和吴广会心一笑，陈胜偷偷对吴广说："人们既信天命，我们就该再动动脑筋了。我见众人仍有狐疑，似乎没有完全相信，不如我们再进行一个计策。"

夜里，戍卒围着篝火取暖，忽听远处传来狐狸的叫声，叫声中竟夹杂着人言，喊着："大楚兴，陈胜王！"900戍卒中都是原先的楚国人，楚人又都特别迷信鬼神，接连两件怪事发生，他们转而认定陈胜不是平凡的人了。他们对陈胜一下多了敬畏，确信他是上天派来的神人。

陈胜见巧计成功，于是趁势杀了两个押送戍卒的将尉，他把大家召集在一处，振臂高声言道："我陈胜不想枉死，更不忍心眼看着大家受苦受难。俗话说：'楚虽三户，亡秦必楚。'这是天命，我陈胜就要带领大家做此大事。天命不可违，只要顺从天意，不但强秦可灭，大家更可称王称侯，这是千载难遇的良机，大家可愿听我号令？"

众戍卒已经把陈胜视为天人，今又见他带头造反，更加相信他是应命而生的贵人了。想想自己的凶险处境，别无他路，于是，又增加了对陈胜拯救自己的感激之情。众戍卒不再犹豫，心甘情愿追随陈胜起义，于是群情汹涌，齐声响应。

陈胜首举义旗，附近的百姓也闻讯加入，队伍一下发展了数万人。陈胜称王，攻城略地，秦王朝开始走向灭亡。陈胜能够"得民心、起义师"没有别的秘诀，依靠的是人们心中对"天意""天命"的牢固信仰。通过鱼腹藏书、狐狸人言等小伎俩大造舆论，神化自己，让自己俨然成为上天的代言人。"天命所归"这道光环为陈胜吸引了无数忠实的信徒。

信徒式文化是维系人心的重要因素。忠实的员工能够在组织内部形成上下一心、团结奋进的气氛，大家群策群力，以公司发展为信念，以信徒式的狂热，贡献出自己的全部力量。

让你的命令藏于磋商之中

《伊索寓言》中有这样一则寓言：

太阳和北风打赌，看谁能先让行人把大衣脱去。于是太阳用它温暖的光轻而易举地使人们脱下大衣；而北风使劲地吹，反而使行人的大衣裹得更紧。

太阳与北风的故事，向我们说明了这样一个道理：对下属要像太阳那样，用温暖去感化他们，使他们自觉地敞开心扉；如果像北风那样使劲地吹，一味地强制逼压，反而会使他们始终对领导心存戒备。

从管理角度来讲，威胁和严厉的警告能够保证工作水准，但问题是，在日常工作中有时这样行不通。领导刚转过脸去，大家又我行我素了。在可能的情况下，最好避免强制，使别人服从的两个最有效的方法是让对方觉得受到了尊重，例如：

"我知道你是不会被强迫的……"

"没有人非要强求你做……"

"任何人都强迫不了你的……"

"由你决定……"

当然，这些方法看起来有些冒险，但却是非常有效的，因为这首先消除了反抗的理由，其次也可迫使对方接受任务。领导管理员工就应该给他们一种软硬兼施，先商量后命令，让下属接受命令之后产生"吃不了兜着走"的心理压力。

领导者大多数是富有各种经验，而且非常优秀。所以大致说，照他的命令去做，是没什么错误的。可是如果老是这样一个做法，总会给下属留下一些不满，令人感到压抑，而不能从心底产生共鸣，同时也变成因为没法子，只好"好吧，跟着你走吧"这样一个情况。这样就不可能真正有好的点子，产生真正的力量。

所以在对人做指示或下命令时，要像这样发问："你的意见怎样？我是这么想的，你呢？"然后必须留意到，是否合乎下属的意见，以及下属是否彻底了解，并且要问，至于问的方式，必须使对方容易回答。这在人尽其才的用人之时，难道不是非常重要的吗？

如果采取商量的方式，下属就会把心中的想法讲出来，而你认为下属言之有理，你就不妨说："我明白了，你说得很有道理，关于这一点，我不这样做好不好？"诸如此类，一面吸收下属的想法或建议，一面推进工作。这样下属会觉得，既然自己的意见被采用，自然就会把这件事当作是自己的事，而认真去做；同时，因为他的热心，自然而然会产生不同的效果，这便成为其大有作为的活动潜力。

即使在封建时代，凡是成功的领导者，表面上虽然下命令，实际上却经常和部下商量。如能以这样的想法来用人，则被用的人就会自动自觉地做好工作，领导也会轻松愉快。因此，领导在用人时，应尽量以商量的态度去推动一切事务。那么，你的领导作为就会在藏山露水处，运用自如。

要"望之俨然""温而厉"

子夏认为君子三变在于："望之俨然，即之也温，听其言也厉。"《论语·子张》子夏的意思是说，远看上去觉得很严肃，接近了却很温和，听其说话又觉得非常理性与犀利。这与孔子所说的"子温而厉，威而不猛，恭而安"如出一辙。

君子三变不是刻意做出来的表情变化，而是日常修养所致，也是优秀管理者的一种魅力性格。由于其个人的努力、环境境遇的影响、与不同主体间的交流与沟通，个人思想的形成等多类因素养成了这种"温而厉"性格，使管理者塑造出一种可敬又可亲的领导形象。

但在实际工作中，我们却时常看到许多管理者都有"两变"：对上司的态度一变，对部下的态度又一变；上司在场时工作态度一变，上司不在场时工作态度又一变；听到表扬时一变，听到批评时又一变；面对赞同意见时一变，面对反对意见时又一变。

某知名企业的罗宁就是一个善变的人。罗宁是公关宣传部总监。性格多疑，粗暴，习惯于喋喋不休地指手画脚和轻视下属的工作，责骂更是常事。在他的部门，没有一个下属能成为他的朋友，也没有一个下属能和他沾上亦师亦友的关系。

罗宁奉行的管理方式就是责骂，关于上下级关系的信条就是：上司就是上帝，应当极力讨好。只要自己的下属稍有不对，张口就骂，甚至抓住一点错误就上纲上线地大做文章。为此，下属总是敢怒不敢言，更不用说有什么反对意见。

罗宁工作上也是独断专行，下属们感觉不到什么尊重和信任，也只能选择离开，甚至没有一位员工能在罗宁的部门待满半年的。当然，物极必反，有一次，公司取得了一项重大活动的举办权，老板把这项活动交给罗宁去负责。

下属们决定也给罗宁一次厉害，开始时大家似乎也在积极工作，直到活动举办的当天，却集体罢工，现场只有罗宁一人，活动结果可想而知，经过调查老板这才明白罗宁平常对下属责骂的不当行为，为了让员工回来老板只得请罗宁离开了公司。

罗宁"责骂"的管理方式让下属敬而远之，最终引起员工的共愤，而被迫离开也是她一手造成的。人都会犯错误，管理者所做的不应是责骂已经知错的员工，而应该是马上针对出现的问题进行解决处理。一些领导者面对已经出现的问题，往往急于在自身之外寻找理由，寻找可以谴责的替罪羊。这种做法只会令下属表现出怀疑与失望，毫无可亲可敬可言。

最伟大的管理者应该使下属觉得既近又远。管理者需要与下属保持较为亲密的关系，这样，下属在工作时也愿意从领导的角度出发，替领导考虑，并尽可能把事情做好。但同时又要保持适当的距离，尤其在心理距离上。这样不仅可以保持领导的神秘感，而且减少下属间的胡乱猜疑，避免不必要的争斗。

裴松之在《三国志注》中提到西蜀大将马超的一段逸事。超因见备待之厚，与备言，常呼备字，关羽怒，请杀之。备曰："人穷来归我，卿等怒，以呼我字而杀之，何以示与天下也！"张飞曰："如是，当示之以礼。"明日大会，请超入，羽、飞并杖刀直立，超顾坐席，不见羽、飞，见其直也，乃大惊，遂不复呼备字。

张飞说的"当示之以礼"切中要害，无论上司多么尊重你、赏识你，作为一个下属不应该得意忘形，应该摆正自己的位置、约束自己的言行，不对上司表现出格举动，尤其切忌当众做有损领导形象的事，那将直接损害领导的权威。领导尊重下属是应有的胸怀和气度，下属保持谨慎是应尽的职责，双方都应做自己该做的事。

俗话说，距离产生美，远则生美，近则生嫌。大家都知道，无论山水还是沙漠，远观总能感其雄伟和美丽，但近看的感受则完全不一样。朋友相处是这样，同事相处是这样，甚至夫妻也是这样。和下属相处，必须保持适当的距离，没有距离，不会生敬也不会有威。所以在条件允许的情况下，应该有独立的办公空间，也不应该和某些人特别热络。

因为有特别亲密的关系，会让部下觉得他和你是平等的，你的命令会不容易被执行，甚至会顶撞你，而他却觉得是帮助你，是好心纠正你的错误，而他的态度也会让其他人效仿，进而使你失威。大家常说领导要礼贤下士，平易近人，如果你是天天和他们混在一起，肯定达不到这种效果。没有疏，就不可能使下属产生有礼贤下士、平易近人的感觉。过度地和团队中的某个人亲近，就会让人觉得你会有失公平，从而失敬。如部下对你无敬畏之心，你就不可能有效管理。

子夏通过"君子有三变"的论述，为管理者如何把握"威严"和"亲近"之间的度树立了一个比较清晰的标准，这个标准体现的是管理的"理性原则"，也就是说该威严的时候就要威严，该亲近的时候就要亲近，既让部下觉得亲近，又让他们产生敬畏之心。

不好的消息一定要传达好

有些难说的话上司不说是不行的，关键是要委婉、诚恳，尽量减轻对下属的打击。有时，有些话虽然并不过分，也没有什么不正当的意图，但当上级的还是很难出口。比方说，告诉下级被降职了、解雇了；下级辛辛苦苦拟好的计划书被你否决了；下级向你提出了很好的建议，而你却由于疏忽大意或工作繁忙忘记审阅了，下级向你催问时，你该如何回答？

1. 提案被耽误

上级接受了下级的提案，并且满口答应"看一看"，而过了一段时间后，还没有看。下级希望得到一个完满的答复，而问上级："那个提案，您看过了吗？您觉得怎么样？"在这种情况下，应该直率地说："我现在很忙，实在没有时间细看。不过一周之内一定会给你一个满意的答复！"而且，最好在约定时间之前，主动答复。

下级一定会被上级的主动热情所感动的。尤其是当答复是否定时，更应由上级主动加以说明，表示上级的确认真对待他的提案，是有诚意的，而不是草草应付了事。如果提案需递交给更高一级的领导，而该领导没有明确答复时，最好能说明自己已经递交给了上级。

2. 变更计划

要更改已经通过的计划，该如何向下级说明？万万不能对下级说："不关我的事，都是经理一人说了算，我也没办法！"这样把责任转嫁给上级，自己暂时没问题了，但部下会对经理产生怨气。或者一旦下级明白你是在推卸责任，肯定会对你产生极大的反感，你自己的威信也肯定会降低。

也不应该为了防止下级反对，而用高压手段制止对方开口。这样做会使下级心里留下疙瘩，对上级不满，也会对工作不满，这是最不明智、最不可取的做法。正确的方法应情理兼顾，善意地说服他，才能使下属真正地心服口服，不会丧失工作的积极性。

3. 解雇或降级通知

上司们最不希望从他口里说出的坏消息就是告诉员工他从明天起就将失去自己的工作。事实上，解除雇佣关系无论对员工还是对老板来讲都会带来一种精神上的不安。许多管理人员都承认，他们总想延缓这种冲突和矛盾，希望出现奇迹，或者情况有所改变，甚至希望雇员主动提出辞职。

不得不解雇某个人确实是压在上司们肩膀上的重担，但在现代竞争激烈的环境中，有时你不得不这样去做，因为公司必须考虑到它的费用及每个员工对公司的价值。当你对某位员工说"我们必须让你走"时，你往往有一种负罪之感。因为你觉得此员工落到这一步，你也有责任。有时你会觉得这位员工的失败也是自己的失败，你也许会说："首先我不应该雇用他。"或"如果我在培训他时做得很好的话，我应该看到出了什么问题，然后帮助他。"

总之，不管你多么不情愿解雇员工，都必须正视这一难题，所以你必须学会如何解雇员工。这是很重要的一种技巧。

一家工厂的老板在谈到他所知道的一个讲话极讲究策略的人的时候，是这样说的："他就是在我第一次工作后把我解雇的那个老板。他把我叫了进去，对我说：'年轻人，要是没有你，我不知道我们以后会怎么样。可是，从下星期一起，我们打算这样来试一试了。'"

有时候，公司人事调动，下级被降职，或是调到分部，或是被打入"冷宫"，委派他去干一些鸡毛蒜皮的小事，总之不再受到上级的重视了。上级这时有责任通知他，并且要耐心安抚，尽量使他能保持积极愉快的心情前往新岗位就任。

请千万记住不要用有伤感情的字眼。下级被降职，心里本来就非常不痛快了，上级再用词不当，甚至恶语伤人，无异于是给下级火上浇油，这样就难免会造成难以想象的后果。

⑮ 确定个人影响力

提升影响力来增强命令的有效性

你是否有这样的经历：自己虽被冠以领导之名，却有指挥不动下属的困扰？《世界管理者文摘》指出，在过去金字塔式的组织结构中，领导掌握特殊的权力，命令非常管用，但现在扁平化的组织结构使领导的权力基础减弱，因而愈来愈需要影响力，才能带动大家朝共同的目标努力。

而且，现在员工的教育程度愈来愈高，对工作的期待是参与、被咨询，这样的员工可以被影响，但不容易被指挥。如何施展领导影响力？如何打造自己的领导影响力？有关学者与专家提出了以下几种打造领导影响力的方法。

方法1：道德品质是决定影响力的重要因素

现实生活中，经常可以看到这样的现象：某位官员位高权重却没有什么影响力，有的只是权力；而一个平民百姓却可以受人尊敬、受人爱戴，究其原因，道德品质在其中起着非常重要的作用。道德品质是构成领导影响力的最重要的因素。因此，要提升领导影响力，必须培养自身高尚的道德品质。

方法 2：培养良好的心理素质

美国著名心理学家特尔曼曾对 800 名男性进行了长达 30 年的追踪研究，并对其中取得成就最大的 20％的人和成就最小的 20％的人进行比较分析，结果表明，其成就大小的差别并不在于智力水平的高低，而在于心理素质的差异，可见健全的心理素质对一个人的成功是有影响的。就领导者而言，健康的心理素质对其提升领导影响力也有重要的意义，它是领导者成功的保障。

方法 3：提高自己的决策力

20 世纪 70 年代，世界石油出现了危机。在石油危机面前，美国的克莱斯勒汽车公司做出了一个错误的决策——继续生产大型豪华轿车。结果损失惨重，公司濒临倒闭。董事会为此解除了公司总经理的职务，聘请了前福特公司的总经理艾柯卡出任总经理。艾柯卡上任后，对他的属下所说的第一句话就是："决策的失误是最大的失误。"

所谓决策，就是领导者为了解决某一问题，根据主客观条件，对未来的行动方案进行设计、选择，并做出决定的过程。决策是领导者确定方针、策略的活动，是整个领导工作的关键与核心。因此，领导者要提升领导影响力，必须科学正确地进行决策。

方法 4：知人善任，重视人才

古人云："得人心者得天下，失人心者失天下。"实践证明，事业的兴衰，政权的兴亡，与人才有着非常密切的关系。正像诸葛亮所总结的："亲贤臣，远小人，此先汉所以兴隆也；亲小人，远贤臣，此后汉所以倾颓也。"知人善任，公道正派地使用人才，是领导者提升领导影响力不可或缺的环节。领导者必须为企业选好、用好人才。

方法 5：在人际关系舒展中打造影响力

亚里士多德说："一个生活在社会之外的人，同他人不发生关系的人，不是动物就是神。"领导影响力是一种对他人的影响力，是在与他人的交往中，在人际关系的互动中产生的。与他人建立真诚美好的关系是领导影响力的源泉。

方法 6：提升语言艺术的水平

大约在 300 多年前，英国著名作家兼政治家约瑟夫·爱迪生就曾说过："如果人的心灵是敞开着的话，我们就会看到，聪明人和愚笨者在心灵上并没有多少区别，其差异仅在于前者知道如何对其思想进行有选择地表达，而后者则毫不在意地全盘托出。"

这话实际上是说，"聪明人是想好了再说，愚笨者是说完了再想"。这先想再说，还是先说再想，不是单纯地表达顺序问题，而能反映出说话人的能力。人们常常根据一个人的言谈对他进行评价，对领导者也不例外。

口才好的人，话说得令人钦佩，往往也可以使自己的地位抬高许多，大家也乐意接受他的建议甚至命令。甚至有些胸无点墨的人，往往因为口才好，而被看作是个有本事的人。笨嘴拙舌的人，往往容易被人遗忘，陷入交际的不利处境。因此，如果你具备一定的能力，又具备良好的口才，能够轻易说服别人理解并执行你的意愿，那你就是个既能说又能干的人，就一定能成为众人瞩目的焦点。

方法 7：形象好才能影响人

马克·吐温说："衣着塑造一个人，不修边幅的人在社会上是没有影响的。"领导影响力是依靠个人魅力影响他人，而个人魅力的展示首先是个人形象的问题，想影响别人就要展示出良好的形象。事实上，每一个有影响力的领导者靠的不仅是杰出的才能、优秀的品质，更重要的是他们懂得如何展现形象的魅力，让追随者把他的形象与自己追求的未来结合为一体。出众的形象也是呼唤、吸引千千万万的追随者的重要原因。

方法 8：做一个高情商的人

成功和影响力的大小与情商有着密切关系，在一项以 15 家全球企业如 IBM、百事可乐及富豪汽车等的数百名高层主管为对象的研究中发现，平凡领导人和顶尖领导人的差异，主要是来自于情绪智能。卓越的领导者在一系列的情绪智能如影响力、团队领导、自信和成就动机上，均有较卓越的表现。

一个具有较高情商的人，他的影响力往往可以得到充分地发挥和施展，从而取得更大的成功。在今天这个凡事都离不开分工合作的时代，情商直接决定了一个人的影响力，情商高的领导者能够游刃有余地影响自己的下属、同事、周围的人来成就自我。

严格要求自己甚于要求下属

子曰："以约失之者鲜矣。"孔子认为，只有严于律己，才能少犯错误。同样作为管理者无论是在工作还是生活中都要常常约束自己，谨言慎行，不放纵、不浮泛，这样做就可以少犯错误甚至不犯错误了。

严于律己是律人的前提，只有做到自我管理才能要求下属去执行。优秀的管理者应该严格要求自己，起到为人表率的作用，用实际行动来影响和带动身边的人一道去努力工作。

国外某企业家认为，如果想知道一家企业的员工整体素质如何，只需要了解其中的管理人员的素质就可以知道他们的素质是怎么样。这话的确在理，每个管理者都是所有下属关注的焦点，也是员工积极模拟的对象，管理者产生什么样的行为、举动，都会直接影响到自己的员工。所以，你想让自己的员工严格要求自己，你就必须先严格要求你自己。

严于律己本身就是一种品格的塑造。律他往往比律己来得容易，律他不涉及管理者自身利益，可以毫无顾忌地要求对方很多，而律己则相对来讲要难得多，往往会触及自己的利益，而管理者自身总为自己找借口原谅自己。严于律己的典范在历史上并不鲜见。

三国时的孔明先生就是一个严于律己的人。

孔明首次率领军队攻打中原时，因任用马谡结果失了街亭，导致兵败而归。回去以后，孔明写了一个自我处罚的奏折，让蒋宛申奏后主刘禅，要求自贬丞相之职。

蒋宛回到成都，见到后主，刘禅打开一看，只见写道："臣本庸才，叨窃非据，亲秉旄钺，以励三军。不能训章明法，临事而惧，至有街亭违命之阙，箕谷不戒之失。咎皆在臣，受任无方。臣明不知人，恤是多暗，《春秋》责帅，臣职是当。请自贬三等，以督厥咎。臣不胜惭愧，俯伏待命。"

后主刘禅看完说道："胜负乃兵家常事，丞相何出此言？"这时侍中郎费依上奏说："治国者，要以奉法为重，不按法办事，怎么来管理人呢？现在丞相打了败仗，自己要求降职，正是按法办事。"后主听了认同费依的说法，于是下诏贬孔明为右将军，行丞相事，照旧总督军马。

诸葛亮作为一个管理者、领导者、决策者，因为用人失误而失败，要求处罚自己，即使当时孔明不认其错，也没有人说什么，但他还是坚持上书请朝廷贬其职，追究自己犯下的过错，这正是孔明做人且作为管理者的光明磊落之处。在当时，他严格要求自己，严于律己的做法，不仅没有削弱他的威信，反而更有效地鞭策和激励了满朝文武奋发向上的报国精神。

管理者严于律己，能够使管理者产生非权力影响力。管理者本人尚能严守管理法则，其部属自然不敢越雷池半步。

约翰·罗素爵士以深刻的洞察力指出："在英国，向天才人物请求帮助，但听从品格高尚的人的教导，这是一条根本的原则。"一个管理者如果要真正经营好一个企业，要通过规章制度进行严格管理，还要通过非权力影响力使员工进行自我约束。管理者要想获得非权力影响力，严于律己显然是一条最为重要的途径。

以身教为下属树立榜样

有些管理者习惯以权威约束员工的行为，而自己却游离于这些规则之外，当然在员工心中很难树立威信，更谈不上做好对员工的有效管理。其主要根源，就在于管理者严于律人，宽于待己，缺乏榜样意识。

要成为一个好的管理者，首先要管好自己，为员工们树立一个良好的榜样。言教再多也不如身教有效。行为有时比语言更重要，领导的力量，很多往往不是由语言，而是由行为动作体现出来的，聪明的领导者尤其如此。格力电器总经理董明珠就是个严格要求自己的人。

董明珠上任前，格力公司迟到早退、喝茶看报、吃零食聊天等情况屡见不鲜。而董明珠一上任，就狠抓内勤，把一些老员工都训得直掉眼泪。经营部女性多，公司对她们的服装、头发和走路姿势都做了明确的要求，要求大家最好剪短发，留长发的上班要盘起来，更不准戴着一大堆饰品来上班。董明珠始终认为，没有严格的制度，就无法产生强大的战斗力，果然，不久之后的经营部焕发出全新的工作作风。

一天，一个不是格力的经销商托董明珠的哥哥想从格力拿货，承诺如果事情办成，会给2%的提成，这是一个不小的数目，他哥哥答应了。董明珠接到哥哥的电话后犹豫了，对身为部长的她，帮哥哥这个忙很容易，只是一句话的问题，而且没有违背公司的制度。

但是董明珠转念一想：如果为亲人谋利益就会伤害到其他经销商的利益，公平性就会出现偏差，如果这股风气蔓延的话，格力这个牌子就会受到污染。最后她拒绝了哥哥的请求。

董明珠的拒绝伤了哥哥的心，他不再和妹妹来往，但是董明珠认为这样做是值得的："我把哥哥拒之门外，虽然得罪了他，但我没有得罪经销商。"

正是董明珠一系列毫不妥协的"斗争"，对格力电器进行了一场"刮骨疗毒"式的治疗，摆脱了停滞不前的状态，管理逐渐走向了规范。以至于后来，格力电器成为空调行业的世界冠军。

作为一个有成效的管理者，管理者必须成为员工的角色榜样。管理者要在每天的言行中切实按自己所提倡的那样做，在员工面前树立一个有成效的、负责的形象，以实际的行动来引领团队的进步。

领导者不仅要严格要求自己，为员工树榜样，还要带头把一些优秀人士当作学习的榜样，号召大家学习。切记管理者只号召别人学习，自己却不学习，甚至借着"树榜样"往自己脸上贴金。这样既是对榜样的不尊重，也使得组织成员失去学习的热情，树了榜样也起不到应有的作用。

人格魅力能使下属心甘情愿

想做一个团队的领导者相对比较容易，因为你可以依赖主要来自职位的权力以及你的努力和专业知识。但要胜任团队的领袖就困难多了，这是不够的，还要依赖人格的魅力和号召力。

有能力的人，不一定都有人格魅力。缺乏优秀的品格和个性魅力，领导者的能力即便再出色，人们对他的印象也会大打折扣，他的威信和影响力也会受到负面影响。领导者的人格魅力影响着其执政的能力，其影响主要通过领导者运用权力时产生的亲和力、凝聚力和感召力，使被领导者心甘情愿地为实现既定目标努力奋斗而产生的成效体现出来。

盖茨与公司其他的早期领导一直都很注意提升技术过硬的员工担任经理职务。这一政策的结果也使微软获得了比其他众多软件公司别具一格的优越性——微软的管理者既是本行业中技术的佼佼者，时刻把握本产业技术脉搏，同时又能把技术和如何用技术为公司获取最大利润相结合，形成了一支既懂技术又善经营的管理阶层。例如集团副总裁内森·梅尔沃德，他既有副总裁的头衔，又是第十五级开发员。他是普林斯顿大学的物理学博士，师从诺贝尔物理奖获得者斯蒂芬·霍金。他负责公司网络、多媒体技术、无线电通讯以及联机服务等。

微软之所以选择技术骨干担任管理人员，是鼓励他们继续在技术领域发挥作用。选拔管理人员的标准就是他们的技术水平，这种政策使得一旦你被雇用为开发员后，就会逐级晋升，最好的开发员将最终成为最高级别的管理人员。

微软公司认为技术管理人员应当具备超群的技术才能，否则在公司里将无法得到其他员工的尊敬。管理人员不应当仅仅是优秀的程序设计师，还应当具备领袖的气质和魅力。

要想成为一位出色的经理或者领导，管理人员必须具备两种基本的素质：其一，其各种能力应当超过其同事或将要成为其手下的那批人，其二便是领袖气质。如果管理人员两者兼而有之，那就是天生的领导者。

你会发现，在第一线管理层的经理人员大多不具备领导才能……而在第二线，具备这两种素质的经理人数要多一些，职位越高的经理素质越高。层级越往上，经理们能把管理工作干得更出色，同时他们的技术才能也十分卓越。

有人问微软研究院的负责人雷斯特，要想管理好企业里的基础研究院，必须雇来合适的领头人。那么具备什么样的素质才能担此重任呢？雷斯特认为主要有这么几个要素：首先，必须是一个好的研究员，要自己能够做很好的研究，而不仅是单纯的管理者。第二，要能够很好地启发和激励其他研究员，使他们达到自己不曾达到的研究境界。第三，要了解自己所要管理的研究领域的基本原理、概念和发展趋势，能够评估各研究成果的优劣。也就是说，研究院的院长既要是技术专家，同时必须具备领导者的特质。

　　高超的技术优势足以树立在下属面前的技术优势；领袖特质则有助一个团队的向心力和凝聚力。对那些具有领袖特质和具有领导魅力的领导者来说，一个典型的特征是他们能够唤起、激励、影响他人的情绪，另外，这些领导者还拥有吸引他人注意的能力，它们是由交往能力和吸引潜在追随者注意的能力所构成的。

　　魅力型领导者通过以下四种途径吸引自己的追随者。

　　第一，对团队的愿景具备战略高度。领导者善于清晰地描述组织的使命与愿景，这一前景将组织的现状与更美好的未来联系在一起，使追随者意识到自己为什么而奋斗。

　　第二，对下属的期望高且充满信心。领导者向下属传达高绩效期望，并对下属达到这些期望表现出充分的信心。

　　第三，公正的以身作则。领导者通过自身的行为传达一种新的价值观体系，并以自己的行动为下属树立榜样。

　　第四，具有魄力和担当意识。魅力型领导者可以做出自我牺牲和反传统的行为表明他们的勇气和对未来前景的坚定信念。

⓰ 传达你的角色

主管应是领跑团队的狮子

　　将帅无能累死三军。领导者若是一只羊，即便他领导的是一群狮子，也难以获得强大战斗力；领导者若是一只狮子，即便领导的是一群羊，它的团队速度也一定比别的羊群快很多。

　　1942年，"二战"进行得如火如荼。随着战争局势的变化，盟军与德军的战场逐渐转移到北非。盟军最优秀的将领之一巴顿将军意识到自己的部队可能无法适应北非酷热的气候。一旦移师北非，盟军士兵的战斗力就有可能随着酷热的天气而减弱。

　　战争不会随着人的意志而转移，摆在盟军面前的只有一条路：那就是适应。为了让部队尽早适应战场变化，巴顿建立了一个类似北非沙漠环境的训练基地，让士兵们在48度的高温下每天跑一英里，而且只给他们配备一壶水。巴顿的训练演说词就是："战争就是杀人，你们必须杀死敌人；否则他们就会杀死你们！如果你们在平时流出一品脱的汗水，那么战时你们就会少流一加仑的鲜血。"

虽然人人都意识到战争的残酷性，但酷热的天气还是让许多士兵暗地里抱怨不已。巴顿从不为训练解释，他以身作则，和士兵们一样在酷热的环境中坚持训练。当士兵们看到巴顿每次都毫不犹豫地钻进闷罐头一样的坦克车中时，再多的怨言也只能变成服从。

显然，巴顿把自己当作一个普通士兵，在这个角色上，他以完美的职业军人精神树立了典范，起到了榜样作用。在巴顿的带头作用之下，整个军队的训练进行得非常顺利。

正是有了这样的训练，在随后的北非战场上，巴顿的部队迅速适应了沙漠环境，一举击败德军。企业也就是军队，领导者也必然是像巴顿将军一样，成为榜样，才能促进团队成长。

戴尔公司作为全球第一大 PC 厂商，对于其创始人迈克尔·戴尔来说，他的事业做得这么大，公司发展这么好，还有必要努力提升和发展自己吗？很多人肯定认为不需要。事实上，迈克尔的态度却截然相反，他甚至会真诚地与全公司所有干部一起，讨论他在领导方面存在的问题。他把自己的不足摆在桌面上，成为大家学习的负面案例。对戴尔公司的所有员工来说，他是当之无愧的学习榜样。由于他的榜样作用，傲慢自大的领导风格、"没什么需要提高的"等言论在戴尔公司变得没有市场。

1949 年，惠普创始人之一、37 岁的大卫·帕卡德参加了一次美国商界领袖们的聚会。他在发言中说："对于一家公司而言，比为股东挣钱更崇高的责任是对员工负责。企业的管理层，尤其是企业的老板应该承认他们的尊严。"他认为，那些参与创造公司财富的人，也有权分享这些财富。年轻的帕卡德在如此高端的场合发表这种言论，很多人认为不合时宜，甚至一度引起商界前辈的嘲笑。

在那个老板总在私人办公室发号施令的年代，帕卡德的观点在当时的那些大老板眼里，即使算不上"神经病人的观点"，也充满了不可理喻的色彩。帕卡德后来回忆说："我当时既诧异又震惊，因为在场的人没有一个赞同我。显然，他们认为我是异类，而且没资格管理一家重要的企业。"

1949 年的惠普是企业新秀，在美国商业界引起瞩目。惠普的办公室文化更为引人注目。和他的观点一脉相承的是，帕卡德与惠普的工程师们一起，在开放式的工作间里办公。这是他尊重员工及下属的体现。他的理念是与人为友，让大家拧成一股绳子。他认为自己首先是一个惠普的人，其次才能是 CEO。在他的榜样作用下，惠普的管理层不仅为人谦恭，而且创造了一种奉献式的企业文化，这种文化日后成为强有力的竞争武器，使惠普公司的利润连续 40 年攀升。这就是领导人榜样的力量。

伟大的公司必然是一个积极的、开放的、沟通顺畅的组织，这些优秀的组织更趋向于积极地经营、管理和运用员工的天才和潜能。他们将许多精力放在识别员工的潜力方面，根据他们的个体差异，有针对性地培训，竭尽全力促进他们成长。更为重要的是，这些组织的领导者会以身作则，成为下属学习的榜样，使自己成为他们的火车头。榜样的力量是无穷的。

成为激发下属战斗力的推手

拿破仑有句名言："一头狮子带领的一群羊，能打败一头羊带领的一头狮子。"有一次，他在打猎的时候，看到一个大男孩不小心落入激流的河水中，那个大男孩一边拼命挣扎，一边高呼救命。虽然这条河水并不是很深，拿破仑的随从中也有游泳高手，但拿破仑制止了大家准备下河救人的举动。

拿破仑端起猎枪，对准落水者，大声喊道："你若不自己爬上来，我就把你打死在水中。"那个大男孩见求救无用，面对随时都有可能喷出火焰的猎枪，更加拼命地奋力自救，终于游上了岸。这个大男孩在两年后加入了拿破仑的部队，成为一名骁勇善战的士兵。他对别人说："不是我善战，是拿破仑逼着我必须跑起来。"

企业管理者应该善于推动团队进步，让团队成员跑起来。尤其是面对那些自觉性比较差的员工，一味地为他创造良好的软环境、去帮助他，对他不会产生丝毫的帮助。相反，应该让他感受到"大棒"的威胁，这样才能激发他们成长的动力。

三国时，曹操征张绣，行军时很长一段时间都找不到水喝，在大军军心动摇、疲惫不堪之时，曹操告诉他的军队，在前方不远处有一片梅林，到那就可以吃梅子止渴。大家一听，士气为之一振，结果既找到了水源，又完成了行军任务！

在一个团队中，即便是自觉性强的员工也有满足、停滞、消沉的时候，也有依赖性。偶尔利用你的权威对他们进行威胁，会及时制止他们消极散漫的心态，帮助他们认清自我，激发他们发挥出自身的潜力，重新激发新的工作斗志。

曾经有一个男孩问迪斯尼创办人华特："你画米老鼠吗？"听到这个问题，华特明确地回答："不，不是我。""那么你负责想所有的笑话和点子吗？"小男孩追问。"没有。这也不是我的工作。"华特接着回答。男孩百思不得其解，又问："迪斯尼先生，你到底都做些什么啊？"华特笑了笑回答："我就是一个充气筒，给每个人打打气，我猜，这就是我的工作。"

华特揭示了企业管理者的真正角色：教练、老师，也可能是班长。企业管理者要能激励员工士气，传授员工经验，解决员工的问题，能令员工折服，必要时还得自己跳下来打仗。要让"有能力、有意愿"的人，死心塌地跟着主管打拼，并且激励"有能力、没意愿"的成员、提升"有意愿、没能力"的成员，这是团队领导者最大的挑战。"建立一个成功的团队"是团队领导者的核心职能。建立成功的团队，就需要领导者推动团队成员共同进步。

张一凡的经验就是：以自己为榜样，促进集体进步。2002年，张一凡只是某百货公司一名普通的采购员。当时，百货公司员工经常可以看到他拎着重达几十公斤的物品送到食堂；为节省企业开支，负责公司采购的他经常利用上班前的时间自行到菜市场为食堂采购原料，为了物美价廉，他总是不辞辛苦，货比三家；出现急需物品，他总是随叫随到。

他的表现被领导看到眼里，当年他就被评为公司的优秀员工，并提拔为采购部经理。优秀员工的评选，公司领导人寄予这样的期望：通过挖掘普通职工身上的闪光点，用员工身边的先进典型鞭策员工，弘扬勇于挑战自我、勇于战胜困难、敢于迎难而上的企业精神。在张一凡的带领下，采购部成为公司内最优秀的部门。

张一凡的事例说明了身教大于言传。示范和榜样的力量是无穷的，但是很多管理者很困惑，我在处处传帮带呀，为什么部下的效率却越来越差。需要管理者反省的是，因为你的榜样已经演变成了事必躬亲，并且处处按照自己的操作过程来要求你的每一个下属，时间长了，什么事情你都干了，下属自然轻松地等着你来干。

身教并不是自己一直要带着干下去，是阶段性的和创新性的。只有在有新工作时才需要加以示范、引导。在多数工作时间里，需要下属自主完成。通过亲身实践，他们才能成长。在提升员工能力的过程中，企业管理者的主要工作就是推动他们，让他们跑起来。只有他们跑起来，企业的发展速度才能快起来。

领导是球队的守门员

著名企业家马云说："在阿里巴巴，组织结构图是倒过来的，最上面是客户，下一排是员工，再是经理，再是副总裁，最下面才是CEO。

如果要问我的老板是谁，我的老板就是我前面的几个副总裁，副总裁的老板就是他们前面的总监们，总监们的老板就是他们前面的员工，员工们的老板就是他们前面的客户。

我们的团队好比是一支足球队——球队进球了，守门员为球队的胜利而欢呼；球队丢球了，守门员为球队的失败承担最后的责任。这支足球队的守门员就是我这个CEO。"

正是这种守门人的自我认知，让马云成为中国最优秀的领导者之一。但是，很多人没有马云的这种认识，一些强硬的领导者喜欢对不服从管理的员工说："我是组织安排我来担任这个职务的，你必须听我的。"其实这是最弱的一种权力表现形式。因为中国员工总是喜欢阳奉阴违，尤其是那些有才华的人，他们表面上服从你，私下有什么想法就不一定了。

还有一些财大气粗的领导者说："我有钱，可以诱惑他们。"的确如此，但是这是个竞争社会，在面对更大的诱惑时，你的权力就将失去效用。还有人说："我有强制力，不听我的就开除你。"但是没有任何一个企业会需要这样的领导者。

制度是冰冷的，行政命令是呆板的，上下级关系是产生距离的。企业管理者在领导员工的时候，不能因为自己处于领导者位置而表现出居高临下、高傲自大，不能依赖制度的框架而使下属觉得管理缺乏感情，不能片面地依靠命令而使下属产生束缚和限制，不能因为上下级关系而使员工产生距离感；否则，团队将会层出不穷地产生问题。

亨利·福特是美国汽车业的一面旗帜，他改变了美国人民的生活方式，是美国人民的英雄，被誉为"20世纪最伟大的企业家"。但是，福特在管理上的专制和他与员工之间的对立状态，却使得他的企业蒙受损失。福特有一个错误的观念，在他眼里员工无异于商品，对于不服从命令的员工可以随时扔掉，反正只要出钱，随时能够再"买进"新的员工。

这个观念几乎断送福特汽车的事业。从1889年开始，福特曾经两次尝试创办汽车公司，但最终都因为管理出问题而失败。1903年，福特与其他人合作创办了美国福特汽车公司，后来，福特聘请了管理专家詹姆斯·库茨恩斯出任经理。在詹姆斯的卓越管理下，1908年，独霸天下的福特T型车诞生了。随后，T型车极其迅速地占领了汽车市场，而福特汽车公司也一举登上了世界汽车行业第一霸主的宝座。

成功和荣誉使福特变得更加傲慢无礼，他认为自己的所有员工都只是花钱雇来的，所以员工假如不绝对服从自己，就只能让他离开。直到20世纪20年代，在近20年的时间里，福特公司只向市场提供单一色彩、单一型号的T型车。他的销售人员多次提出增加汽车的外观色彩，但福特的回答是："顾客要什么颜色都可以，只要它是黑色的。"因为不愿适应市场需求去改动自己的汽车设计，福特公司就这样停止了前进的脚步。因为福特的独断专行，员工也都纷纷离职，最后连库茨恩斯也无奈另觅他处。1928年，亨利·福特为他的独断专行付出了巨大的代价，福特公司的市场占有率被通用汽车公司超越。

这个教训是深刻的。在亨利·福特晚年时，福特汽车公司已经面临垮台。他的孙子从祖父的手里接过了掌管公司的任务。为了挽救这个摇摇欲坠的公司，福特二世聘用了一大批杰出的管理人才，例如后来担任过美国国防部长的麦克纳马拉、原通用汽车公司副总经理内斯特·布里奇等。在这些人的大力改革下，福特公司重新焕发了生机。"福特王国"又一次迎来了它的辉煌顶峰。

但是，好景不长。随着企业的业绩越来越好，福特家族顽固蛮横的弊病又一次发作，福特二世继承了老福特的坏脾气，他开始嫉贤妒能，接连解雇了 3 位和他意见不合、功勋卓著的总经理。在他的排挤下，为福特的再次崛起立下汗马功劳的布里奇、麦克纳马拉等人纷纷离开公司。这些优秀人才的离去，使福特公司再次开始败落，业绩一落千丈，最后只得把公司的经营权全部交给福特家族以外的人。

其实，最好的领导方式应该是守门员，不给人没有意义的压力。一个领导者需要做的是发挥自己的专家力、典范力。比如你是某方面的专家，必然直接影响周围人的行为举止。领导必须是舍弃自我利益的人，到了成功的时候，领导不能揽功，但是失败了一定要承担责任。这样的领导，下属才会没有后顾之忧，才能敢于做事，才能死心塌地的追随，忠诚不渝。

管理者要做企业文化的推广者

作为 CEO 和创始人本身，最大的职责就是企业文化的推广者，就是首席文化官，也是任何创业者和 CEO 的首要任务之一。

在《赢在中国》第一赛季晋级篇第八场里，选手陈泓江的参赛项目是网络经营项目。他有三个目标，第一个是金融资讯信息；第二是分销平台，为服务者提供更好的服务；第三是金融资金服务战略，为个人和机构提供专业化的服务。

当马云问他这个首席文化官的工作到底是干什么活时，陈泓江回答："就是围绕我们公司的文化准则做事。心有多大，路就能走多远。我们公司把员工成长和企业成长捆绑在一起，员工能在我们这里获得一个很好的舞台，我们会给员工提供很多机会，而且公司内在文化开放、合作平等。通过公司持之以恒的学习，通过各方面的人性关怀，通过一点一滴地细节来传递。全体员工有一个明确的目标，在期权激励下，公司员工非常努力工作。在这种文化背景下，我相信我们的员工会拿出这种精神来进行自己的事业，是为了事业。"

马云点评说："我觉得陈泓江挺有创意，挺不错，但作为CEO和创始人本身，最大的职责就是企业文化的推广者，就是首席文化官，也是任何创业者和CEO的首要任务之一。制定企业文化目标、共同的使命和价值观很容易，最难的地方在于点点滴滴地实施。

实际上，企业文化就是在回答一个问题：你的企业凭什么凝聚人心？这是企业管理的思想底线。大道无形，企业文化是个看不见、摸不着的东西，但却回答了"工作到底是为了什么"。因此，企业文化的好坏直接关系到员工的忠诚度，管理者必须明确一点，你有几流的企业文化，你就有几流的追随者；你有几流的追随者，你就有几流的企业。

现在企业最高层次的竞争已经不再是人、财、物的竞争，而是文化的竞争，最先进的管理思想是用企业文化进行管理。何为企业文化？它是一种以人为根本，以制度为导向的管理思想与管理哲学的融合，是企业里看不见的软件系统，却是企业的最核心的竞争力。因此，企业管理者越来越注重企业文化的建设和价值观的塑造，最明智的管理者一定是具备将企业文化融于员工血液中的能力的人。只有建设有一流的企业文化，企业才能引来和留住一流的人才。

上海宝名国际集团是一家房产销售企业，300多员工大多数是年轻人。很多企业把开展琴棋书画等文体活动作为企业文化的主旋律来唱，但宝名集团却注重企业文化对员工情感的关怀，用总裁吴冠昌的话说，企业要用待遇留人，但更要用情感来留人。

每到周末午后，公司工会都要以下午茶的形式开展工会活动，上至集团总裁、总经理，下至普通员工，在这里都是平等的工会会员，大家在轻松愉快的喝茶中交流。员工无论是工作上的建议，还是生活中的问题都可以谈，经营者则把企业的规划、设想以探讨的形式与职工交流。不少问题,诸如良好的销售建议、职工上下班的班车问题,都是通过午后茶的形式解决的。

在宝名,管理层有一个明确的观点,一个企业要想成为和谐企业,就必须有决策层与管理层的沟通,有管理层与员工的沟通,有决策层与员工的沟通,只有这样,企业上下才能相互了解、相互理解。为此,宝名集团每季度都召开一次管理层与员工沟通会,大到公司投资计划、福利分配、中层人员聘评,都在沟通会上得到交流。

公司领导还倡导用人、容人、培养人,绝不允许随意裁人。凡是员工不能胜任企业安排的工作岗位的,可以转岗,转岗之前工会要听取员工想法。尽管今天的职场跳槽成风,但宝名集团几乎未曾流失过任何一名核心人才。因为有这些优秀人才的持续追随,促使宝名集团的发展蒸蒸日上。

可见,一流的企业文化吸引一流人才。因此,作为企业的最高管理者和决策者,创业者必须成为企业文化的建筑师和第一推动者。因为企业文化首先是企业家本人思想的浓缩。先将自己塑造成企业文化的楷模是企业文化建设中最关键的一点。

IBM 拥有 40 多万员工,年营业额超过 500 亿美元,几乎在全球各国都有分公司,所取得的成就令人惊叹。许多人会问,是什么让这个庞大的企业取得如此大的成就?其答案是,IBM 具备一套人性化的企业文化。

老托马斯·沃森在 1914 年创办 IBM 公司时设立过"行为准则"。正如每一位有野心的企业家一样,他希望他的公司一要财源滚滚,二要反映出他的个人价值观。因此,他把这些标准和准则写出来,作为公司的基石,任何为他工作的人,都明白公司要求的是什么。

老汉森的信条在其儿子时代更加发扬光大,小托马斯·沃森在 1956 年任 IBM 公司的总裁,老沃森所规定的"行为准则",

由总裁至收发室，没有一个人不知晓，如：1. 必须尊重个人；2. 必须尽可能给予顾客最好的服务；3. 必须追求优异的工作表现。

这些准则一直牢记在公司每位人员的心中，任何一个行动及政策都直接受到这三条准则的影响。全体员工都知道，不仅是公司的成功，即使是个人的成功，也一样都是取决于员工对以"沃森原则"为基础的企业文化的遵循。而 IBM 的企业文化不仅让员工忠诚追随，更是吸引着许多非常优秀的人才，而IBM 也因此取得越来越伟大的成就。

一些企业管理者总感觉企业文化是为了激励和约束员工，其实恰好相反，恰恰是那些企业文化的塑造者最应该成为被激励和约束的对象，因为你的一言一行都对企业文化的形成起着至关重要的作用。也就是"其身不正，随令不从"。一旦建立被员工认可的强大的企业文化，企业在任何一方面都将受益无穷。企业要想吸引优秀的人才，应先从文化建设入手；要想建设一流的文化，管理者应先从自身做起。创业者是企业文化建设的第一关键人。

2000 年 5 月，海尔集团为了进一步与国际接轨，张瑞敏改任为海尔 CEO，这是中国家电业的第一位首席执行官。美国一家报社记者采访时问张瑞敏："你在这个企业中应当是什么角色？"张瑞敏回答："第一应是设计师，使组织结构适应于企业的发展；第二应是牧师，不断地布道，使员工接受企业文化，把员工自身价值的体现和企业目标的实现结合起来。"

团队或组织领导不仅是文化建设的推动者，更是文化建设的宣传员。只有管理者自己理解到位、推动到位、宣传到位，文化建设才能落实到位，企业才能处处彰显文化内涵和力量。

17/抑制过度乐观

以竞争释放员工积极性

松下电器（中国）公司副董事长张仲文在接受记者采访时曾说过："保持一个企业充满生机、正常高效地经营，评价是很重要的人事管理手段。"松下公司每季度都要召开一次各部门经理参加的工作会议，以便了解彼此的工作进程和经营成果。开会以前，把所有部门"按照业绩和完成任务的进度"从高到低分别划分为 A、B、C、D 四级。在开会中，按完成任务情况好坏而排的部分里，A 级部门首先报告，然后依次是 B、C、D部门。

最后做报告的部门意味着业绩最差。这种做法充分调动了各个部门负责人争强好胜的心理，谁也不愿居人之后。无独有偶，美国西南航空内部杂志也经常以"我们的排名如何"来激发员工的斗志，公司管理者通过制定出西南航空公司各个项目的表现在业界中的排名，让西南航空的员工知道他们的表现如何。当竞争对手的排名连续高于西南航空几个月时，公司内部为如何赶超对手作专门讨论。到最后，员工则会为了公司荣誉而加倍努力工作。

优秀的企业管理者总是善于通过引进两性竞争机制，以竞争来促进"释放"员工的工作积极性，使员工自觉摒弃安于现状的心理，从而实现人人积极进取。人才是事业成败的关键，良性竞争机制要打破论资排辈，构造全新的人才晋升渠道。为年轻人才提供一个能充分发挥自己优势的空间，使工作蕴含激励力量。

《乔家大院》所叙述的历史背景是在清朝末期。那是自然没有成熟的现代企业制度。当时所有的商业都是家族式管理，甚至还有传男不传女的思想。乔致庸开的钱庄也不例外。但是，乔致庸的过人之处就是很快发现家族管理的弊端：论资排辈，"伙计"居于最底层，很多优秀的伙计不为老板所重视。乔致庸很快发现很多能干的伙计对钱庄业务发展至关重要，而他们低微的身份对调动这部分员工的积极性非常不利。乔致庸感觉到，如果能够"激活"这些能干的伙计将是业务实现突破的关键。

于是，乔致庸果敢起用新人，从内部挖掘出年仅28岁的马荀。马荀干过10年学徒，4年跑街，他个人的销售额占钱庄生意的80%，显然是钱庄里跑得最快的千里马。后来的发展证明了乔致庸的眼光不错，这匹优秀的千里马成功地进入了接班人的行列，卓有成效地使钱庄起死回生。马荀使乔致庸尝到了甜头，他以"伙计身股"实现了企业原有体制的创新。这些创新为钱庄生意带来了显著变化：伙计与掌柜甚至东家平起平坐，被尊重感得到增强；钱庄效益和员工效益有机地结合在一起。这个竞争机制的引进，极大地增强了伙计们干活的积极性，钱庄生意更加兴隆。

与从外面引进相对应的是，团队内部的竞争机制就是在企业内部找到"鲶鱼"。如果一个公司缺乏内部激励机制、竞争机制，就不会拥有富有活力的企业文化、员工就会丧失危机意识。内部鲶鱼型人才有以下几条评考标准：首先要有强烈的工作热情和工作欲望；具有雄心壮志，不满现状；能带动别人完成任务。通常，只要赋予其挑战性的任务和更大的责任，他就能完成更好的业绩，并表现出超过其现在所负担的工作能力；敢于作出决定，并勇于承担责任；善于解决问题，比别人进步更快。

要想挖掘、寻找企业内部的"鲶鱼"，企业可以采取以下三种有效的管理方法：

（1）推行绩效管理，用压力机制创造"鲶鱼效应"，让员工紧张起来。

（2）在组织中构建竞争型团队，通过公司内部的评选机制制造鲶鱼队伍。

（3）寻找公司的潜在明星并加以培养，通过发现和提升潜在的鲶鱼型人才去激活员工队伍。通过引进外部"鲶鱼"和开发挖掘企业内部"鲶鱼"相结合的办法，企业管理者就能充分利用"鲶鱼效应"保持团队的活力。

生于忧患的危机激励

忧患意识，追本溯源，最早的记载大概见诸我国古书《武王几铭》，以后是《易经·系辞》："安而不忘危，存而不忘亡，治而不忘乱。"再以后是《孟子》："生于忧患，死于安乐。"到了汉唐以后，历代的大政治家、大思想家，几乎都以不同的表达方式，做过许多类似的表述。

日本在战败后的50多年里，宣传"危机意识"可谓是年年讲，月月讲，天天讲。如20世纪40年代后期提出"民族虚脱危机"；60年代提出"原料市场危机"；70年代提出"资源危机"；80年代提出"贸易危机"……所有这些"危机"的宣传，无一不是在警醒日本人要不断奋进，不能停步不前。

日本的国土面积狭小，人口稠密，境内多山地、多火山、多地震，资源匮乏，对国外的依赖性严重。第二次世界大战战败后，日本的经济陷入崩溃边缘，可短短的几年以后，却一跃成为世界经济强国，令世界为之震惊。

日本成功的奥秘就在于能不断强化国民的危机意识，时时处处做到居安思危，未雨绸缪。的确，强烈的忧患意识，能够使人奋进，从而防患于未然。

1. 危机并非空谈

其实，危机并非空谈，忧患常伴旦夕。"人无远虑，必有近忧"，市场环境变幻无常。面对着激烈的、甚至是残酷的市场竞争的组织更是如此：一方面，随着社会的进步，新的科学技术不断涌现，人们的消费需求在不断变化，求新、求优、求廉、求异的心理普遍存在，给组织带来新的危机；另一方面，新的市场竞争对手和新的竞争手段不断出现，任何停留在原有水平上的组织，总会被市场淘汰，这是由客观规律决定的。

大凡明智的企业家都能不断强化危机意识，能看到实际存在的危机随时都会制约着企业的生存和发展，他们会主动激发奋进，做到防患于未然。面对四伏的危机、莫测的市场环境，愈早采取相应的措施和行动，就愈有机会转危为安。

增强忧患意识，正确运用自我否定的策略，能使组织不断获得创新的机缘，在运作过程中要常常对自己的管理行为进行反思。

美国前总统里根1988年4月2日发表讲话："美国若再不加强科学技术的研究，增加科研经费的开支，美国很可能沦为二流国家。"在其他一些发达国家的传媒上，也不时发出诸如能源危机、生态危机、人口危机、道德危机等呼声。这固然反映了这些国家的实际情况，同时也是以此来警醒国民，不能故步自封，要有忧患意识。

2. 哀兵必胜

哀兵必胜出自《老子》第六十九章："祸莫大于轻敌，轻敌几丧吾宝，故抗兵相加，哀者胜矣。"主管要善于为团队制造危机，置之死地而后生，以背水一战之勇气获得发展机遇。

经过连年拼搏，加农采取多种经营，终于成功打入了计算机市场。它研制的键盘式计算器试销后获得成功，十分畅销。但是好景不长，由于研制工作仓促，改制的新型计算器缺乏合理性，结果销路不畅，再加上第一次石油危机的打击，加农出现巨额赤字，濒临倒闭的边缘。

如何挽救颓势？当时的董事会中名列最后的贺来提出：应该把危机告诉全体员工，让他们知道企业处于危险境地的真相，唤起他们的危机感，振奋起背水一战的士气。这种危机感将创造出许多智慧，而平时是产生不了的。加农采纳了他的建议，向全体员工发出了危机警告。

那些以为身居大公司就可以高枕无忧的人紧张起来了。员工小组加强了活动，新建议、新方案层出不穷，如何挽救加农成为员工日常议论的话题。贺来归纳了员工的建议和方案，提出了企业整改方案，极大地调动了全体员工的积极性，终于使加农渡过难关，并成长为一个国际化的大企业。

3. 怀抱炸弹，辟出道路

在竞争的舞台上，面对众多的风险，有的企业成功了，有的企业却遭到了失败，甚至从此一蹶不振，最终以破产而告终。成功固然可喜，失败也未必可悲，关键是要从中吸取经验和教训。其实，不论拥有多么伟大的事业，从来没有一个人不曾遭遇过失败。做事总会遭遇失败，但在每一次的失败中如果都有所发展，那么经过无数的体验后，就会逐渐成长。

只有在自我心中产生某种伟大的信念，才能完成伟大的事业。最重要的是，当遭遇失败而陷入困境时，要勇敢而坦白地承受失败，并且要认清失败的原因，体悟到这是非常难得的经验，最宝贵的教训。风险因素可以转化为企业发展的动力，风险越大，所获得的收益可能就越高，不能因为惧怕挫折、困难、失败和危机而痛失企业发展的良机。

4. 自报家丑，激励上进

知足常乐，然而只有不自满，才能不断地进步。不满足现状的起因可以分为自发需要和外界压力两类，来自自发需要的不满足现状是对理想的追求，而来自外界压力的不满足现状则是危机意识。对管理者而言，面对激烈的，甚至是残酷的竞争和变幻莫测的环境，随时都有翻船的危险，甚至一着不慎，全盘皆输。

因此，如果企业不能正确预测上述因素的变化，就可能会在突然出现的变化面前措手不及，甚至形成事业生存发展的危机。然而，你面临的最大的潜在危机还在于组织内部，即决策者和全体成员对危机的真切存在是否具有足够清醒的认识。

在危机感中生存才能避免危机

孙子曰："用兵之法，无恃其不来，恃吾有以待也；无恃其不攻，恃吾有所不可攻也。"（《孙子兵法·九变第八》）意思是说，用兵打仗的一般法则是：不要侥幸指望敌人不来袭我，而要依靠自己随时应付来敌的充分准备；不要侥幸指望敌人不来攻我，而要依靠自己有着使敌人不敢攻我的强大实力。

用兵打仗要具有常备不懈的警觉忧患意识，企业管理也要细看静思，识别危机。海尔总裁张瑞敏曾说过："没有危机感，其实就有了危机；有了危机感，才能没有危机；在危机感中生存，反而避免了危机。"正是这种强烈的忧患意识和危机理念赋予海尔一种创新的紧迫感和敏锐性，使企业始终保持着旺盛的活力。

在应对突发事件及其带来的危机时，企业不只是要有"无恃其不来，恃吾有以待也；无恃其不攻，恃吾有所不可攻也"的危机公关警觉意识，还要有化腐朽为神奇，化解企业危机的能力，方能使企业"立于不败之地"。

百事可乐公司因及时有效地处理了"钉子事件"，从而巧妙地将危机转变成机遇。

威廉太太从超级市场给孩子买了两听百事可乐，回家喝完一听，觉得味道不错，调皮的孩子随意将可乐罐倒扣于桌上，竟然有枚针头被倒了出来。威廉太太看到大惊失色，决定向新闻界捅出此事以讨个说法，可口可乐公司见机，开始大肆宣传自己的产品，两天的时间，百事可乐却已无人问津。

百事可乐公司得到"针头事件"的消息，立即采取了补救措施，首先通过媒体向威廉太太道歉，请她讲述事件的经过，并感谢她对百事可乐的信任，感谢她给百事可乐把了质量关，接着又给予威廉太太一笔可观的奖金以示安慰。最后通过媒介向广大消费者宣布：若有人在百事可乐中再发现类似问题，必有重奖。

同时，公司在百事可乐生产线上更加严格地进行质量检验，还请威廉太太参观，使她确信百事可乐质量可靠，经过一番努力，终于平息了针头事件。威廉太太不仅冰释前嫌，还通过新闻媒体对百事公司的做法大加赞扬，双方化干戈为玉帛。

百事可乐公司获取"针头事件"信息后，一下子判断出了事件的严重性质，并及时、果断地推出一系列措施，灵活机动地把决策权极大限度地放到事件现场，根据现场情况变化，进行随时决策，缓解了矛盾，打消了消费者的顾虑，刺激了消费者的好奇心，不仅没有使销量下降，反而使购买百事可乐的消费者倍增。

由此可见，这类突发事件的紧迫性与破坏性，要求管理者必须具有敏锐的识别力，并采取积极果断的措施，并能运用管理艺术，创造性地处理突发事件，避免组织危机。没有人喜欢危机，但危机无处不在。当同样的危机袭来时，有的企业可以镇定自若，在最短的时间内平复危机，而有的企业却束手无措，损失惨重。但无论什么样的危机，如果不及时处理，都会不同程度地造成政治、经济和精神上的破坏与损失。

日本人向来以做事井然有序而著称，国家经济实力强大，各种设施完善，生活富裕，但仅因一次地震，却将一届政府拖入了垮台的下场。

1995 年的阪神地震的震前预兆，日本的防震机构预测到了，并向有关部门报告。但日本政府对防震建筑和措施过于自信，因此对此信息不予理会，与此同时，美国地震部门也测得日本关西地区将发生强烈地震，并向日本政府提醒加强防范，而日本政府对此反应也很冷淡。直到地震发生后，当美国救援船开到海港时，日本政府才得到阪神地震的确切信息。

当时，尽管驻当地的外国领事馆和国际组织及时组织并参与了救灾工作，日本政府却由于危机管理体制的不完善而束手无措，行动迟缓。高速公路和铁路瘫痪，唯一的连接神户和其他地区的道路干线堵塞，无人疏通，救护车、消防车和物资运输车无法进入灾区，导致灾情扩大；日本政府没有组织好灾区居民的自救和疏散行动，使救援行动一片混乱，陷入无序状态。在一定程度上延缓了救灾工作。

正因为政府对地震信息反应缓慢，重视不足，延误救援时机，灾区人民与国内其他地区的公民对政府的抱怨不绝于耳，反对党也借此对村山内阁大加讥讽其为无能首相。于是，身为首相的村山自然失去国民支持，各种舆论调查结果表明，村山内阁支持率严重下降，最后的一次调查结果支持率跌到20%，再加上接踵而来的沙林毒气事件与日元大升值、执政党内部的分歧，使村山坚持不住，终于辞去首相职位，被"震"下台来。

由此可见，管理者如不善于处理危机事件，其直接后果是社会受损失，政权受动荡，自己的前途也将受到巨大的影响。现如今，社会生活愈来愈复杂，管理的难度增大，而管理过程中的风险因素增多。因此，在管理活动中极有可能发生一些突发、危急和棘手事件并因此使组织陷入危机。如何成功地处理突发事件和危机是每位管理者必须正视的挑战。

管理者要以超群的管理能力来发现并处理好非程序化问题，更需要有较高的管理素质，不仅要有敏锐的嗅觉，还要能够运用以创新、权变、当机立断等为内容的管理艺术，获得主动和满意的处理结果，避免损失或者把损失减少到最低程度，并且要能够缓解矛盾，变害为利，如此才能以治待乱，掌握主动权，才能使企业立于不败之地。

谨慎原则必须时时坚持

法国作家雨果说："谨慎比大胆要有用得多。"在管理者进行决策时更是如此。管理者的决策，不仅关系到管理者个人，还关系到整个组织；不仅关系到管理者本人的一时一事，还关系到组织目标能否实现。认识到这一点，也就明白了慎重决策的重要性。

诸葛亮是中国古代小说塑造的最为成功的"军师型"人物，素有"《三国志》中第一妙人"之称。诸葛之"妙"，究竟妙在哪里？通常的观点是把他看作"智慧的化身"，但诸葛亮的"智慧"并不能完全概括诸葛亮的独特本质，在他"智慧"的背后体现的是"谨慎"二字。

诸葛亮一向重视从现实出发，没有把握的事，他一般不做。不与曹操、孙权争锋，专力夺取荆益二州，是诸葛亮谨慎的表现；联吴抗曹，也是诸葛亮谨慎的表现。刘备的实力太弱，单独击败曹操是不可能的，必须选择一个可靠的后援，而强大的孙权正是可用为援的人。只有孙、刘两家联合抗曹，才能遏制住曹操向南发展的势头。赤壁之胜，就是孙刘联盟的结果。

应该看到，正因为诸葛亮谨慎的决策作风，刘备才得以三分天下。也正因为诸葛亮谨慎的决策作风，弱小的蜀国在客观形势极为不利的情况下，才能与魏吴两强对峙40余年。

谨慎原则必须时时坚持。作为管理者，疏忽大意，轻举妄动，往往会做出错误的决策，最终铸成大错，导致全局的失败，甚至使创下的基业全部葬送。

20世纪90年代后期，爱多公司成为当时民营企业的光辉典范，该公司生产的"爱多VCD"一度是中国家电行业最成功的品牌之一，红遍大江南北。1995年，受一首流行歌曲的启发，年仅26岁的胡志标成立了爱多公司。在他非同寻常的运作下，1996年，爱多开始迅速崛起，1997年，其销售额就达到16亿人民币，并一度成为央视的标王。当时，爱多在家电行业可以说是首屈一指。但好景不长，1998年，爱多便开始出现财务危机，而到了1999年上半年，胡志标昔日好友陈天南在《羊城晚报》上发表"股东授权声明"，公司危机终于爆发。爱多危机爆发后，胡志标被迫去职。2000 年 4 月份，胡志标因涉嫌经济犯罪被拘捕。随后，爱多商标被拍卖，爱多公司走向彻底的失败。

正所谓"成也萧何，败也萧何"。爱多的成败很典型地反映了企业的领导人对企业命运的决定性影响。胡志标最喜欢做的事，就是与这一班高手们彻夜秉烛、高谈阔论。一旦有智慧的灵光闪现，冒出一个自以为是的好点子，胡志标会立即组织部署，甚至是亲自带领一班人马，亲力亲为。作为一家民营企业，公司的实际操控者胡志标在爱多处于说一不二的地位。

缺乏理性也是爱多公司的致命伤。1997 年 5 月，"阳光行动 A 计划"掀起的降价狂潮，很快使爱多产品供不应求。但是太快的成功，容易使人浮躁，失去客观判断力。面对一片大好的市场形势，胡志标竟然不做产品市场弹性分析，仅凭感觉做决策，轻率地将每台 VCD 涨价 250 元。然而，事实并不如自以为是的胡志标所设想的那样，爱多单方面的涨价，并不能引致其他厂家的提价，所以爱多既没有卖出 100 万台 VCD，也没有净赚 2.5 亿元人民币，爱多产品很快就出现了滞销局面。

然而，自以为是的胡志标并没有觉醒，他从一个极端又走入了另一个极端，出台了一项足可以置爱多于死地的"阳光行动 B 计划"。该计划也是在缺乏理性的情况下做出的，它荒唐决定自 1997 年 11 月 1 日起，爱多全面调低价格，最高降幅达 500 元。照此实施，爱多做 VCD 已处于微利时期，或几乎无利润可言。在胡志标独断专行、自说自话下，爱多最终走上了不归路。

由此可见，当一个企业规模雄厚，对市场发展方向和趋势有准确的把握时，利用新产品打入新市场是可能的。然而其有一个根本的前提是，这中间需要决策层谨小慎微，做出周密而精确的决策，否则就有可能以失败而告终。

在做决策时，管理者首先要注意的就是谨慎，但这种谨慎并非优柔寡断，而是一种应对变化的有效手段，只有这样才能够做出正确的、合乎企业发展规律的决策。由此，为避免出现失误，在决策前，管理者务必注意做到"两看""一思"，即看市场、看自身、慎思考。面对当今风云变幻的社会环境，面对各种各样的新问题、新情况，管理者必须谨小慎微，权衡利弊，于千头万绪之中，找出问题的关键所在，只有这样才能做出正确的决策，走向成功。

⑱ 建立一个多元化的一流团队

允许任何个性的人融入

主管应该明白，仅靠一种类型的人是难以获得成功的。鸡鸣狗盗之徒也有用处，脾气暴躁或者阴柔的人，都能发挥光和热。主管要允许任何不同个性的人融入进来。

麦当劳公司是全球最大的连锁快餐企业之一，它在招纳人才方面表现出极大的包容性。麦当劳公司在选用人才方面的中心哲学是："如果一个企业中，有两名主管的想法一样，则其中一名便是不必要的。"在麦当劳，鼓励公司内部意见纷呈，各主管人员的想法和创意都各有不同，在背景和个性上，他们也各自迥异。这是麦当劳刻意追求的结果。

麦当劳总裁克罗克举止大方、谈吐优雅，但他却能吸纳不同个性的员工。他讨厌衣装不整、举止散乱的人，但只要这样的人对麦当劳能够做出贡献，他就能够忍受他们的怪异。甚至披着长发的克莱成为广告经理，因为他是设计出麦当劳标志的功臣。克罗克也看不惯别人上班衣装不整齐，但对现任的董事长透纳脱掉外套，卷起袖子办公的样子则视而不见。

克罗克有时会一时冲动，下令开除某位穿着牛仔服的地区经理，但是他从未真正开除过任何人。有一天早晨，克罗克有紧急事情去找一名员工经理，却发现他正在整理东西准备离开。

他问这位经理："你在干什么？"经理回答："我正在收拾东西，你昨天已经开除我了。"克罗克却告诉他把东西放好，继续上班，因为他早把这件事忘了。

在克罗克这种作风的鼓励下麦当劳成为一个真正的人才大熔炉。麦当劳的员工都有着各自不同的背景和个性。他们当中，有在纽约市当过警察的邓纳姆，有大学教授特雷斯曼，法官史密斯·西罗克曼曾是个银行家，凯茨是一名犹太教士，舒帕克原先是美国共产党员，科恩·布科斯从事过服装销售业，瓦卢左博士做过牙医。他们中还有军官、篮球明星、足球运动员，等等。

麦当劳的这些人才来自于可以想象的任何一个职业。他们当中也有许多脾气古怪的人，但麦当劳都能够容忍他们，并给他们很大的自由度，让他们发挥自己的专长。麦当劳的员工都是对工作充满兴趣，并有信心和能力做好的人，他们的工作表现都能够得到充分的尊重。

海纳百川，有容乃大。世上只有偏才，而没有全才，有所长必有所短，正确地选聘人才，在求其人之长，而不在于求其人为"完人"，因此选择人才时，一定要有一种开放、包容的心态，不要只盯着别人的短处，而看不到人之长处。只有这样，才能真正实现团队的多元化。

以优势组合获得团队最大效益

唐太宗时期之所以会出现人才数量上的高峰，关键是有唐太宗这个大伯乐识得千里马。而伯乐唐太宗的人才观是：人心难测，人才更是拥有千百种性情，在这种情况下，有效识人、驭人、组建优势组合的团队结构才是领导者用人成功的关键。唐太宗懂得观人之长、察人之短，把人才放在合适的位置上，使其优势组合，发挥团队最大效益的道理。

唐太宗登基伊始，整个朝廷结构都处于初建与调整之中，如何才能把众多贤能之才分别放在合适的位置上，以组成一个最合理、最有效的组织结构呢？唐太宗为此曾寝食难安。经过一番观察和思考，他最终做出了如下安排：

魏徵这个人好凡事与人争辩一番，常把谏诤之事放于心中，根据这一特点，唐太宗就任命他为谏议大夫，其具体职责是专门向皇帝提意见。

至于房玄龄，他做事有一个显著的特点就是孜孜不倦，知道了就会立刻去办。根据这一特点，唐太宗就任命他为中书令，其具体职责是掌管国家的军令、政令，阐明帝事；入宫禀告皇帝，出宫侍奉皇帝，管理万邦，处理百事，辅佐天子而执大政。

李靖是个文才武略兼备之才，外出能带兵，入朝能为相，于是唐太宗就任用他为刑部尚书兼检校中书令，其具体职责是掌管全国的刑法和徒隶、勾覆、关禁的政令。

由此，魏徵、房玄龄、李靖三人共同主持朝政，相互取长补短，发挥了各自的优势，共同构建起了唐王朝的上层组织机构。

世界上没有完人，一个人不可能做到面面俱到，即使我们日常所说的"全才"，也只是相对而言。任何人才作用的发挥，都离不开人才群体的整体效能。人才不是孤立存在的，因此，进行合理的优势组合，是发挥每一个人才应有作用、发挥团队最大效益的关键要素。

真正优秀的领导者，不仅要看到单个人才的能力和作用，更重要的是，要组织一个结构合理的人才组合体，将不同类型的人才进行合理的搭配，并把他们放在最合适的位置上，相互启发、相互协作，形成一个有机的整体，通过这样合理的优势组合来弥补单个人才的不足之处，以求达到人才最佳效能的有效发挥。这个道理在古今都适用。

就职于一家外服公司做总经理的顾家栋，是国内人力资源领域的权威专家。他把企业员工分为三种人：第一种人是执行力强的人，他们遇到事情往往直接去做，从不考虑后果，也不会考虑办不成事该怎么办；第二种人是空想家，他们永远在衡量得失、谋划，就是不实施行动；而第三种人则既不执行也不谋划，但他们往往对企业内部消息、人际关系特别在意，也喜欢四处散播消息。对第一种人，顾家栋形容其为"没脑子"——不可以用，第二种人是"胆小鬼"——也不可以用，至于第三种人，更是被批评为游手好闲。说到这里，可能很多人会认为顾家栋的想法有些极端，不禁要问如果一个企业内部就这三种人存在，而这三种人又都不能用，那企业还怎么用人呢？

对此，顾家栋也有自己的想法。他认为，一个企业领导者之所以觉得人才难得，主要不是因为人才不可以用，而是领导者缺乏识人和团队组合的意识。试想一下，如果让第一种人去策划部门工作，那么企业战略的行动细节他很有可能会理不清楚，让第二种人到第一线去做销售，他的执行能力很有可能让他完不成任务，但是如果把两者组合起来用，让他们的位置互换，那么工作效果肯定会很不一样。至于第三种人，可以把他们变成企业的"润滑剂"、企业的沟通部门，有时甚至可以成为领导者了解企业内部情况的工具。

从数学上讲，一加一等于二。可是用在人才的组合上，如果组合合理，一加一可能就等于三、等于四……甚至更多。然而，如果组合不当，一加一则可能会等于零，甚至是负数。所以，企业管理者管理人才，不仅要考虑他们的能力和才华，更要考虑其个性及长短处，做到优势组合，以便搭建出最合理的人才"房屋"，发挥人才最佳的效能。

其实，总体来说，领导者用人不仅表现在人的量的多少上，而且还在于其人才的优势组合与搭配。在一个拥有众多人才的企业中，不仅要有个体的优势，更需要有最佳的组合结构。"全才"是极少有的，"偏才"占绝大多数，但"偏才"组合得好，就可以构成更大的"全才"。优秀的领导者不苛求全才，他们尽力去做的是将一个有效的人才群体，通过合理的优势组合，使其迸发出新的巨大的集体力量。

像狼一样建立互补性团队

狼群中老、幼、强、弱个体有较大区别，但一到团队围猎，常常就是老弱做掩护，强者进攻，团队成员各尽所能，各司其职，可以说，狼群是一个完美的互补型团队。

哲人说："完美本是毒。"事事追求完美是一件"劳民伤财"的事情，尤其对于企业管理来说，这是执行中的大敌。很多管理者总是抱怨自己手下能人太少，恨不得自己的下属个个都变成能杀能闯、能文能武、有勇有谋的"良将"。但中国有句古语："金无足赤，人无完人。"世界上本就没有十全十美的人，又怎么能够要求拥有完美的员工？何况，完美型的员工属于"能人"，他们的特点是个人英雄主义，重个人，轻团队，最终会增加数倍的管理成本，而结果极有可能是得到了一个并不满意的结果。

其实在企业管理中，管理者应该关注的不是某个人的力量，而是团队的综合实力。在一个团队中，每个人都有他的长处，作为管理者，如果你能很好地掌握他们的特点和优势，把他们放到最能发挥其作用的位置上，你就会发现，你得到了一个完美的"互补型"团队，并且，你的工作变得卓有成效，你的员工对你尊重并拥护。

在一次战役中，由于战争的需要，临时招募了许多各行各业的人参军打仗。战役的将领临时编制了一支小分队，命令其驻守在一个小岛上。他们当中有大学教师、机械工程师、政府机构的办事员，也有泥瓦匠、小饭馆老板、裁缝铺的学徒，还有消防队员、小提琴手、汽车修理工，等等。一到岛上，他们就行动起来了。有的用捡来的木条、干草搭起了简陋的帐篷，有的用自制的工具支起了炉灶，还有的忙着施展烹饪手艺，人人都施展自己的拿手戏，在各自擅长的方面尽情地发挥。一顿丰盛的晚餐过后，还举办一场热闹的晚会，大家有说有笑，有唱有跳。

几天过后，小岛遭到敌人的攻击。在枪林弹雨的战场上，大学教师和小饭馆老板便显得手足无措，失去了用武之地，而消防队员和汽车修理工则能够临阵不乱，熟练地使用手中的武器，对敌人进行了狠狠地打击，完成了守护小岛的使命。

以上的例子中，大学教师虽然受过高等教育，掌握着最多也最权威的知识，但在打仗的时候，却毫无用武之地，而只念过几年书的消防队员却可以在抗敌中勇猛杀敌。这就是所谓未在其位，能力就不能得以施展。对于企业管理者来说，团队就好比上述的那个小分队，由各式各样的人组成，他们都有自己的特长优势，身为领导者，最大的职责就是对下属的特点、能力，甚至个人的性格做到了如指掌，做到唯才适所，使员工内在的潜力得到充分的发挥。

知名企业家马云认为："现实中最完美的团队是《西游记》中的唐僧团队，他们的成员都非常普通。唐僧是一个好领导，他志向远大，有很强的使命感和原则性。他要往西天取经，谁都改变不了，不该做的事情，他也坚决不做。"而孙悟空这种员工比较像现代企业管理中定义的'野狗'。他们是公司最'爱'的也是最'讨厌'的人。他有极强的工作能力，却也多少有些'无组织，无纪律'的个人英雄主义，并且非常情绪化。在这个团队中，猪八戒的角色也很重要，他是这个团队的润滑剂，虽然他看上去'很反动'，但是他非常幽默，没有笑脸的公司是很痛苦的公司。"马云认为，唐僧团队中如果没有猪八戒，这个团队的精神风貌就会黯然失色。沙僧则是最常见的保守型员工，安稳踏实。另外，唐僧知道孙悟空太调皮，要管得紧，所以随时会念紧箍咒；猪八戒小毛病多，但不会犯大错，偶尔批评批评就可以；沙僧则需要经常鼓励一番。这样，一个明星团队就成形了。

对于任何企业而言，建设"互补型"团队，对企业的发展非常重要。很多企业过分重视个人素质、经验和成就，但是却很少考虑到每一名员工都必须在团队中工作，他的能力、优势、性格能否与团队的其他成员构成一种互补关系。对于某一特定工作而言，是不可能找到最理想的人选的，因为这种人根本就不存在。那么，理想的人选是什么呢？那就是能充分发挥自身优势，并和别人的优势相互补充的人，这类型的人能最大化地实现目标。

选人时千万不要克隆你自己

主管经常会陷入一个误区：以自己为参照物去选人。我们经常听到有些管理者这样说，我最讨厌什么什么样的人。这种选人方式是不对的，选人时千万不要克隆自己。

主管选人时之所以以个人喜好来选人，潜意识里是基于好管理的考虑。其实，大千世界，没有两片相同的树叶，也没有性格完全相同的人。不同性格、性情的人适宜做不同的工作。管理者必须把握手下人各自不同的性格特征，来全面衡量一个人的才干，量才而用。

在职场上，常见的类型有以下几种，主管要分类把握，灵活使用。

（1）正常型。这种类型的人心胸开朗，办事执着，专心任事，志无旁骛，神经情绪稳定，不易产生激动与失常之行为。这种人能自主、沉着、不怕失败和困难、适应能力强、平易近人、机智、友善、可爱、不胡乱猜忌别人。

（2）自私型。这种类型的人以自我为中心，希望不劳而获，专为自己打算，不肯吃一点亏，常轻视捉弄别人。人性多属自私，但后天教养及其环境可使其潜移默化。

（3）深沉型。这种类型的人深于城府、有素养、有谋略、坚忍、能守秘密。

（4）粗疏型。这种类型的人愚佻短略，口不择言，遇事不经考虑遂下判断，率先发表意见，轻诺，行动粗枝大叶。

（5）狂热型。这种类型的人具有过分强烈的热情，易为某种理由的运动而疯狂，常极端冷酷，隐藏仇恨，有时突然爆发，陷入疯狂愤怒中。运用监督适当，能令其从事极强注意力的精细工作。

（6）学者型。这种类型的人多有点自傲，说话有条理、有分寸，从容，不在乎世俗。

（7）肤浅型。这种类型的人私智自用，小慧自炫，遇人好道己长，好发表意见，大惊小怪，小事煞有介事，不能抑制感情流露。特征是说话啰唆，令人厌烦。

（8）狂虑型。这种类型的人常处于两种交替阶段，时冷时热。活跃时喜社交、乐观、趾高气扬；消沉阶段则相反，易沮丧、悲观、忧虑、怠惰、反应冷淡。

（9）幻想型。这种类型的人以白日梦幻想来逃避眼前现实，通常智力较高，其想象力若用之于正途，可具甚高之创造力。

（10）猜疑型。这种类型的人具高度想象力而偏向于猜疑，常常产生攻击他人之意念，一味责备别人，自大、自夸、吹嘘，难以自我控制。特征是如未提示明确的证据，绝不听信任何说明或理由。

（11）虚伪型。这种类型的人掩过饰非，喜欢做作，谦逊过分（过谦者多诈，过默者藏奸）；皮笑肉不笑，给你不虞之誉；甘言对人，但甜言蜜语尽系虚情假意。韦伯斯特曾言："虚伪之人为智者所轻蔑，愚者所叹服，阿谀者所崇拜，而为一己之虚荣所奴役。"

（12）不羁型。这种类型的人喜欢自由自在，不受拘束，得志为乱世奇才，失意则玩世不恭。

（13）无用型。这种类型的人平时说得天花乱坠，一遇实际问题则束手无策。

(14) 远大型。这种类型的人一面努力现在，一面不满现状；有目标、有毅力、致中和、尚礼义、追求进步、实践创新、失败从不灰心畏缩，充满信心希望；能为人所不能为，为人所不敢为；身心平衡，头脑机敏；克制感情，关心他人；勇于认错，勤于进取，能屈能伸，不贪不侈。此类型人物前途远大。

(15) 老实型。这种类型的人秉性忠厚，心地单纯，反应迟钝，易为人欺。

(16) 自大型。这种类型的人高视阔步，予智自雄，色厉内荏，骄傲狂妄；好为大言却无办法，老大而不求立功；瞧不起人，不务实际，炫耀过去，厌听别人长话，常多牢骚。特征是唯我独尊，目中无人，态度傲慢，令人侧目。

(17) 阴险型。这种类型的人笑里藏刀，内心恶毒，喜背后说人坏话、挑拨离间，行动诡秘，态度暧昧；当面奉承，口蜜话甜；暗加陷害，诡诈阴险；貌似朋友、热情扑面、实则利用，借刀杀人；造谣生事，心狠手辣，尚自以为手段高明，得意非凡。

(18) 势利型。这种类型的人毫无信义，只讲利害，有奶便是娘；擅长吹牛拍马，别人得势时对其谄媚尊敬，失势时便对其漠视，甚至出卖。

⑲ 把共同利益摆在第一位

不能做以私害公的糊涂事

主管的道德水准很重要。衡量其道德水准的重要尺码就是其如何看待私和公的关系。做领导久了，很容易把公事私事搅在一起，甚至发生以私害公的事情。这样做危害极大，不仅损害自己的形象和威严，而且私事也未必便能保全。因私害公是两边都不讨好的管人大忌。

萧何与曹参是西汉初期的两位重要大臣。两人都曾是沛县小吏，萧何是主吏橼，曹参是狱橼，又同时参加了刘邦起兵。两人一文一武，一个运筹帷幄，支撑全局；一个披坚执锐，身经百战，同为大汉王朝的开国元勋。

刘邦消灭项羽，统一天下后，大行封赏。刘邦定萧何为首功，封他为酂侯，食邑最多。这时，包括曹参在内的许多功臣心里愤愤不平，私下里议论不休，他们说自己跟随刘邦辗转南北，身经百战，而萧何只不过安坐后方发发议论，做做文字工作而已，毫无战功，为什么他的食邑反而最多呢？

刘邦听说此事后，反问他们："你们知道猎人吗？打猎的时候，追杀野兽的是猎狗，而指示行踪，放狗追兽的是人。如今诸位只是能猎获野兽，相当于猎狗的功劳。至于萧何，他能放出猎狗，指示追逐目标，那相当于猎人的功劳。况且你们只是一个人追随我，多的也不过带两三个家里人，而萧何却是全族好几十人跟随我，这些功劳怎么能抹杀呢？"众人听罢，都无言以答，于是才默不作声。

分封诸侯之后，接着是排位次。战将们把曹参推出来，纷纷陈辞道："平阳侯曹参跟随陛下南征北战，身受70余处战伤，攻城略地，功劳最多，应排第一。"刘邦已经压过大家一次，重封了萧何，这次虽还想把萧何封为第一，却一时找不到理由。这时，关内侯鄂君出来说话："在楚汉战争中，陛下有好几次都是全军溃败，只身逃脱，全靠萧何从关中派出军队来补充。有时，就是没有陛下的命令，萧何一次也派遣几万人，正好补充了陛下的急需。不仅是士兵，就是军粮也全靠萧何转漕关中，才保证了供应。这些都是创立汉家天下流传后世的大功劳，怎么能把像曹参等人只是一时的战功列在万世之功的前面呢！依臣之见，萧何应排第一，曹参第二。"鄂君的这番议论，正中刘邦下怀，于是顺水推舟，把萧何排为第一。这样，萧何位列众卿之首，被称为"开国第一侯。"

两次事件虽然都是刘邦决定的，但曹参、萧何之间的嫌隙也因此产生了。史称"（萧）何素不与曹参相能。"又称"参始微时，与萧何善，及为将相，有隙。"萧曹二人有"隙"的事，也传到了刘邦耳里，但曹参从未口出怨言。后来刘邦怀疑萧何在京有变，曾先后以隐晦的语言探询曹参对萧何的看法，曹参总是力陈萧何忠心耿耿免劳圣虑。刘邦听言，反疑他人传言他们二人有"隙"为无稽之谈！

萧何对曹参也同样"于私有隙，于公无怨"。萧何病重之时，惠帝前往探视，问道："君即百岁后，谁可代君者？"萧何答道："知臣莫如主。"惠帝问："曹参何如？"萧何马上顿首道："帝得之矣，臣死不恨矣！"完全抛弃个人恩怨，举荐曹参。而曹参为相后，也是不计个人恩怨，全部沿袭萧何成法，史称："至何且死，所推贤惟参，参代何为汉相国，举事无所变更，一遵萧何约束。"这就是公私分明的宰相气度。

私和公是跷跷板的两头，其所占的比例分布决定着主管的管理境界：如果以私害公，则为鸡鸣狗盗之徒；如果处处为公，则是大将风范。因此，公是公，私是私，切不可眉毛胡子一把抓。能否公私分明，考验一个领导的度量，也考验其智慧。

无私的思考方式引导成功

在我们所做的每件事情中，都有两种不同的思考方式存在。一个是自私、势利，只会为自己的利益斤斤计较的；另一个则是无私、利人，会被他人感动、希望别人也能得到好处。我们想要成功就得放弃自私、势利的思考方式，做到无私、利人，才能真正取得成功。因为只有你帮助他人、懂得为他人着想，其他人才会在你遇到困难时伸出援助之手。

作为一个领导者更应该舍私利、断私欲、行正道。要做到这一点，要克服与生俱来的自利的人性，很痛苦。但是管理实践表明，只有真正做到如此无私，才能建立真正伟大的企业。如果每做一件事情就问："我可以得到什么好处？"那样你将失去他人的信任。

管理学界认为，贪婪会使最简单的问题变得复杂，无私才能导向成功。人生在世，在学着如何做人时，首先要学会无私的思考方式。无私彰显的是宽容，是爱心，是一种胸怀，一种博爱，一种境界。凡事学会以无私的方式思考，我们的生活一定会充满光明和温暖。

日本著名政治家西乡隆盛是稻盛和夫最佩服的人，正是以西乡为偶像，稻盛才取得了如此的成功。西乡的人生信条，最突出的就是"无私"二字。因为"无私"，所以关键时刻他勇于担当责任。当维新志士们围绕维新大政争论不休时，西乡一言九鼎："讨论完毕。虽有异议，但若不断然实行此项改革则日本毫无未来可言。其后倘有意外，全部责任皆由本人承担。"

全场为其勇气和魄力所慑服。几天后改革旧体制的"废藩置县"的天皇敕令正式颁布。当时的形势是，西方列强虎视眈眈，如果维新失败，日本将陷入混乱，这样日本就很可能像中国、印度和东南亚其他各国一样，遭受西方列强的侵略，甚至沦落为欧美的殖民地。

因为"无私"，西乡贯彻正道，矢志不渝。不管逆境还是顺境，不管失败还是成功，甚至看淡个人的生死，唯把贯彻正道视作人生最大的快乐和幸福，仅认为若不达到此种境界，心志就必然动摇，就不可能将正道贯彻始终。

稻盛先生遵照西乡遗训，坚定了他的"无私"经营的信念。后来他设立"京都赏"，创办"盛和塾"，更是实践"无私"理念的典范。稻盛本人也成为享誉全球的企业家。

无私的思考方式在许多精明人眼里是愚、大愚、愚不可及。但正是以无私的方式思考才成就了无数英雄的丰功伟业。"无私"就是人类最大的智慧。人要是以无私的方式思考，就会放弃很多复杂的想法，事情就能变得简单，就能更透彻地分析问题，解决问题。人类的大智慧绝不是三十六计、七十二变或其他什么别的名堂，而是以无私的方式思考。

稻盛常说"螃蟹只会比照自己壳的大小挖洞"，就是说企业家只有不断向"无私"的境界迈进，"心底无私天地宽"，才能把企业做大、做强，做长久。从这个意义上讲，稻盛创建的两家世界 500 强企业就是"无私"的产物。特别是稻盛在创建"日本第二电电"时，目的只有一个，非常鲜明，就是"降低国民的通信费用"，口号只有 8 个字，就是"动机至善，私心了无"。而正是这种高度的"无私"，才成就了他在完全陌生的领域很快获得了不可思议的巨大成功。

培养下属"我为人人"的胸怀

主管要给下属传递这样一个观念：每个人都应该去思考和反省，不要问企业给了自己什么，问问你自己，自己奉献了什么。选择来到企业工作，就意味着接触了企业的馈赠。在这里，每个人得到了发展的平台、同事的帮助和客户的认同，理应把企业视为自己的家，想着怎么更好地回报它。同样，企业也应该想着怎么回报社会、服务祖国，而不是一味地赚钱。

企业是每个人事业发展的平台，给了每个人丰富的东西：这里有赏识我们的老板，配合我们的同事，支持我们的客户……在波澜起伏的商海中，若没有企业这条船，每个人都无法生存。既然同是企业这条船上的员工，每个人就应该共同为企业的生存考虑，为企业的共同利益考虑，而不是过多地考虑自身的利益，不要因为一己之私而使"船"沉没。

李平是一家大型滑雪娱乐公司的普通修理工。这家滑雪娱乐公司是全国首家引进人工造雪机在坡地上造雪的大型公司。

一天深夜，李平照例出去巡视，突然看见有一台造雪机喷出的不是雪而是水。凭着工作经验，李平知道这种现象是由于造雪机的水量控制开关和水泵水压开关不协调而导致的。他急忙跑到水泵坑边，用手电筒一照，发现坑里的水已经快漫到了动力电源的开关口，若不赶快采取措施，将会发生动力电缆短路的问题。这种情况一旦发生，将会给公司带来严重损失，甚至可能伤及许多人的性命。

一想到这儿，李平不顾个人安危，毅然跳入水泵坑中，控制住了水泵阀门，防止水的漫延。随后他又绞尽脑汁，把坑里的水排尽，重新启动造雪机开始造雪。当同事们闻讯赶过来帮忙时，李平已经把问题处理妥当。但由于长时间在冷水中工作，他已经冻得走不动了。闻讯赶来的老总派人连夜把李平送入医院，才使他转危为安。

在企业面前，每个人并非不可以关心薪酬与职位，但这种要求应该是合理的、适度的。所谓合理与适度，便是首先看你为企业做了什么。在企业中，是老板根据每个人做了什么而决定给多少薪水和什么样的职位，不是个人根据获得的薪水与职位来决定自己要做什么。许多事实表明，只有那些先做出贡献的人才有可能获得他人的赏识与信任，最终获得成功。

上海某企业是一个充满朝气的团队，员工平均年龄只有28.3岁，这家企业创造了巨大的社会效益和经济效益。这个团队之所以有这么旺盛的生命力，是因为企业关爱每一位员工的发展和进步，每一位员工也深爱着自己的企业，关爱着和自己朝夕相处的同事。

在这个企业成立8周年的庆功宴上，一位员工深情地说："企业是一个大家庭，我就是她的孩子，我喜欢这个家庭，并喜欢其中的每一个成员，在这8年风雨同舟的共处中，我对这个家庭产生了深深的依恋和热爱，她以母亲般的宽容，关爱着她的每一个孩子。8年来，我们和企业在彼此的关爱中，共同成长、共同进步。我愿意为企业分担责任，我忠诚于我的企业，这是我对企业的回报，也是对企业深深的爱和支持。"

有一位老员工曾这样说："我们永远是海底的沙子，但只要为自己做出准确的定位，无论在哪里都会发出你最美的光辉。我是这么想的，我相信我们每一位同事都是这么想的。我祝福我们的企业蒸蒸日上。我承诺，我将用我的忠诚之心来回报她对我的培养！"

企业是大家的船，是每个人的家，每个人都应该热爱它、建设它。每个人都要看到自己的工作对社会的重大意义，培养奉献精神，担负社会责任。

松下幸之助于1918年开始创业，经过努力，他把一个只有几名员工的小厂慢慢发展成具有相当规模的电器公司。随着事业的发展，松下幸之助个人及其家庭的物质生活条件不断改善，再也不用为衣食而忧了。可这样一来，他反倒失去了前进的动力。用他自己的话说，有了几辈子都花不完的钱，干吗还要继续努力经营公司呢？

直到1932年的某一天，松下幸之助参加了一个宗教活动，深深地被信徒们所表现出的虔诚感动了。他晚上回家后浮想联翩，突然想到公司与宗教的相通之处：宗教满足人们的精神需求，而公司满足人们的物质需求，二者都是造福社会的神圣事业。企业家应该通过向顾客提供物美价廉的商品这种方式来服务社会，这才是办公司的意义。想到这里，松下幸之助豁然开朗，兴奋不已，"我懂得了真正的使命，心情无比激动，这同以前曾有过的无数次创新时所感觉到的喜悦心情一样，是无法形容的。我热血沸腾，深深感到工作的崇高和严肃"。

第二天上班后，松下幸之助将全体员工召集在一起，发表了热情洋溢的讲话，宣布了松下电器公司的宗旨，强调公司从此有了新的生命，并将那一天即1932年5月5日，定为公司的诞辰。此后，每年的5月5日就是松下公司正式的创业纪念日。可以说，松下公司能有今日的成就，与松下幸之助的使命感有莫大的关系。

松下公司的愿景是"战胜贫穷，实现民众富有"，微软的愿景是"让计算机进入家庭，并放在每一张桌子上"；福特公司的愿景是"制造一辆适合大众的汽车，价格低廉，谁都买得起"……每一家成功公司的背后都有着沉甸甸的社会责任，他们告诉员工，应该牢记自己的责任与使命，通过自己的工作为社会的进步贡献一份力量。有社会担当的员工不但能够以追求卓越、创造品牌为目标，而且在社会需要的时候能挺身而出，努力地回报社会。

身处这种有社会担当的企业，我们每个人都是幸运的。应该像老板和同事们一样，懂得感恩，知道回报，积极主动地承担属于自己的社会责任。我们的每份工作都与回报社会紧密联系。努力工作既是回报社会之举，也是践行组织共同目标的重要表现之所在。

强化下属对集体荣誉的尊重

主管要培养下属的集体荣誉感，以及对集体荣誉的尊重。荣誉可以增强团队的向心力。每个人都应该把企业视为自己最重要的平台，珍惜它的荣誉，重视它的成败，从心底对企业的文化产生认同感。一个人如果致力于企业的发展，用自己的努力为企业添砖加瓦，而非鼠目寸光、得过且过地生活，那他必定是个能给企业带来巨大荣誉的人。在企业兴旺发达的时候，他就会有巨大的成就感和荣誉感，而公司也将以拥有这样的员工为荣。

优秀的人不会因为一己之利或一时疏忽，导致企业形象受到伤害，也绝不允许有损企业荣誉的事情发生。他知道，企业的形象就是自己的形象，企业的荣誉就是自己的荣誉，没有什么是我们可以置身事外的。每一名员工都需要勇敢地承担起维护企业形象的重任。

在一个下雨天，丰田员工基德下班回家，发现一辆丰田轿车的刮雨器失灵了，车主正在修理，或许是麻烦比较大，车主放弃了修理，而到路边去询问附近有没有近一点的修理站。而此时，基德直奔那辆丰田轿车，拿出工具进行修理。车主返回时还误以为基德是偷车贼，差点报了警。片刻之后，基德在雨中将汽车刮雨器修好了，并且拒绝收车主给的小费。基德的这种敬业精神深深地打动了这位车主。

而就在这之后的一天，基德在回家的路上，突然发现本公司生产的一辆小汽车停靠在路边，车上溅了一些泥点。基德马上走过去掏出手帕仔细地擦起来。在此时，一位警察觉得奇怪，走过来问："这是你的车吗？"

"不是！"基德回答说。

"那你为什么擦别人的车？"

"因为我是丰田人，这辆车是我们生产的！"

一时间，丰田公司的美誉传遍整个日本。

基德在工作之余也时刻牵挂着自己的企业，不忘自己是丰田人。在他看来，企业形象就好比自己的眼睛，不允许它有任何灰尘，否则他便会感到不舒服。从故事中我们看到的是一个热爱工作、热爱企业的员工，一个把企业形象与自身荣誉融为一体的优秀员工。

主管应该使每一个下属都要有集体荣誉的责任意识：不要以为自己仅仅是一个雇员，维护和宣传企业形象只是管理层的责任。要知道，罗马不是一天建成的，那些国际知名品牌也不是从天上掉下来的，而是经过企业全体员工小心翼翼地呵护，才有了今天的誉满全球。

杨易曾经遇到过一个给他印象很深的跑保险的销售人员，他是杨易一个朋友的亲戚，听说杨易有意要买保险，便相约在肯德基面谈。

杨易提前 10 分钟到了那里——他们约定的时间是晚上 7

点。到了 7 点的时候那名销售员匆匆地赶来，满头大汗，杨易认为他是个很勤奋的员工。

他满脸歉意地说："真对不住，让您久等了！"

杨易微笑着表示没有关系，何况他也没有迟到。他们接着就开始像聊天一样展开了他们的对话。杨易注意到他穿着一身名牌西装，领带的颜色是让他信赖的暗红色。杨易是个喜欢观察的人，总是喜欢用他的眼睛来判断一切。至此，他给杨易的印象可以说是非常完美。

可是杨易偶然的一个发现令他觉得有点尴尬，甚至是坐立不安，销售员那满是油污的头发真是让他倒尽了胃口，杨易再仔细一看，他那套昂贵的西装上有星星点点的头皮屑。为此，杨易只得如同一个害羞的人一样，低着头和他看似轻松地谈话。

事后，杨易这样对他的一个朋友说："这真是我一次痛苦的经历，为了表示对他的尊重和重视，我要不时地抬头看他的脸，可是这样我就要面对他那毫不卫生的头发。其实，在我看来个人卫生是一种生活品位的象征，因为这个是需要花费时间和精力的。有很多事情看似不起眼的小事，其实是可以影响整个大局的。中国有句老话叫'一屋不扫，何以扫天下'，说的就是这样看似简单而实际对我们又有深刻影响的事情。正是那些不被人注意的卫生小节，能够喧宾夺主地吸引人们的注意力，它们会比你那昂贵的西服和华美的首饰更让人难以忘怀。那些平日养成的、被你忽视的不良卫生习惯可以无声地摧毁你自以为是优秀形象的基底。"

当然，我们不用猜测就能知道原来没问题的保险单随之化成泡影，杨易也会因此对那家保险公司产生怀疑。因为员工有如公司一幅流动的画面一样，一个人不注重仪表和形象的小节也会影响到全局，人们一般通过员工的个人形象来判断该公司的形象。

爱惜企业名誉的人从来不会轻视这些小节，生怕别人对自己的企业产生误解。同样地，对于那些不懂得爱惜企业名誉的人，老板通常会毫不留情将他解雇！

麦迪的个人工作能力十分出众，可是他进惠普公司工作时间不长就被主管解聘了。问题究竟出在哪里呢？

他在觉得很没面子的情况下，一脚踢开主管的门，拍着桌子向主管卡尔咆哮："凭什么解聘我？是我的能力差吗？可是我认为自己比同事们出色多了！"

不等卡尔解释，他又大声喝问："是我没有创新意识吗？我们部门几项重要的创新措施都是我最先提议的。难道你瞎了眼吗？"怒气冲冲的麦迪两眼喷火，手指着卡尔的鼻子恶声恶气道："听着，你这样对我太不公平！混蛋！"

"请你不要激动，听我解释。"卡尔冷静地回答，"请原谅我的坦白，我从未怀疑过你的能力，因为你的能力是很突出的，但遗憾的是你太过于傲慢无礼了。你要明白，我们公司一直以形象良好、口碑极佳著称。而你，不但在公司内粗鲁、散漫，而且还蛮横无理地对待客户，这是任何企业都坚决不允许的！不仅如此，周围的同事都很难和你相处。我们的企业是很重视员工的工作能力，可是我们也同样重视员工的职业道德和修养。"

"可……这是我的私事，我想我的工作并没有受到影响。"麦迪争辩道。

"如果你在家里，是的，我并没有否认这一点，但问题是你已经是惠普公司的一名员工了。"卡尔耸耸肩，"实在抱歉，因为你缺乏起码的做人修养和道德，已经严重地影响了他人的工作，而且也破坏了我们公司的形象，我们只能请你另谋高就！"

可以说，麦迪被辞退是一件很令人遗憾的事，毕竟他的工作能力是如此突出。可是工作能力一旦和公司形象比起来，便要退居次要地位了。麦迪的错误在于他恃才傲物，以为自己能力突出，就可以粗鲁、散漫一些，因为那是"私事"。殊不知，正是这一点害了别人，也害了他自己。

英特尔公司总裁安迪·葛洛夫曾经应邀对加州大学伯克利分校毕业生做演讲，提出了非常积极的建议："不管你到哪里工作，都不应该只把自己当成员工——应该把公司看作自己开的一样。"作为一名员工就应如他所说的，首先要有一个企业属于自己的心态，视企业为自己的事业，视企业的形象为自己的形象，像爱惜眼睛一样呵护它。如果你能做到这一点，那么老板将会乐于雇用你，乐于给你升职的机会——这就是在职场出类拔萃的重要秘诀。

⑳ 协作，不要假协作

协调和合作成为最重要的能力

诺贝尔经济学奖获得者莱因哈特·赛尔顿教授有一个著名的"鹰鸽博弈"理论：假设有一场比赛，参与者可以选择与对手合作，也可以选择竞争。选择合作策略的结果是，可以避免对手之间浪费时间和精力的消耗斗争，可以像鸽子一样瓜分战利品；但如果选择的是竞争策略，那么双方必定会因为争夺战利品而像老鹰那样斗个你死我活，并且即使是获得胜利，也会被啄掉不少羽毛。有好多人都会担心抱着双赢的态度会让自己吃亏，但实际上正如你对镜子笑镜子才会对你笑一样，双赢的合作态度是可以相互感染的。

唐·琼斯在高二的时候，曾是学校篮球队的女篮队员，球打得相当不错，身高也足以成为大学篮球队的首发队员了。她有一个好朋友玛琳，也被选入大学篮球队，当首发队员。

琼斯比较擅长中远距离投球，常在 10 英尺外投篮，一场球打下来琼斯能投四五个这样的球，这得到了大家的一致赞赏。但是，玛琳非常不喜欢琼斯在球场上成为观众注意的焦点，无论有多好的投篮机会，玛琳都不再将球传给琼斯了。

一天晚上，在一场激烈的比赛之后，由于玛琳在比赛中一直不给琼斯球，琼斯像以往一样都快气疯了。琼斯的爸爸告诉她，最好的办法就是琼斯一得到球就传给玛琳。琼斯认为这是最愚蠢的一个建议。

很快就要打下一场比赛了，琼斯决心让玛琳在比赛中出丑。她做了周密的策划，并开始着手实施让玛琳丢脸的行动。但是当琼斯第一次拿到球时，她听到爸爸在观众席上不停大叫："把球传给玛琳!"琼斯犹豫了一下，还是把球传给了玛琳。玛琳愣了一下，然后转身投篮，手起球落，2分。琼斯在回防时突然产生了一种从未有过的感觉：为另一个人的成功而由衷地感到高兴。更重要的是，她们的比分领先了。赢球的感觉真好!后来，琼斯继续同玛琳合作，一有机会就将球传给她，除非适于别人投篮或由琼斯直接投篮更好。最后，她们赢得了这场比赛。在以后的比赛中，玛琳开始向琼斯传球，而且一有机会就传给琼斯。她们的配合变得越来越默契，两人之间的友谊也越来越深。那一年，她们赢了大多数的比赛，并且两人也同时成了家乡小镇中的传奇人物。当地报纸甚至还专门写了一篇有关她们两人默契配合的报道。

在团队中，如果没有其他人的协助与合作，任何人都无法取得持久性的成就。当两个或两个以上的人在任何方面都把他们自己联合起来，建立在和谐与谅解的精神上之后，这一团队中的每一个人将因此倍增他们自己的成就。

2004年8月11日，意大利排协技术专家卡尔罗·里西先生在观看中国女排训练后认为，中国队在奥运会上的成败很大程度取决于赵蕊蕊。但是在奥运会开始后中国女排的第一次比赛中，中国女排第一主力、身高1.97米的赵蕊蕊因腿伤复发，无法上场参加比赛了。媒体惊呼：中国女排的网上"长城"坍塌。中国女排只好一场场去拼，在小组赛中，中国队输给了古巴队，这时，国人已经对女排夺冠没有多大信心了。

然而，在最终与俄罗斯争夺冠军的决赛中，身高仅 1.82 米的张越红一记重扣穿越了 2.02 米的加莫娃的头顶，宣告这场历时两小时零 19 分钟、出现过 50 次平局的巅峰对决的结束。经过了漫长的艰辛的 20 年以后，中国女排再次夺得奥运会金牌。观众们熬夜看完了整场比赛，惊心动魄后是激动的泪水，就像在 20 年前看到郎平、周晓兰、张蓉芳等老一辈中国女排夺冠时一样激动。

女排夺冠后，中国女排教练陈忠和放声痛哭了两次。男儿有泪不轻弹，其中的艰辛，只有陈忠和及女排姑娘们最清楚。

那么，中国女排凭什么战胜了那些世界强队，凭什么反败为胜，最终战胜俄罗斯队？陈忠和赛后说："我们没有绝对的实力去战胜对手，只能靠团队精神，靠拼搏精神去赢得胜利。用两个字来概括队员们能够反败为胜的原因，那就是'忘我'。"

相传佛教创始人释迦牟尼曾问他的弟子："一滴水怎样才能不干涸？"弟子们面面相觑，无法回答。释迦牟尼说："把它放到大海里去。"

一个人再完美，也只是一滴水；一个团队就是大海，一个人只有融入团队中才能发挥他的潜能，才能实现他的人生价值。如果工作中我们只会自己埋头单干，不懂得依靠团队的力量，那么我们的忙碌很有可能只是低效率的蛮干。

在市场竞争中，有冲在市场一线的销售人员，也有在后方从事产品研发的技术人员和从事制造的一线工人。产品是生产部门生产出来的，却是市场部门销售出去的。生产部门是需要"花钱"的部门，市场部门是"挣钱"的部门。生产的资金需要市场部门从市场赚回，但市场部门销售的商品需要生产部门提供。生产与销售，有如后方与前方，又如军队的保障与作战，是两个不可或缺的轮子。正是这样一个完整的链条，构成了企业参与竞争的全部家底。

俗话说："鸟枪打不过排射炮，沙子挡不住洪水冲。"同样，一个公司的团队的力量就是"排射炮""洪水"，可以形成一股合力，让公司上下拧成一股绳，心往一处想，劲儿往一处使。团队精神可以推动工作顺利进行，可以促进团队有效运作和发展，它对团队成员的集体意识具有一种强化作用，能形成强大的内在凝聚力。

团队的合作力量是无往不胜的坚强后盾，群蚁可以打败巨蟒，群狼可以天下无敌。一个人能力再强，也只有当他融入团队后才能发挥出最大的力量。背靠着团队的强大力量，单个的忙碌才不会变成杯水车薪，才能忙到点子上，才能把每个人的忙碌汇聚成大海一般的广阔面积，浇灭一切瞎忙的火焰。所以我们在夺取成功的道路中，一定要学会与人合作。

协作代表的意义是每人知道自己的作用

在专业化分工越来越细、竞争日益激烈的市场竞争中，团队与团队的竞争、企业与企业的对决才是竞争的主流，崇尚团队合作，团结协作，才是企业或组织获得成功的保证。

对于企业来说，一个懂得和他人配合作战的员工才是对企业最有益处的人，因为他不仅善于借助团队的力量来成就自己，而且能够带动其他人乃至整个企业向前发展。

说到这里，我们便不得不提到著名的"米格－25效应"。

"米格－25效应"源于苏联研制的米格－25喷气式战斗机，这种喷气式战斗机性能优越，可以和美国当时最先进的战斗机相媲美，因而受到世界各国的广泛青睐。然而，众多飞机制造专家惊奇地发现：米格－25战斗机所使用的许多零部件与美国战斗机相比要落后得多！它之所以能和美国当时最先进的战斗机相抗衡，其秘诀便在于米格公司从整体考虑，对战斗机的各种零部件进行了更为协调的组合设计，使该机在升降、速度、应急反应等诸方面反超美机而成为当时世界一流的战斗机。这一因组合协调而产生的意想不到的效果，被后人称之为"米格－25 效应"。

可以说，"米格－25 效应"对于团队管理的启发是巨大的。管理者逐渐意识到员工之间的良好配合和优势互补，远比许多优秀员工的简单组合重要。如果分工合作得好，一些看似能力一般的员工也可以创造出一流企业才拥有的生产力和竞争力，即"整体大于部分之和"。作为主管，首先要做的就是努力做个合格的"零件"，配合其他同事和部门，让企业变成一架"米格－25战斗机"！协作的最大意义就是使每个人都知道自己的作用所在及如何发挥作用。

闻名全球的美国联邦快递公司便是这么一架"米格－25"。很难想象，如果联邦快递的员工没有做"米格－25战斗机"一个零件的想法，没有团结一心、使命必达的团队精神，那么它是无论如何也罩不上世界五百强的彩色光环的。

众所周知，美国联邦快递团队随着业务的扩展分布在全球220 个国家和地区，货物必须在 24—48 小时内就能从地球一端的发件人手里送到地球另一端的收件人手里，因为这是使命必达的承诺。时间是如此之短，区域跨度又是如此之大，而且当货物出境后，运送环节上的团队成员就会变成另外一个国度的人。此时，如果没有各个国家和地区团队的合作精神，是不可能完成任务的。这种不同国家和地区的合作塑造了一个虚拟的联邦快递团队。在这个虚拟团队里，每天几百万个包裹通过几百架飞机在全球 5 万个投递点间流转，联邦快递要求，无论你是哪个国家的雇员，无论你身处何地，只要是联邦快递的员工，那就同属一个团队，共担一份使命，就要去为"使命必达"贡献力量。

例如，中国的联邦快递职员可能在午夜时分突然接到西半球某个国家的联邦快递职员打来的长途，对方用地道的英语或含糊的英语（母语非英语的国家）急迫地询问某个包裹是否运抵中国，而这个包裹现在需要紧急转运至第三国。这时，中国的联邦快递职员必须首先努力听清对方的意思后迅速查实货物的准确位置，因为可能因某种失误导致电脑记录失真，查实的难度就会加大，查实之后与对方甚至是第三方进行确认，再进行相应操作。这样的工作在联邦快递内网 COSMOS 系统上更是司空见惯，而当问题发生时，不借助团队的力量根本就没办法解决。

联邦快递的团队为了"使命必达"这一共同目标，成功地运用现代通信技术手段，依靠虚拟团队，互动地解决了跨越时间、空间和组织边界的各种问题，不仅保护了客户利益，确保了组织目标的实现，更增进了团队与团队之间的信任、理解与支持，从而增强了团队精神与团队协同战斗力。

美国作家韦伯斯特说："人们在一起可以做出单独一个人所不能做出的事业；智慧、双手、力量结合在一起，几乎是万能的。"一个分工明确、精诚合作的企业可以让无数平凡的员工像"米格—25 战斗机"一样，以最优的方式组合起来，从而产生最强大的战斗力。在这样的格局当中，单兵作战、打小算盘的行为是绝对与企业不相容的。因此，员工融入团队当中，不仅是自我实现、自我提升的重要途径，而且是让企业更好地前进、让自己得以继续发展的必由之路。

"就招聘员工而言，我们有一套很严格的标准，最重要的是团队精神。"微软中国研发的张湘辉博士说，"如果一个人是天才，但其团队精神比较差，这样的人我们不要。中国 IT 业有很多年轻聪明的人才，但团队精神不够，所以每个简单的程序都能编得很好，但编大型程序就不行了。微软开发 WindowsXP 时有 500 名工程师奋斗了两年，有 5000 万行编码。软件开发需要协调不同类型、不同个性的人员共同奋斗，缺乏领军型的人才，缺乏合作精神是难以取得成功的。"

　　管理者应该清醒地认识到合作精神对下属个人发展以及对组织发展的重要性：一个不懂得合作的人不仅不能很好地完成任务、实现自我价值的提升，反而可能成为阻碍企业发展的因素，等待他的只能是黯然离去；如果不能获得合作，组织就像是一盘散沙，毫无竞争力。

　　协作精神能使每个人都知道自己该发挥何种作用以及如何发挥作用，在协作中，个人能够获得成长，团队获得了竞争力，是一个双赢局面。因此，主管千万不要让下属失掉协作精神。

假协作的真面目：人多力量小

　　人多力量小，是主管的悲剧。人多会造成成本增加，力量小说明效率低下，这就等于组织在承受着双重损失。但是不可否认，这种现象在管理实践中是存在的。

　　很久很久以前，一个小和尚独自一人住在山上的一座小庙里。他每天挑水、念经、敲木鱼，给观音菩萨案桌上的净水瓶添水，夜里不让老鼠来偷东西，生活过得安稳自在。

　　不久，来了个瘦和尚。他一到庙里，就把半缸水喝光了。小和尚叫他去挑水，瘦和尚心想，一个人去挑水太吃亏了，便要小和尚和他一起去抬水。两个人只能抬一只水桶，而且水桶必须放在扁担的中央，两人才心安理得。这样总算还有水喝。

　　后来，又来了个胖和尚。他也想喝水，但缸里没水。小和尚和瘦和尚叫他自己去挑，胖和尚挑来一担水，立刻独自喝光了。

　　从此之后，再也没人挑水，他们也没水喝了。大家各念各的经，各敲各的木鱼，观音菩萨的净水瓶也没人添水，花草也枯萎了。夜里老鼠出来偷东西，谁也不管。结果老鼠猖獗，打翻烛台，燃起大火，三个和尚这才一起奋力救火。大火扑灭了，他们也觉醒了。此后三个和尚齐心协力，每个人都抢着挑水，他们终于又过上了安稳的日子。

为什么庙里有三个和尚的时候却没水喝呢？这是在群体活动过程中，因为责任分散，存在一种损耗现象。这是管理中经常遇到的难题。

有人认为，一个具有共同利益的群体，一定会为实现这个共同利益采取集体行动。但心理学家却发现，这个假设不能很好地解释和预测集体行动的结果，许多合乎集体利益的集体行动并没有发生。相反，个人自发的自利行为往往导致对集体不利，甚至极其有害的结果。

这就意味着：一个集团成员越多，以相同的比例正确地分摊关于集体物品的收益与成本的可能性越小，搭便车的可能性越大，因而离预期中的最优化水平就越远；集团规模越大，参与关于开展集体行动进行讨价还价的人数越多，从而讨价还价的成本会随集团规模的扩大而增加。由此，大集团比小集团更难以为集体利益采取行动，也就是所谓的"三个和尚没水喝"。因而说"人多力量小"是有一定道理的。

"三个和尚"的寓意是人多反而难办事，就如西方人的谚语"厨师太多毁了一锅汤"。但是这也不是绝对的，因为还有一句古话："三个臭皮匠，顶个诸葛亮。"这句话说的是团体的努力优于个人，那么到底哪个更符合实际呢？

从心理学的角度来讲，这两句话都有其正确的时候。因为在解决问题的时候，人数的多寡并不是决定性因素，工作性质、工作者的动机、情绪等才是重要的方面。

心理学家发现的确存在所谓的"社会浪费"，它指的是在团体作业中个人工作效率随团体人数增加而下降的现象。例如在一次实验中，心理学家召集了一些人，要他们每人大声喊叫，并记录其音量。然后将他们编组，分别为每组两人、4人、6人不等，也要他们大喊，并记录各人的音量。结果发现，虽然团体喊叫的总音量随人数增加而增加，但个人的音量却随团体人数增加而降低。也许每个参加过合唱团的人都会有这样的体会。

不过，在团体作业方式下，个人工作效率并不一定下降，比如在组队参与体育竞赛时，很可能通过相互合作提高各自的成绩，这又是为什么呢？

这是因为竞赛中个人的表现随时引人注目，从而使团体成员都受到重视，避免了旁观者效应；另外在竞赛时队员之间往往分工明确，职责固定，自然能激励每个人发挥水平，全力争胜。

事实上集体解决问题的主要优势在于其拥有的知识或特长更多，因而在解决那些无法依靠个人完成的任务时更有利，使一个问题可以解剖为几个相关部分由团体协作完成。但是处于团体中的一个人也会因为要处理好与其他人的关系，使得工作效率下降。另外，团体作业也会对个人的创造性有所阻碍，因为人们经常由于害怕自己表现得与众不同而放弃一些具有独创性的思路或方法。

"人多力量大"与"人多力量小"都不是绝对的，要具体问题具体分析，一般来说，在下列条件下，会出现"人多力量大"的情形：团体成员之间出现了"收益不对称"，即假设个别成员从集体行动中得到的利益比其他成员来得越大，他为集体行动作贡献的积极性也就越大；如果团体成员之间存在着"选择性激励"，即依据业绩、成就实施现代绩效考核，那么人多的团体力量就更大。因此，团队管理者应不断完善自己的管理机制，促使团队成员发挥其最大的能量为团体服务，让每个人都竭尽全力地为组织贡献力量，实现"人多力量也大"。

促使团队坚持严格的工作标准

生产并不是把工具应用于材料，而是把逻辑应用于工作。他认为，必然存在着少数几种基本模式，并各自有适用范围。任何生产过程愈能最遵守科学，它就愈能富有活力。卓有成效的管理者往往会制定出最具生产力的工作标准，然后要求员工做到。

日本丰田是标准化工作的典范。以轿车前座椅的安装为例，丰田公司将它分解为 7 道工序，进行安装的汽车在生产线上按照一定的速度依序通过各个环节，整个工序时间为 55 秒。在安装的整个过程中，为了避免出现误差，丰田公司要求工人对各个工序的完成必须"准时化"。

在这个流程中，第四道工序是安装前座椅螺丝，第六道工序是安装后座椅螺丝，如果一个工人在应当做第四道工序的时候做了第六道工序，或者 31 秒之后还在做第四道工序（按照流程的设计要求，第四道工序要求在第 31 秒的时候完成），这个工人就会因为不合工作要求而被淘汰。

为了避免这种误差情况的发生，丰田公司对工人进行细致的培训之外，还精确计量流水线通过每道工序的时间和长度，并按通过的时间和长度，在作业现场标上不同颜色的作业区。如果工人在超过的作业区进行上一道工序，检测人员就能容易地发现，并及时纠正。

丰田公司的精细化思想贯穿在各个板块的工作之中。除了生产作业板块之外，在人员培训、产品研发、转产管理等各个方面的工作，也是按照精细化要求进行的。例如转产管理，公司需要将设备从一个地方转移到另外一个地方，严谨的丰田高层将这种工作分解成十多个工序，每个工序的内容、时间、顺序也都有精确的规定，并对工作标准进行了详细的限定和描述。然后，他们将这种模式固定下来，任何时候进行转移设备时都按照这些程序进行。

工作标准最大的意义就是能使团队成员清晰地知道如何工作，以及工作的质量要求。从合作的角度来看待这个问题就会发现，严格、统一的工作标准能够促进成员之间的合作。

在工作标准化方面，能够和丰田相媲美的是麦当劳。麦当劳进入北京之初，曾有一些国内同行到美国麦当劳总部去取经，最使他们感到惊奇的是麦当劳的各项管理井井有条，餐厅的各项工作都制定了规范化的行为标准，员工们严格按标准确行的程序运转。

麦当劳的创始人克罗克为了使企业理念"Q、S、C、V"（质量、服务、清洁、价值）能够在连锁店餐厅中贯彻执行，保持企业稳定，每项工作都做到标准化、规范化，即"小到洗手有程序，大到管理有手册"。这让习惯粗放式管理的许多中国企业感到不可思议。

麦当劳的所有工作标准都写在了《麦当劳手册》里。克罗克指派麦当劳的主管透纳用了几个月的时间，针对几乎每一项工作细节，反复、认真地观察研究，写出了营运手册。该手册被加盟者奉为神明，逐条加以遵循。也是员工工作时必须遵守的天条。

在手册里，详细说明了麦当劳的政策，餐厅各项工作的程序以及步骤和方法。30年来，他们不断完善营运训练手册，使其成为规范麦当劳有效运转的"法典"。与《麦当劳手册》同样重要的是，透纳还制定出了一套考核加盟者的办法，使一切都有章可循，有"法"可依。

与丰田、麦当劳相比，有些企业即使构建了规范化的组织体系，明确了工作角色和职责，提炼了关键业务流程，但在实际运行时各部门之间仍然会频频出现职责不明、缺乏沟通、流程推动不力、工作标准模糊等问题，这就影响了企业工作标准的执行力度。经过分析认为，管理制度不完善是工作标准执行打折的主要原因。

要确保工作标准被严格执行，企业就必须借助于系统的作用，必须建立科学、完善的管理制度。用制度来体现清晰、有效、简洁的工作标准、工作程序、岗位职责、考核标准，进而规范执行力的标准，用制度来克服责权利不对等、信息流通不畅、职责不清、业务推诿扯皮等影响执行力的因素。要使制度从墙上走下来，成为严格执行工作标准的护航者。

㉑/避免悲剧性信任

沟通不良往往来自"简问"

作为领导，在与员工交流时，要注意多问些问题。善于影响别人的人比那些不善于影响别人的人更多地提出问题，而且更注意倾听问题的答案。询问是另一个有力的"拉"的手段。

询问并不是审问。它并非首先假设被提问的人一定隐瞒了什么。询问也不是问大量的问题。你所提问题的种类决定了你将得到的答案。

"你擅长你的工作吗？"

"是的，擅长。"

谈话结束了。这是一个封闭式的问题，因为可能的答案只有"是"或"不是"，或其他简单的补充说明。请看另一个例子：

"难道你不认为定期开小组会议是一个好主意吗？"

"是的，当然是个好主意。"

同样，这个问题也没有过多可回答的，因为这是包含着赞同意见的引导性提问。这种问题不过是一种假意的提问。所以，希望有效影响别人时，还需要掌握一门技巧，那就是知道提出什么样的问题，什么时候提出。一般来说，提问有两种方式：除了上述封闭式的提问，还有一种开放式的提问。

特别注意的是：开放式的问题是所有问题中最有效的。当你想启发别人表述自己的观点以便能够更清楚地了解别人的时候，提这种问题是非常有效的。这种问题与倾听的技巧紧密相连。作为施加影响的一方，如果你能启发别人讲话，这会比你自己讲话更有用。

开放式问题鼓励每一个人讲话，因为这些问题都不能用简单的"是"或"不是"来回答。开放式问题通常包括这些字眼："什么""哪里""如何""什么时候""告诉我"，等等。

如果你想了解关于下属成员对团队未来发展有什么样的看法，你会怎么做？

柯达的做法是开放式收集信息。例如它在创业初期便设立了"建议箱"制度，公司内任何人都可以对某方面或全局性的问题提出改进意见。

公司指派一位副经理专职处理建议箱里的建议，收效甚大。第一个提建议被采纳的是一位普通工人，他建议软片仓库应该常有人做清洁，以切实保证产品质量，公司为此奖励了他20美元，公司共为采纳这些建议付出了400万美元，但也因此获利2000万美元。

要想与员工进行有效地沟通，弄清问题和解决问题必须善于提出问题，以便引导说清全部问题，引导其换个角度想，自我解决问题或者找出关键，便于最后解决问题。此外，在提出问题时，你还要注意以下几点：

（1）要提出引导性问题，引起下属思考的问题，与下属意见紧密联系的问题。不要提出表达自己不同观点的问题。

（2）要多用一般疑问句，少用反问疑问句。

（3）提问要在下属的话告一段落时，事先征询："对不起，我提个问题好吗？"要尽量使用商量的语气。

沟通不良往往来自于简单地问和简单地答。后者是对前者的回应，问的简单自然是回答简单。这对管理者收集信息是极其不利的。要想多了解，实现充分沟通，管理者一定要多问。

用人不疑不一定就是对的

关于用人，尤其是高级管理人员的任命，究竟是该"用人不疑，疑人不用"？还是应该"疑人要用，用人要疑"？这是中国企业家长期争论而没有达成共识的问题。在考察备选人才的时候，管理者经常遇到一个两难选择：有些人德高于才，有些人才高于德。究竟该如何取舍，很难有一致的答案。TCL 集团前几年有一次人事大调整，面对的就是这一难题。

2006 年 6 月 7 日，TCL 集团对外发布公告称，袁信成已经辞去其担任的 TCL 集团董事及首席运营官（COO）职务；胡秋生辞去其所担任的 TCL 集团董事及高级副总裁职务，胡秋生还同时辞去 TCL 与汤姆逊的合资企业——TTE 公司执行董事长职务。两人辞职后，李东生一人身兼 TCL 集团董事长、总裁、首席执行官、TTE 董事长等数职。同样的事情，两年前的 2004 年 12 月 19 日，国产手机的领军性人物、TCL 移动的前负责人万明坚辞职。

如此重大的人士调整，自然会引发新闻无数。一连串突发事件之后，李东生开始反思自己的用人方式，他为此写下了《鹰的重生》一文。在文章中，李东生检讨道：

从我自己而言，反思过往推进企业文化变革创新的管理失误，主要有几点：

1. 没有坚决把企业的核心价值观付诸行动，往往过多考虑企业业绩和个人能力，容忍一些和企业核心价值观不一致的言行存在，特别是对一些有较好经营业绩的企业主管。

2. 没有坚决制止一些主管在一个小团体里面形成和推行与集团愿景、价值观不一致的自己的价值观和行为标准，从而在企业内部形成诸侯文化的习气长期不能克服，形成许多盘根错节的小山头和利益小团体，毒化了企业的组织氛围，使一些正直而有才能的员工失去在企业的生存环境，许多没有参与这种小团体和活动的员工往往受到损害或失去发展机会。

3. 对一些没有能力承担责任的管理干部过分碍于情面，继续让他们身居高位。其实这种情况不但有碍于企业的发展，影响公司经营，也影响了一大批有能力的新人的成长。

久而久之，使公司内部风气变坏，员工激情减退，信心丧失，一些满怀激情的员工报效无门，许多员工也因此而离开了我们的企业。回想这些，我感到无比痛心和负疚。

以上这三条，可以用两个字加以概括，说得好听点是宽容，说得难听点是纵容。李东生一贯强调充分授权，他说："选定一个项目，选定一个企业主管，就放手让他们去干。"他却没有认识到：任用人时的疑心是病态，而疑虑则是一种审慎的态度。海尔总裁张瑞敏就非常强硬地指出：干部必须接受监督制约。

张瑞敏认为：所谓"用人不疑，疑人不用"是小农经济的思想产物，是对市场经济的反动，是中国传统文化的糟粕，是导致干部放纵自己的理论温床。《海尔报》也曾撰写专文讨论这个问题。

该文指出，通过赛马赛出了的人才就用，但被任用了的人并不等于不需要监督。必要的监督、制约制度对于干部来说，是一种真正的爱护与关心，因为道德的力量是软弱的，不能把干部的健康成长完全放在他个人的修炼上。"无法不可以治国，有章才可方圆"，在市场经济条件下，权力在失去监督的情况下，就意味着腐败。所谓的道德约束、自身修养、素质往往在利益面前低头三尺。"将能而君不御"没错，但权力的下放并不等于监督制约的放弃。越是有成材苗头的干部、越是贡献突出的干部、越是委以重任的干部，越要加强监督。总之，只要他们手中有权、有钱，就必须建立监督制约机制。

在张瑞敏这种思路的指导下，海尔建立了系列的"赛马规则"，包括三工并存、动态转换制度；在位监控制度；届满轮流制度；海豚式升迁制度；竞争上岗制度和较完善的激励机制等。

对人对事，产生怀疑是正常的。但领导者用人，不该只停留在疑的阶段，而应该经过三个阶段：怀疑、求证，再怀疑、再求证，而后得出正确的评判。否则，怀疑就毫无意义了。

某公司领导程经理，平时做事十分仔细，事无巨细都亲自下命令，并一一验收成果。某次他因公到国外出差 10 天。后来因故，又延长了 10 天。在这 20 天里，他一直担心自己不在的日子里，公司会乱成什么样子。

程经理心想，在那帮"没经过大事"的下属们的"折腾"下，说不定公司已经天下大乱了。然而，程先生回国后却见到了意料之外的场景。这些下属的工作，完全没有因为他的出差而受到任何影响。而当他的行程决定延长时，下属们自动自发的心理更加强烈。

聪明的领导者都懂得这样一个简单道理：万事都要掌握度。你相信一个人，必须找出足以支持你论点的相关事实。不管是直觉还是事实，这些证据都必须是可靠和有说服力的，至少应能足以使你自己确信：这个人值得信赖，相信他的为人与能力不会导致大的纰漏。

即使这样，你在相信他的同时，也千万不要丧失应有的警惕。你必须在合理的范围内怀疑每一个人。从人性的角度来讲，几乎每个人都是利己的，是追求自身利益最大化的。一旦万事俱备，东风也不欠的时候，人的利己的一面便会充分地表现出来。他们会想尽各种办法来满足个人的欲望。你应该做到的，就是采取各种措施，防止这种不利局面的发生。

合理地怀疑，可以用这些方式来实现：对重要的职能工作应交由两个或两个以上的人同时完成，防止一人独断或舞弊状况发生；在公司高级管理人员中不明显地重用某人，而使他们彼此互相牵制、互相制约；设立复核或内部监督部门，定期或不定期地监督某些重要部门或人员；重要岗位的轮换制，防止一人专断和内部小帮派形成；在同一地区，选择两到三个分销商，使彼此竞争，防止单个分销商的要挟与欺骗顾客行为；不定期抽查与巡视，等等。

当然，怀疑必须保持在合理的限度内，切不可因此损害他人的进取心。

以高度信任激发团队能量

三只老鼠结伴去偷油吃，油的香气让三只老鼠垂涎欲滴，但是油缸非常深，而且油在最底层，这让老鼠们非常着急。它们商讨如何吃到油的办法，最终一致决定要学习"猴子捞月"，就是一只老鼠咬着另一只老鼠的尾巴，吊下缸底去喝油。三只老鼠定下协议：要轮流下去吃油，不能有独吞的自私念头，要有福同享。

第一只老鼠下去了，它想："缸里的油也太少了，今天算我走运，我是第一个，一定要先喝个痛快。"夹在中间的第二只老鼠内心也犯了嘀咕："缸里的油肯定不会多，谁知道第一只老鼠会不会把油吃光，凭什么要我在中间帮它，而它在下面独享美食呢。还不如我把它放了，然后赶紧下去喝个饱。"这时，第三只老鼠也在盘算："如果让它两个吃饱喝足，那肯定就没我的分了，谁知道它们两个会不会那么自私，我不如把它们两个放开，然后自己跳到油缸里，美美地饱餐一顿再说。"

于是第二只老鼠松开了一直紧咬的嘴，第三只老鼠也迅速地张开了嘴巴。结果，它们如同下饺子似的跳到缸里头去了。等它们把肚子吃得圆鼓鼓才发现，浑身是油，而且油缸深，脚上因为沾满了油变得很滑，致使它们最终困死在油缸里。

三只老鼠间的不信任导致它们偷油失败，最后命丧黄泉。这充分说明了，只有相互信任，才能共达成功的彼岸。

通常，人们一遇到问题，首先会相信物，其次是自己和自己以往的经验，最后才会迫不得已相信他人。而在团队中，这样解决问题是不行的。美国管理者坚信这样一个简单的理念：

如果连起码的信任都做不到，那么，团队协作就是一句空话，绝没有落实到位的可能。

随着社会的快速发展，职业分工越来越细，个人单打独斗的时代已经成为过去，越来越需要集体的合作。协作，是建立在信任的基础上。团队是一个相互协作的群体，它需要团队成员之间建立相互信任的关系。

信任都是相互的，如果你不相信任何人，你也就不会得到别人的信任，这是团队交往的交互原则。信任是缔造团队向前的动力，它同时也是团队成员对自身能力的高度自信。而基于这种自信，成员才能把自己真诚的信任交与自己的队友。

信任是合作的基石，没有信任，就没有合作。一个团队的成功与否，要看团队的协作能力而不是队员的个人能力。信任，是整个团队能够协同合作的关键一步。团队的成员欠缺信任，就没有合作的基础，这个团队就会像一盘散沙，不会有什么价值和成就。

信任是一种激励，信任更是一种力量。在团队面临挑战时，在团队成员承受压力时，队员之间要相互信任，共同合作。一个高效率的团队成员必定是相互信任的，也就是说，他们会彼此相信各自的人格，工作能力，等等，这样的信任可以创造高度的互动能量，让成员更甘心地付出。相反，成员之间没有信任的团队必定是一事无成。

信任很脆弱，往往很难建立，一旦破坏很难修补。团队文化和团队领导的行为对形成相互信任的团队氛围很有影响。团队如果拥有良好的工作氛围，又主张成员热烈参与，能充分发挥成员的自主性，信任的氛围就会比较容易建立。可见，相互信任作为团队来讲十分重要，以下几点可以使管理者有效地建立起团队的信任环境：

（1）领导者要表明团队不是为了领导者的个人利益在工作。

（2）领导者要充分融入团队中去，不仅仅是团队的领袖，更是团队中普通的一员。当团队成员受到外来侵害时，要敢于保护他们的利益，以此来显示领导者对团体的忠诚。

（3）领导者让团体中的每个成员都能充分地了解信息，并且告知做出某项决策的原因，对于存在的问题也坦诚相告。

（4）该奖励就奖励，但要注意分配的公平性，把信任受损的可能性降到最低。

（5）保守住别人的秘密，别人才会信赖你。

（6）用自己的才能引起别人对自己的尊重。培养自己出众的沟通和人际交往能力，以此来促进组织成员对领导以及成员之间的相互信任。

促使下属彼此成为思想伙伴

麦当劳这家全球最知名的快餐企业，是靠"伙伴"在维系庞大的工程流程。很多顾客在麦当劳餐厅享受美食的同时，总会在穿梭忙碌的身影中看到有一个人始终站在保温台和操作间之间。他时刻在漫不经心地下着这样的命令：三只麦香鱼、两只麦香鸡、六只麦辣鸡翅……这个叫"品管"的岗位关系着麦当劳产品的品质和成本，决定着工作流程的节奏和效率。

由于麦当劳对产品质量有着极其苛刻的要求，为了避免浪费成本或让客人久等的事情发生，"品管"必须从当前人流的情况随时把握生产的数量，下达"准确"的指令。这些命令需要生产线上各个伙伴的充分理解和密切配合。

顾客们在麦当劳餐厅常常会见到穿梭于大厅的服务员，他们的职位是大堂服务。这个职位并不是简单的要求扫地擦桌子，它还要去和伙伴们一道调动消费者的用餐情绪，共同营造舒服的用餐氛围。他们通过协作而表现出的良好的团队精神给顾客留下了深刻的印象。

思想伙伴关系是指在一个创造价值的团队中，在两名或者多名员工之间形成的以创造智力价值为目标的关系。当今商场，越来越重视团队精神，无论在团队内部，还是在团队外部，我们都需要建立合作性伙伴关系，对于团队内部成员多是理解为默契的配合，协作和支持。

无数事实可以证明，思想合作能产生强大的精神力量。比如法国著名作家波伏娃和法国著名哲学家萨特。两人有共同的对书本的爱好，有共同的志向，成为共同生活的伴侣，但终生没有履行结婚手续，并互相尊重对方与其他人的性关系。波伏娃说，萨特给了她一把大门钥匙，他们思想合作碰撞出的火花无须一纸缔约就能心灵相守，并且共同取得了伟大的成就。

能念极其陌生。其苛刻的要求。由此推及到团队建设，一个高效的团队不仅在执行层面上要像坦克的链条一样严谨、坚韧、不易摧毁，还要在思想层面上相互连贯，建立缔结关系。缔结思想伙伴关系为我们带来的最终结果是获得商业上的成功，但是，这个过程是漫长的。团队思想伙伴关系的确立，会使团队战略思维呈现出四大特点。

（1）敏捷。"敏捷"的团队表现是团队能够及时针对市场变化情况展开商讨、交流，做出决策。它们不会陷于无穷无尽的迷茫、慌乱、无助与反思之中，团队成员在迅速了解到形势变化的信号后，他们会在第一时间内向组织传达有效的信息以及自己的看法、见解。团队会在掌握足够的信息之后果断地做出决策。

（2）开放。"开放"的团队成员之间交流充分的团队能够根据新的信息和机遇调整前进方向，改变团队努力的重点。他们不会拘泥于过去的解决方案，欢迎而不是排斥不同的观点；他们信心十足，乐于接受新思想；善于想象，足智多谋，思维与时俱进；他们提供的是一个开放的环境，任何思想都在这里融合，最终融汇成最有利的决议。

（3）协调。一个优秀的团队不会因为个人的愿望和偏见而扭曲了他们对信息的看法和处理方式，他们总是能准确地理解外部世界的信息。团队成员高瞻远瞩并为共同利益而一起努力，为团队的利益出谋划策，通过之间的协调达到团队的最大化收益。

（4）行动。行动是任何集思广益的最终目标。形成思想伙伴关系的团队会采用主动出击的姿态而不是一味地根据对手的行动做出反应。他们善于抓住市场的机遇并且自己创造机遇；它们会千方百计地在所处的市场环境中实现自己的目标；他们有能力创造能让团队价值得到极大提升的未来；他们有足够的智慧看出市场发展的趋势并提前采取行动应对。

团队在建立思想伙伴关系的过程中，应该把握住决策的充分沟通和确保思维的多样性。团队的任何级别上的领袖，只要是参与了关键措施的决策，都有责任和义务与下属员工进行不断对话和沟通，探讨决策执行中的关键因素在日常工作中的运作情况，以确立好大方向。

确保思维多样性的有效做法是在团队中沟通中确立敌对的一面，使人充当异议者，树立假想敌。异议者和敌对者会从对手的角度来考虑问题，陈述他们所关注的焦点，往往同团队的主要观点大相径庭，能够促使团队中的大部分成员在商讨中进一步打开思维，而不拘于陈规，从而做出更完善的行动决策，增加凝聚力，使团队永远处在进步之中！

❷❷ 高效工作的奖赏

高效做不需要做的事最无效

管理大师德鲁克说："我见过的卓有成效的管理者，几乎没有什么共性，他们在性格、知识和兴趣方面都迥然不同。他们唯一的共同点就是，将正确的事情做好，将不必要的工作砍掉。"《共好》一书的作者肯·布兰德也总是将这样的一句话挂在嘴边："不值得做的事，就不值得做好！"

多年来，很多效率管理专家不断宣扬要有效管理时间，以便解决所有的问题。但是，有些人在细心研究之后，发现了这种观点中不合理的因素，即原本不需要努力有效解决的事情，却在被人们浪费时间去处理，而当人们花费心思处理那些不重要的事情时，往往会忽略其他重要的事情。

马戏团曾经有个驯兽师，他听说从未有人看见骆驼倒退走，大家都认为骆驼只会往前走，不可能倒退走。于是这只驯兽师就决定要向这个"不可能"挑战，他要训练一只会倒退的骆驼！他不断辛勤地训练，经过多年的努力，终于成功了。

下一幕是在马戏场里。观众从四面八方涌来，因为宣传和广告都保证将令观众大开眼界。场子正中央，站着那位驯兽师，正在口沫横飞地说明骆驼倒退走的奇观。成千的观众则面面相觑，一脸的迷惑，每个人的表情都仿佛在说："那又怎么样？"

确实，那又怎么样。浪费时间在没有多大意义的事情上，是没有人会喝彩的。工作要有效率，忙要忙在点子上，每个人的精力总是有限的，并不是每一件事情都值得我们鞠躬尽瘁，只有像园丁那样剪去部分枝条，才能使树木更快地茁壮成长，增加果实的数量与质量。

为此，德鲁克还列举了这么一个例子来阐述他的观点，他说：

有一位制药公司的总裁，在最初几年把力量全部集中在研究工作上，但是该公司在研发方面一直没有优势，甚至连追随别人也感到吃力。慢慢地他开始意识到，公司绝不能再花5年时间去做别人5年前就已经在做的事情了。他当机立断，决定了自己的方向。结果不到5年，该公司就已在两项新计划上高居领先地位了。

作为领头羊的管理者，你的效率直接决定了整个团队的效率。如果一个管理者想把值得不值得的所有事情都做好的话，那结果肯定是什么事情都做不好的。一流的人做一流的事，卓有成效的管理者做好值得的、有成效的事情就行了，因为这说明你的工作是卓有成效的。

做正确的事，再正确地做事

做有效的事情，才能获得效率。反之，做毫无意义的事情，效率越高损害越大。因此，作为团队管理者，主管不仅要正确地做事，更要做正确的事。

这不仅仅是一个重要的工作方法，更是一种很重要的工作理念。任何时候，对于任何人或者组织而言，"做正确的事"都要远比"正确地做事"重要。

曾经，当有人问阿里巴巴的创始人马云有关阿里巴巴应对危机的策略时，马云说道："首先是不是做了正确的事，其次是不是正确地做事。"

2007年，马云在第四届网商大会上说道："大家要做正确的事，还要正确地做事，这是两个含义。首先要选择正确的方向，如果你方向选错了，你做得越多死得越快。所以我觉得我比较幸运，阿里巴巴选择了一个正确的方向——电子商务。很多人都在讲第一桶金，我想给在座所有网商群体讲，网商群体一定要成为，也一定能成为世界上最诚信的商帮。为什么？我们没有办法线下见面，所有东西都是靠诚信一点一滴建立起来的。网商逐渐长大起来，最重要的是诚信，所以要做最正确的事情，网络大力投入诚信建设。"

在《赢在中国》中马云曾给出这样的点评："首先回答刚才那个问题，就是选项目还是选人。我觉得项目和人不应该是矛盾的，优秀的项目必须有合适的人，优秀的人也必须要合适的项目，然后再加上合适的时间才能成功，所以我选的时候一定从这个人和这个项目，以及是不是合适的时间、他的团队来看问题。有的时候这个项目很好，人不行，有的时候项目不成熟。"

在现实生活中，无论是企业的商业行为，还是个人的工作方法，人们关注的重点往往都在于前者：效率——正确做事。但实际上，第一重要的却是效能——做正确的事。

"正确地做事"强调的是效率，其结果是让我们更快地朝目标迈进；"做正确的事"强调的则是效能，其结果是确保我们的工作是在坚实地朝着自己的目标迈进。效率重视的是做一件工作的最好方法，效能则重视时间的最佳利用。

"正确地做事"与"做正确的事"有着本质的区别。"正确地做事"是以"做正确的事"为前提的，如果没有这样的前提，"正确地做事"将变得毫无意义。首先要做正确的事，然后才存在正确地做事。

在一次名人访谈节目中，博鳌亚洲论坛秘书长龙永图问了马云一个问题：你（阿里巴巴）现在的供应商当中有多少是中小企业？

马云的回答令龙永图有些吃惊："我们现在整个阿里巴巴的企业电子商务有 1800 万家企业支持会员，几乎全是中小企业，当然沃尔玛也好，家乐福也好，海尔也好，甚至 GE 都在我们这儿采购，但是我对这些企业一点儿兴趣都没有。"

龙永图笑着说："难怪人家说你是狂人，口出狂言。"在场的人们显然都不太相信马云的大话。怎么可能会有对大客户不感兴趣的企业呢？

马云不慌不忙地解释道："我只对我关心的人感兴趣。我只对中小型企业感兴趣，我就盯上中小型企业，顺便淘进来几个大企业，它不是我要的。就像你刚才讲，龙（龙永图）先生不购物，网上不购物，我一定没有吃惊。但有一样，我坚信一个道理，说有的人喜欢在海里抓鲨鱼、抓鲸鱼，我就抓虾米。我相信是虾米驱动鲨鱼，大企业一定会被中小型企业所驱动。所以我那时候就想，企业在工业时代是凭规模、资本来取胜，而信息时代一定是靠灵活快速的反应。我唯一希望的就是用IT、用互联网、用电子商务去武装中小型企业，使它们迅速强大起来。"

从这段对话中，我们了解到马云把大企业比作"鲸鱼"，把小企业叫作"虾米"，阿里巴巴只对虾米感兴趣，它的主要客户是小虾米而不是鲸鱼。

马云之所以盯紧"小虾米"，眼里只有"小虾米"，其实是因为他对中国中小企业的了解，以及阿里巴巴自身的成长经验。关于这一点，他讲了一个故事：

2003年的冬天，马云到沈阳去看市场，顺便见了两个客户。其中一个客户见了马云就拉着他的手说："我真想把你像佛一样供起来。"马云奇怪地说："怎么了？"原来，那位客户的生意多亏了阿里巴巴。客户在2003年一共有60个客户，58个是从阿里巴巴来的。

马云好奇地问他："你是做什么生意的？"客户回答说："我们企业很小，我们是做标牌生意的。"

马云自小生长在私营中小企业发达的浙江，从最底层的市场一路摸爬滚打过来，深知中小企业的困境——被大企业压榨、控制。"例如市场上一支钢笔订购价是15美元，沃尔玛开出8美元，但是1000万美元的订单，供应商不得不做，但如果第二年沃尔玛取消订单，这个供应商就完了。而通过互联网，像上面故事中的小供应商就可以在全球范围内寻找客户。"

马云要做的事就是提供这样一个平台，将全球的中小企业的进出口信息汇集起来。"小企业好比沙滩上一颗颗石子，但通过互联网可以把一颗颗石子全粘起来，用混凝土粘起来的石子们威力无穷。可以与大石头抗衡。而互联网经济的特色正是以小搏大、以快打慢。""我要做数不清的中小企业的解救者。"

另外，马云还考虑到，因为亚洲是最大的出口基地，阿里巴巴以出口为目标；帮助全国中小企业出口是阿里巴巴的方向，他相信中小企业的电子商务更有希望、更好做。电子商务要为中国中小企业服务，这是阿里巴巴最早的想法。马云把大企业比作鲸鱼，将小企业比作虾米，他只注重虾米的世界。

在马云的眼里，小虾米并不小，他们集中起来可以形成很强大的力量。为虾米服务，而不是追逐鲸鱼，先彻底明确企业的发展方向，做正确的事，再正确地做事，这是马云的一贯作风。方向比距离更重要，如果首先做正确的事，方向对了，即使走得慢一点也能一步步地靠近成功。不走弯路就是捷径。做正确的事，朝着目的地直线行走，而不是在错误的方向上一路狂奔。如果方向错了，这时无论他做事的方式方法多么正确，其结果都是徒劳无益的。

不要去做对结果没有影响的工作

管理大师德鲁克曾这样问管理者："这件事如果不做，会有什么后果？"如果答案是完全没有影响，那我们就不该再做这件事。

立即删除毫无成果的工作，就需要管理者要有要事为先的思维。管理者处理事情时要分清轻重缓急，重要的事情一定要摆在第一位来完成。唯有如此，才不会在工作中感到忙乱。优秀的管理者是那些对无足轻重的事情无动于衷，却对那些重要的事务无法无动于衷的人。

商业及电脑巨子罗斯·佩罗说："凡是优秀的、值得称道的东西，每时每刻都处在刀刃上，要不断努力才能保持刀刃的锋利。"

罗斯认识到，人们确定了事情的重要性之后，不等于事情会自动办得好，你或许要花大力气才能把这些重要的事情做好。始终要把它们摆在第一位，你肯定要费很大的劲。

安德鲁·伯利蒂奥是利用时间的"楷模"，他从来不浪费一秒钟的时间，只要时间允许，他就一定会拼命工作。所有知道他的人都说："看，安德鲁·伯利蒂奥真是太会珍惜时间了！"人们都知道，为了能成为一名出色的建筑师，他拼命地想要抓住每一秒钟的时间。

每天，他把大量的时间用在设计和研究上。除此之外，他还负责很多方面的事务，每个人都知道他是个大忙人。他风尘仆仆地从一个地方赶到另一个地方，因为他太负责了，以至于不放心任何人，每一项工作都要自己亲自参与才放心。时间长了，他自己也感觉到很累。

其实，在他的时间里，有很大一部分时间都浪费在管理乱七八糟的事情上。无形中，他增加了自己的工作量。有人问他："为什么你的时间总是显得不够用呢？"他笑着说："因为我要管的事情太多了！"后来，一位教授见他整天忙得晕头转向，仍然没有取得令人骄傲的成绩，便语重心长地对他说："大可不必那样忙！"

"大可不必那样忙！"这句话给了安德鲁·伯利蒂奥很大的启发，就在他听到这句话的一瞬间，他醒悟了。他发现自己虽然整天都在忙，但所做的真正有价值的事实在是太少了！这样做对实现自己的目标不但没有帮助，反而限制了自己的发展。

如梦初醒的安德鲁除去了那些偏离主方向的分力，把时间用在更有价值的事情上。很快，他的一部传世之作《建筑学四书》问世了。该书至今仍被许多建筑师们奉为"圣经"。

做任何事情都要有计划性，要分清轻重缓急，然后全力以赴地行动，这样才能获得成功。很多管理者总是看重紧急事务而对关系重大的事务反应木然。

只有学会对事情进行分类并排序，才能从众多工作中提出重点，以要事优先的原则来处理事务才能达到管理上的高效，促进整个企业的高效运转。

㉓ 打破团队效率低下的瓶颈

莫让等级观念杀死团队

主管必须明白，等级观念最要不得。由于长期的社会群体生活中等级差异心理的积淀，被领导者对领导者，尤其是对等级较大的领导者都存在着敬畏心理。因此，明智的领导者为了能够正确地把握下情以正确地进行领导，大都力图减弱这种部下的敬畏心理。

一天，李开复想为公司的新会议室命名，为了让公司员工都参与讨论，他马上让秘书通过电脑发出通知：现在征集会议室名称，截稿时间为明天下午6点。建议使用"中国最著名的发明家"或者"中国最著名的发明"等来命名。李开复提示说："我建议用'火药'作为命名之一。这样，当你走进会议室的时候，必会激发所有的力量，为你的思想而战。"

"火药"的念头在众人的感情上立刻引起了共鸣。"当我们说'让我们去火药库讨论吧'的时候，那该多棒！"秘书小徐立即响应李开复的想法。他在发出的电子邮件中，特地用中文补充了新的建议："试想一下别的名字，如火药库、司南车、造纸坊、印刷厂。"

毕业于浙江大学的博士小李提出了自己的想法，他说："应当把'司南车'变成'指南厅'。""我喜欢你们的想法。"李开复也很热烈地加入了大家的讨论。他想起中国人在数字领域里发明了"零"的概念，"这等于是半个计算机啊！"他又给所有研究员发出了一封电子邮件："我们应该把一个会议室叫作'Zero Room'。"接着又插科打诨地说："但是中文怎么说呢？零堂？那会让人联想到'灵堂'的。"

于是，这一大群熟悉英语也熟悉中文的青年人，开始在中文和英文中间寻找合适的名字。小陈和小孙马上意识到，那就叫 Zero Room：灵感屋。李开复在电子邮件中禁不住欢呼起来。

2月3日下午，到了规定的时间。会议室的名称确定了方案：指南厅、火药库、造纸坊、灵感屋、印刷厂、算盘室。

有些素质较差的领导者恰恰要增强部下对自己的敬畏心理。于是，他们不分时间、场合地板着一副道貌岸然甚至霸气十足的脸相，以显示自己的权位、尊严与能力。而结果又恰恰相反，官架子越大，领导水平越低，自我表现越狂妄，员工眼里越渺小。

越是民主的团队越有合作精神，相反，强调权威的团队最容易失去民心，最后只能依赖强制性权力来行事。管理者要想消除等级观念，就需要在平时的决策中遵循两大原则：

（1）决策的民主原则。这一原则，不仅保证领导决策的正确性、有效性，也是让下属参政议政，发挥其积极性和创造性的重要途径。在社会活动高度群体化的今天，"多谋善断"不能只靠一个人去完成，而是要靠组织成员集思广益，专家"智囊"参与来完成。

（2）头脑风暴原则。实践证明，任何决策，都不是在"众口一调"的求同思维中得到的，而是在众说纷纭的思维碰撞中做出正确判断和选择的。因此，凡是重大决策，应建立决策对抗程序，有意寻找否定决策方案的材料，把潜在的矛盾和可能产生的矛盾充分地揭发出来，使决策方案在作肯定证明的同时，也作否定证明。

莫让下属觉得你是个菜鸟

执行是从领导开始的，我们不难想象，一个组织的领导如果对执行没有充分的认识和重视，仅仅是将执行看作是下属的事情，其结果必然是执行不力。下属是看着上级行动的，上级不忠实、不执行，下属也就会随着不忠实，把任何目标看作是可有可无。如果组织的领导者能够以身作则，把自己当作是执行的起点，则一定会促进团队爆发出强大的执行力。

迈克尔·戴尔很早就意识到，互联网将彻底改变人的生活形态与工作习惯，而且是直销的一种利器，公司有必要制定出基于互联网为载体和信息通道的直销战略。为了促进这个战略的制定和执行，他安排人在公司内部到处张贴一种大海报，在这种海报上，迈克尔·戴尔本人一脸酷相，半侧着身子，一手直指向画外（寓意是指向顾客），海报上醒目地印着一行标语："Michael wants you to know the net！（迈克尔希望搞懂互联网）"。他不断在办公会议上激情四射地发表和重申他对互联网的重视。应该说，他的以身作则影响了戴尔团队的行为方式，他的努力结果是：占公司营业额70%的销售订单是通过网上实现的，网络成为公司内部人员之间最常用的信息交流平台。

在领导团队执行任务的过程中，企业管理者需要解决好一个极其关键的问题：要能够通过组织成员的合作而使组织产生出好的化学反应。

NBA作为全球最成功的商业运动联盟之一，共有30支球队参加每年的联赛。在这个联盟里，超级明星虽不鲜见，但也只占整个联盟球员人数的1/10。有的球队为了获得年度总冠军，就不惜花费巨资引来超级明星，将他们组合在一起，比如夺得2008年总冠军的凯尔特人，他们就拥有三位超级明星：皮尔斯、阿伦和加内特。总冠军奖杯的夺得，说明了他们在一起发生了好的化学反应，产生了一加一大于二的效果。但是也有产生坏的化学反应的组合，当年魔术将超级明星卡特和得分王麦蒂联手，但球队的成绩一直不甚理想，最后他们俩不得不分道扬镳。

惠普公司原总裁格里格·梅坦认为：组织的领导者不应该成为组织的主宰者，尽管领导者一般都具有超强的能力，是组织的偶像、榜样、英雄人物。他说，作为组织的掌舵人，领导者对组织的设计和构想固然重要，但是领导者应该看到的是，只有他个人的想法是远远不够的。领导者是组织重要的资产，但仅靠这个资产去设计组织的未来，显然是带有极大的限制。领导者应该成为一个车轮的轴，而员工成为围绕轴旋转的链条。要想找到解决问题的关键，比如制订出一份切实可行的执行计划，这好比车轮要运转起来，显然是仅仅依靠车轴是完不成任务的，需要车轴和链条齐心协力。

因为领导不力，组织会存在以下几种执行误区：组织领导者依靠主观臆断，不从组织的实际情况出发，为执行扣上一个比较高的目标，对执行寄托很大的期望值；对执行的理解并不到位，甚至是过于强调非主要目标的实现；管控机制灵敏度不够，当有意外情况出现时，相应的制度并没有跟上；对执行过程缺乏行之有效的监督，使执行陷于无监督状态；人才的聘用、使用和培养机制并不健全，对人才的使用随性而为；执行力的完美体现能够使企业脱胎换骨，管理者对执行的影响认识不够。

企业管理者应该规避的执行陷阱有：不敢决断，通过不断地请示上级来逃避决断；不愿承担责任，对个人的利益患得患失；对组织成员采用的是命令式指导，缺乏指挥艺术；对组织成员的启迪和引导性不够，使组织成员不能开创性工作，只能被动执行；没有在组织内部建立起思想伙伴关系，成员之间存有罅隙和关系瑕疵；过于关注个人的兴趣志向，忽视了对利润的追求；过于强调人情，江湖义气重于公司制度；盲目乐观，缺乏必须的危机意识。

企业管理者应该做到的七件事情是：

（1）全面了解组织和其成员。全面了解组织的目的就是更好地理解组织的目的、使命和任务，更有成效地促进企业目的、使命和任务的达成。全面了解组织的方法是尽可能多地搜集关于企业的原始信息，而不是从上级那传递下来的信息，传递下来的信息都是经过筛选过的信息，不利于信息接受者的自我判断。

全面了解组织成员的目的是全面了解组织成员的优点和缺

点、优势和劣势，使组织成员发挥长处。只抓住缺点和短处是干不成任何事的，为了实现目标，必须用人所长。充分发挥人的长处才是组织高效执行的必须条件。

（2）树立坚持以实事求是为基础的组织品质。实事求是是组织弥足珍贵的优良品格。我们时常看到的场景是，企业管理者关于团队的长处和优势总是能侃侃而谈，而对团队的不足之处忌讳莫深。这反映出来的心理是，任何人都愿意谈正面的、积极的、有利于自己的信息。所以企业管理者一定要在组织内部建立起坚持实事求是，敢于表达真言的氛围和文化。

（3）确立明确的执行目标和目标达成的先后顺序。把精力集中在一个目标上是最有效的资源利用方式，所以在执行的任何阶段，企业管理者都要为组织找到当前最需要实现的目标。这就需要企业管理者在执行之前进行目标确立和根据目标的重要程度对目标进行排序。

（4）调整和跟进。调整作为应对环境变化的必然选择，企业管理者要具有把握调整时机的能力。市场环境变化莫测，新的情况出现后，需要企业管理者应需而变。跟进是促进目标的更快实现，跟进是一门艺术，不是压迫，而是助推。

（5）奖励业绩优秀者。奖励本身具有导向作用，一方面强化了企业组织对这种行为的鼓励和倡导，另一方面肯定了优秀者的表现，为团队树立了榜样，促使落后者迎头赶上，在组织内部形成你追我赶的良好竞争局面。

（6）促进员工成长。促进员工成长的方法有两种：一是培训，二是给予实践的机会。对于组织而言，员工能力强，组织执行力则强；反之，则弱。促进员工成长是组织发展的需要。

（7）自我了解。管理者要对自我进行充分了解，要对自我的优点和缺点、优势和劣势有着极其清醒的认知，这样才能使自己扬长避短，才能有针对性地学习和吸收别人的长处和优势，使组织力量更为均衡，从而促进组织执行力的提高。

信息流通不畅会扼杀团队效率

组织层级越多，组织就会越僵化，也就会延缓决策的进程。为什么会延缓决策的进程？德鲁克认为，根据信息传播规律，每传输一次，所传递的信息就会流失一半，而不正确的信息却在同步增加。通常，一个部门到另一个部门的信息流动会遇到障碍或者被歪曲。公司规模越大，人们分享信息、做出一致的决策和调整其优先业务的难度就越大。决策的速度变慢，执行力的优势就被削弱。好的组织结构一定更要让有效信息在组织内部畅通起来。

有第一CEO之称的杰克·韦尔奇主攻GE之初，就发起了一场"拆墙"运动，提出了一个核心价值，叫"无疆界沟通"。企业界普遍认为，韦尔奇发起的是企业文化革命。其实，究其根本，韦尔奇的改革本质上是颠覆旧的组织结构，是一场改组科层结构的组织改革。

韦尔奇当年面对的难题，是组织运转速度奇慢，部门之间深沟高垒，事不关己高高挂起，官僚主义盛行。所以他发起"拆墙"运动，拆的什么墙？拆的是部门之间的墙，是此职能与彼职能之间的墙。

韦尔奇的经营变革，减少了管理层级，让经营信息传导得更快更准确，把金字塔式的传统层级结构改组成扁平化的矩阵结构。比如制造部门喜欢生产已经定型了的成熟产品，而不理会市场需求，于是，引进项目经理制，打通部门壁垒，让销售部、供应部、生产部坐在一起，来研究市场需求。这就是解决问题的根本。

在微软，比尔·盖茨认为，信息交流极其重要，是解决问题的有效途径以及团队精神的体现。在微软，最典型的交流方式是"白板文化"。"白板文化"是指在微软的办公室、会议室，甚至休息室都有专门的可供书写的白板，以便随时可记录某些思想火花或建议。这样一来，有任何问题都可及时沟通，及时解决。白板文化不仅使员工得到充分尊重，而且使交流成为一种令人赏心悦目的艺术。

在企业内部，信息沟通系统包括三个子系统：一是企业内部与外部的沟通系统；二是上级向下级的任务发布和评价反馈系统；三是下级向上级的信息反馈和工作汇报系统。企业与外部沟通的目的是使企业的发展始终符合市场变化的要求。

德鲁克说，企业内部对市场的判断十有八九是错误的，真正懂得市场的人是在企业之外。这句话揭示了企业与外部保持联系的重要程度。在企业内部，从上到下的任务发布和从下往上的工作汇报，更需要企业采用制度来保障畅通。一般而言，组织层级越少，信息流通越畅通。

搭建特别利于沟通的组织架构

是否利于沟通，是衡量组织架构的主要标准之一。管理大师德鲁克说，利于工作的最简单的组织结构就是最好的组织结构；不会产生问题的组织结构就是好的组织结构。组织结构愈是简单，它出毛病的可能性就愈小。组织结构只是手段，而促进员工获得成就才是最终目的。因此，组织结构必须为促进沟通助力，而绝不能成为组织内部上下沟通的桎梏。

在通用电气公司内部，有一种会议模式特别受推崇。这种会议模式被称为"快速市场智能"（英文缩写"QMI"）。这种电话会议使通用公司的管理层发现了同步交流的价值。由于公司的全球主管在地理上的分布很广，经理人不能很频繁地参加面对面的会议。QMI通过视频和电话让他们聚到一起，遍布全球各分公司的大约50个人就会进行一次对话。通用公司规定，这种电话会议每两个星期举办一次。

这种针对电话会议的全体运行机制使所有QMI的参加者，不管他们是处于不同的阶层还是遍布全球，都能够及时了解在顾客、竞争对手身上以及全球技术方面到底发生了什么。这种模式为通用公司带来的是效率更高的会议。

因为是电话会议，全球同步进行，这就要求参会者必须考虑一下几个问题：讨论的问题必须独特而且简单，能在两分钟内回答上来；所有的参加者必须轻松和有勇气做出贡献；为了不让人们失去兴趣，会议要简短；会议过程中要对信息进行处理，最后要做出总结。QMI在公司内部获得了成效，它使公司的高层管理者不再为举办全球会议而发愁，很多难度很大的事情能够轻松被这种会议解决。

为什么有些公司内部不能做到畅通沟通，其根本原因就在于：组织结构不能为促进内部沟通产生积极作用，各个部门各自为政，互相扯皮。通用公司创造了一种新的会议模式，并通过制定将其固定下来，使全球即时沟通成为可能，进而大大提高了企业效益。可见，建立利于沟通的组织是多么重要。

有效的组织沟通制度，能够规范组织沟通规则，增强全方位（纵横及内外交错）地组织沟通频次与途径，同时，通过对沟通中不良行为的约束，促进员工行为的一致性，提高组织沟通效率与效果。一个组织的沟通效果决定了组织管理效率，在企业的经营管理过程中，如果能做好组织沟通，对促进企业绩效目标的实现起到了事半功倍的效果。

❷❹/将管理不善降低到最低程度

在稍纵即逝的机遇面前麻木漠然

主管必须深刻认识到机遇稍纵即逝的特性，因此要搭建有应需而变的组织架构。管理学界认为，在组织建立的过程中，最大的错误就是使用一套"万能"的通用模型。组织结构设计都应在个性需要的基础上进行。组织结构设计的目的就是适应变化、应对变化，获得竞争胜利。

德鲁克认为，僵化的组织结构是不稳定的，是脆弱的。只有一个组织结构能使自己适应于新的情况、新的需求、新的条件时，它才能继续存在。所以，组织结构要有高度的适应性。

根据客观需要而进行组织结构设计，体现的是一种管理应需而变的思想。但凡是伟大的企业，管理应需而变是其成功的最重要的法宝。

我们以肯德基为例。如果在中国进行民意调查，能够让妇孺皆知的国外品牌，肯德基肯定是其中之一，可见肯德基对我们民众生活的影响，以及它在中国获得的成功。但是，就是这个在今天看来如日中天的品牌，也曾有过在中国败走麦城的经历。

1973年肯德基大举进入香港，肯德基高层过于乐观地估计香港的市场，在不到一年的时间里就迅速扩张了11家店。但是市场很快就给他们当头一棒。因为未能找到一个适合香港本土的经营模式，结果到1975年时只好相继关闭所有的餐厅，撤出香港。

10年后，他们带着失败的教训，重新踏上香港这片土地，通过特许授权的方式，在香港开始走上成功。与此同时，他们将市场开拓到中国大陆，于1987年在北京天安门广场附近开设了其首家中国大陆分店。应该说，之前在香港败走及后来成功的经历为肯德基进入中国大陆提供了极其宝贵的经验。

在当时的政策环境下，外资企业除了和本土企业进行合作外，没有第二条路可走。在这个时代背景下，肯德基选择有政府背景的当地企业进行合作。这种合作充分体现了肯德基应需而变的管理策略和适应能力。当政策出现变化，合资经营不再是硬性规定时，肯德基开始转向独资，并迅速走上高速扩张之路。从1987年到2007年的20年间，肯德基这个名字开遍了中国神州大地，店面数量多达 2000 家。

肯德基高层知道要想在中国获得巨大成功，就需要在中国本土落地生根。落地生根的唯一方法就是入乡随俗。为了把肯德基食品完美无瑕地融入本地的生活特色之中，肯德基在深入调研策划的基础上，为传统饮食文化深厚的中国顾客发明了中国式食品，他们不仅推出有中国风格的早餐粥品，老北京鸡肉卷配海鲜沙拉以及辣鸡串等，还推出最具中国早餐传统的中国式油条。

产品创新使肯德基在激烈的快餐食品竞争中把握住了主动权。建立有应需而变的组织结构带来的好处是，一旦出现发展机遇，相应的部门就会迅速出动，捕捉到机遇。在这个过程中，是单个部门或几个部门的行为，而非是公司整体行动，既获得了成果，又避免了资源浪费。基于市场需要而设计的组织结构，具有很强的灵活性，在各种环境下都能游刃有余。

没有根据地假想其他人会赞同

管理者的误区之一就是在没有获得根据的基础上假象其他人会赞同，进而造成信息不对称，引发组织矛盾和执行效率的低下。要想克服这一误区，就必须时常同下属接触。

就管理实践而言，非正式沟通能使得整个系统的混乱和无组织性质受到很好的控制。非正式的会议、闲聊、喝咖啡的间歇时进行的交谈，或是著名的"走动式管理"都具有这些优点。某些企业的员工甚至声称，他们对管理者参加的只有 20 分钟的喝咖啡时的交谈比任何长时间的正式会议更满意。常用的非正式方法主要有以下几种：

（1）走动式管理。走动式管理是许多优秀企业比较常用的也是比较容易奏效的一种沟通方式。走动式管理是指管理者在员工工作期间经常到员工的座位附近走动，与员工进行交流，或者解决员工提出的问题。管理者对员工及时的问候和关心本身并不能解决工作中的难题，但足以使员工感到鼓舞和激励。

有的员工说:"我就特别喜欢主管走到我的座位上,拍一下我的肩膀,对我问上一句:'怎么样?'"员工往往不喜欢管理者整天坐在自己的办公室里,不与自己说一句话。

管理者在走动式管理的过程中如果注意一些技巧和保持一定的敏感性的话,四处走动并进行非正式交谈的确是很好的方式。但更重要的是要创造一个合适的氛围,当问题出现时,要让员工感到舒适轻松。因此,不要对员工具体的工作和行为过多干涉,不要对他们指手画脚、品头论足,否则的话就会给员工一种突然袭击的感觉,员工容易产生心理压力和逆反情绪。

(2)开放式办公。主要指的是管理者的办公室随时向员工开放,只要没有客人在办公室里或正在开会,员工随时可以进入办公室与管理者讨论问题。我们可以看到,许多公司中管理者的办公室是不设门的,只是用比较高的隔板隔开,这样做的目的是便于员工随时与其进行沟通。开放式办公的优点就是将员工置于比较主动的位置上。员工可以选择自己愿意与管理者沟通的时间与其进行沟通,员工可以主导沟通的内容。绩效管理是主管人员和员工双方的责任,员工主动与主管人员进行沟通是他们认识到自己在绩效管理中责任的表现。而且,沟通的主动性增强也会使整个团队的氛围得到改善。

(3)工作间歇时的沟通。管理者还可以利用各种各样的工作间歇与员工进行沟通,例如与员工共进午餐,在喝咖啡的时候聊聊天,等等。在工作间歇时与员工进行沟通要注意不要过多谈论比较严肃的工作问题,可以谈论一些比较轻松的话题,例如昨天晚上的足球赛、烹饪的技术、聊家常等,在轻松的话题中自然而然地说出一些工作中的问题,而且要尽量让员工主动提出这些问题。

(4)非正式的会议。主要包括联欢会、生日晚会等各种形式的非正式的团队活动。非正式会议也是比较好的一种沟通方式,管理者可以在比较轻松的气氛中了解员工的工作情况和遇到的需要帮助的问题。而且，这种聚会往往以团队的形式举行，管理者也可以借此发现团队中的一些问题。

小张是某公司的市场部经理。业绩非常好，刚进入公司一年，他的部门在同级别中夺魁。董事长让他介绍管理经验，他只说了一句：我的任何决定都是在全部门同意后才实施。

无论是非正式沟通还是正式沟通，管理者必须牢记沟通的目的：了解信息，为决策做支撑。闭门造车，自以为是地相信别人会同意自己的决定，都是不会管理的表现。毫无根据地假想别人赞同，不如敞开办公室与人深入沟通，这样，不仅能促使下属更好地了解团队目标、任务和执行计划，还能使其增强参与感，进而更加主动地工作。这样，管理就很容易出效益。

给他权力的同时用线牵住他

艾森豪威尔提出"权力下授"，就是授权，即领导者授予直接被领导者一定的权力，以便使被领导者能够相对独立、相对自主地开展有关方面的工作。

但企业管理者的授权，将权力下放给员工，并不意味着自己完全做个"甩手掌柜"就可以对下放的事不管不问。授权要像放风筝一般，既给予员工足够的空间，让他拥有一定范围的自主权；同时又能用"线"牵住他，不至于偏离太多，最终的控制权仍在领导的把握中。

某一书店店长为了激发员工的工作激情，决定在书店内部推行"授权管理"，将管理权限下移。他规定："各部门都可以在各自的职责范围内处理部门业务，只要是有利于书店业务发展的，不需要请示便可以自行决定。"命令一下达，很多部门不是专心致力于书店业务的发展，而是相继制定起保护各自利益的"游戏规则"来。

比方说书店的采购部为了不受监督，不再执行以前的"采购请示"制度，根本不征询销售部意见就直接决定采购的类别和数量，最后造成了大量图书滞销，销售部门意见很大；而销售部门在制订图书促销计划的时候，也不再与别的部门一起协商，为促进业绩，他们频繁促销，甚至独断专行地降低图书折扣。店长原本以为"授权令"下达会有好的效果，也不必再事事躬亲，结果书店的利润急速下滑。

授权是一门高深的艺术，如果运用得好，不仅可以使管理更有成效，而且可以调动员工在工作中的主动性、积极性和创造性，激发员工的工作热情，提升企业的竞争力和促进企业的运行效率。善于授权的管理者能够创造一种"愉悦气氛"，使员工在此"气氛"中自愿从事富有挑战性的工作，使企业出现一个和谐共事、创新共进的局面。

东京某涉外饭店的豪华餐厅里，有一位从美国来的外宾对送上来的牛排不太满意，他认为这个牛排太熟。于是，他叫来服务生。服务生用极其谦恭的态度认真倾听他的抱怨，之后，对他说："请您稍微等一下，符合您口味的牛排马上就能上来。"说完，服务生立即拿走牛排，继而吩咐厨房按照客人的口味另烤一块送来。

事情看似微不足道，但在事件的背后却蕴含着饭店老板的授权艺术。饭店的老板认为，服务生是直接面向客人的，应该给服务生更大的权限来服务于客人。于是，我们就看到这个场景：服务生无须请示任何人，能够自主地为客人解决问题。这样，整个饭店的运行效率就会因此而大大提高。

责任、权力、能力是实现授权管理目标的三个基本要素，优秀的管理者需要懂得如何有效地授权，当企业管理者把权力授予员工时，应该让员工知道，他拥有的不仅仅是权力，还有与权力相匹配的责任，避免滥用职权的发生。真正有效的授权是指"放手但不放弃，支持但不放纵，指导但不干预"。监督监控其实是对授权的平衡与把握，掌握好权责统一，才能实现授权效果的最大化。在授权过程中应注意以下几个问题：

（1）明确目标责任是授权的前提，没有目标责任的授权，是无原则的授权，这样的授权无济于管理效益的提高和目标的实现。权力永远是与责任和利益相关联的，要让员工在明确权力的同时，明确责任和利益。只有这样员工的责、权、利一体化，员工才珍惜权力，正确有效地使用权力，才能最大限度地实现他们的岗位职责，实现授权的真正目的。

（2）授权不是下放领导者的所有权力。授权的适度应掌握在能及时掌握全面信息、控制局面的前提下，通过授权发挥各级的积极性。重大方针政策的监督检查权、决策权、例外事项的决策权不应下放，否则，授权就成了放弃领导。

（3）授权的同时必须要明确指挥关系，建立信息反馈制度，规定下级应汇报的内容、汇报的时间及汇报形式等。通过沟通，下属能够明确责任和工作思路与方法，授权的价值才能得以体现。通过高效的沟通机制，如例会制度、领导者意见箱、市场走访等，能实现全员之间最大限度的认同感，各级管理者的指令才能得到最有效地执行。

（4）下级在行使权力中出现失误时，不应一味地责备下级。授权是把职权委让给下级，它意味着容许员工犯一些错误，但是应该把全部责任留给自己。领导者要善于耐心指导，坚持激励的原则，热心地帮助下级。

别让个别人破坏了团队规矩

美国哈佛大学，其前身实际也只是一个地方小学院。而探究其发展壮大的秘诀，不管别人怎么议论，哈佛人却总是相信他们长期以来在管理上所坚定不移的信仰与毫不动摇的执行理念：法理第一，规则高于一切。

根据记载，当年哈佛牧师立遗嘱时，把他的一块地皮和250本书遗赠给了当地的一所学院——现在的哈佛大学。此后，哈佛学院一直把牧师的这250本书珍藏在哈佛楼里的一个图书馆内，并规定学生只能在馆内阅读，不能带出馆外。

1764年的一天深夜，一场大火烧毁了哈佛楼，所有书籍因此而化作灰烬。在此之前，一名学生碰巧把哈佛牧师捐赠的一册名为《基督教针对魔鬼、世俗与肉欲的战争》的书带出了图书馆，他打算在宿舍里优哉游哉地阅读。

第二天，当哈佛楼遭遇大火的消息传开后，这位学生很快意识到，他从图书馆携出的那本书已是哈佛捐赠的250本书中唯一存世的一本了，当然，这本书也就成了价值连城的珍品。经过一番思想斗争后，这位学生还是找到了当时的校长霍里厄克，并把书还给了学校。

这件事情的结果既是特殊的，也是意味深长的。校长收下了书，并对这位学生表示了最衷心的感谢，不过校长随后即下令将这位学生开除出校，理由是这名学生违反了校规。

这似乎有些不讲情理，怎么能这样对待这位无私的学生呢？谁都知道，这本书是哈佛牧师所捐赠的书籍中唯一存世的一本，也是世间绝品，价值不可估量。然而哈佛有哈佛的理念，而且哈佛的理念不能有丝毫偏离：法理第一，规则高于一切。让校规看守哈佛的一切比道理看守哈佛更安全有效。换言之，让规则管理哈佛并且坚定不移、毫不动摇地执行之，这是他们永远的理念，是他们永远的行事态度，也正是他们永远的成功保障。

哈佛规则的故事应该给我们许多启示。其中，最重要的一个启示就是：管理最本质的内涵是规则。无论是已发展到一定规模的组织还是刚刚成立的新组织，都需要一些规章制度来进行规范管理。制定制度本身并不难，难的是制度的执行。

其主要原因在于：制度的执行实际上是在规范和改变成员的工作习惯。中国有句俗话叫"江山易改，本性难移"，改变一个人的习惯是相当困难的，况且制度是要改变所有成员的工作习惯，其难度可想而知。

所以在制定各项制度时，不但要确保制度的正确性，更重要的是要保证制度在实施时能被成功地执行。为此，制定制度不能草率。制定管理制度要符合以下 10 大原则：

1. 让当事人参与的原则

让当事人参与制度的制定是制定制度的一个重要原则。如果这个制度是针对整个组织的，就要尽量使组织的全体成员都参与到制度的制定中来，如果只是针对某个工作流程而制定的制度，则需要请相关的成员参与进来。一般的做法是由起草人进行认真调查之后，起草制度的草案将该草案公布于众，让大家进行讨论和修改，并由起草人收集意见进行修改。对于重点的当事人，起草人要个别征求他们的意见，并做认真的记录和总结。

要注意的是在收集到的意见中，会有 80％ 的意见是重复的或不可行的（对这些意见要向提出人做耐心地解释），只有 20％ 的意见真正有作用。但这种让当事人参与讨论制度的形式不可缺少，因为这种参与的形式比参与的结果更加重要。

虽然让当事人参与会让制定制度变得复杂起来，但却会对今后制度的执行减少很多障碍。人本能地会对约束他的东西产生反感，而制度恰恰是约束人的东西。让成员参与到制度的制定中来，可以减少这种反感，因为人们都不会讨厌自己的劳动成果。

2. 简明扼要的原则

制度是需要执行的，当成员对制度本身无法深入地了解时，就谈不上能很好地执行。制度是针对所有当事人的，所以制度本身的语言描述应该尽可能地简明、扼要、易懂，并且不产生歧义，让所有的当事人都可以轻松地理解。另外，制度不必非常缜密和完备，首先，是因为这样会损害制度的简明性和易懂性，不利于制度的执行；其次，是每位成员都对制度有基于常识的认识和理解，而这些常识性的东西并不必在制度中面面俱到。

3. 不求完善但求公正的原则

在制定新制度时，很难做到一次性制定得非常完善。随着组织的发展和管理水平的提高，可能还要不断地进行修改和充实。制定制度是为了使用，所以制度一定要适合组织。在制度执行的过程中，可能会因为制度本身的不完善和不合理而出现一些问题，但这些不应该影响制度的公正执行。比起制度的完善性，成员往往更加关心执行制度的公正性，所以对于制度的制定者来说，应该比关心完善性更加关心执行的公正性。

4. 系统和配套的原则

制度要全面、系统和配套，基本章程、各种条例、规章、办法要构成一个内在一致、相互配套的体系。同时要保证制度的一贯性，不能前后矛盾、漏洞百出，避免发生相互重复、要求不一的情况，同时要避免疏漏，要形成一个完善、封闭的系统。

5. 从实际出发的原则

从实际出发是制定制度必须遵守的重要原则。制定制度要从组织的实际出发，根据组织的构成内容、工作对象、管理协调的需要，充分反映各项组织活动的规律性，体现组织的特点，保证制度具有可行性和实用性，切忌追求时髦，流于形式。

6. 重视成员工作习惯的原则

懒惰是人的一大天性，没有人会主动更改自己熟悉的工作方式，所以在制定制度时，一定要认真分析现有的工作流程和工作习惯。在达到目标的原则上，要尽可能地继承原有的流程和习惯，这样才能有效地保证日后制度的执行。

7. 以需要为依据的原则

制度的制定要以需要为依据，即制度的制定要从需要出发，而不是为制度而制度。需要是一项制度制定与否的唯一标准，制定不必要的制度反而会扰乱组织的正常活动。如有些非正式行为规范或习惯能很好发挥作用，就没有必要制定类似内容的行为规范，以免伤害成员的自尊心和工作热情。

8. 具有先进性的原则

制度是一个组织的"骨架"，先进的制度有利于组织的正常运营，因此，制定制度一定要从调查研究入手，总结本组织的经验，同时吸收其他组织的先进经验，引进现代管理技术和方法，保证制度的先进性。

9. 采取措施、改造习惯的原则

新制度的执行过程就是改变成员工作习惯的过程。管理者应该很清楚地认识到该制度的执行会带来哪些工作习惯的改变，这种改变成员是否可以接受，接受的程度是多少。根据具体情况，管理者必须采取一些辅助措施来加强对成员工作习惯的改变，比如在新制度执行时进行制度培训，或进行频繁地抽查和监督等。

10. 具有操作性的原则

制度必须具有可操作性，否则就失去了制定制度的意义。要想使制度易于操作，最好在制度中就明确一般的操作方法。另外，要写明制度的原则，这样便于对特殊情况进行处理（最好能规定出解释权的归属部门）。

㉕ 率先抵挡来自负面的病菌

在失败中汲取营养

在领导品质中，留给人品印象最为深刻的大概要数他们对待失败的态度了。这些管理者们将全部精力都贯注在工作上，他们身心的投入程度完全可以和伟大的高空杂技大师卡尔·华伦达相媲美，要知道，华伦达每次走钢丝都是一次拿自己的生命做赌注的冒险。

这些管理者从来不考虑失败，甚至根本就不用这个词，而是用其他同义词来代替，比如"错误""露怯""出洋相""糟糕""挫折"等。但决不轻言"失败"。一位企业家说："犯错误也是一种工作方式。""如果我可以做出选择，我愿意在尽可能短的时间里尽可能多地犯错误，以便在这个过程中学习掌握领导艺术。"

1978 年，当华伦达不幸从高空坠地身亡（当时他在波多黎各首府圣胡安市表演在 75 英尺的高空走钢丝）后不久，他的妻子（也是一位空中杂技师）在谈到那次灾难时说，那次经历从一开始"也许就是最危险的一次"。她回忆道："最后演出前的三个月以来，卡尔（指华伦达）一直念念不忘的就是摔下来怎么办。那是他头一次这么想。在我看来，他好像把所有的注意力都放在了怎么不从钢丝上摔下来，而不是如何从钢丝上走过去。"华伦达夫人还补充说，她丈夫甚至亲自督导钢索的安装工作，以便确信支索牢固可靠。她说："这类事情他以前连想都没想过。"

老是担心失败，就难以获得成功。当华伦达将全部心思贯注到怎么不从钢丝上摔下去时，实际上也就注定了他失败的命运。优秀的管理者都是不去谈论如何避免失败而是如何获得成功的人。

拜荣是考珀斯公司前董事长，该公司是一家多样化的工程、建筑、化工公司。当被问及什么是他"不得不做出的最困难的决定"时，拜荣回答道："我不知道何谓困难的决定。我也许是个奇怪的人，但我从不瞻前顾后，顾虑重重。每当我做出决定的时候，我都意识到自己所做的极有可能是错的。我所做的，都是我个人能力所能达到的最高水准。焦虑和担心只会给清澈的思维设置层层障碍。"让我们来看看雷·梅尔的例子——他是大学生篮球运动中最杰出的教练，曾经率领第波尔大学篮球队连续 42 年保持赛季胜利。当他的队伍在取得了 29 场主场胜利后第一次落败时，有人致电梅尔，询问他对此的感受。他做了一个典型的华伦达式的回答："好极了！现在我们可以开始一心一意想着篮球，而不是老琢磨着怎么保持不输了。"

梅尔实际上从一个新的角度对如何获得成功做出了解释，那就是向着目标积极进取，全身心地投入这个积极的过程当中去，而不是瞻前顾后，为已经过去的事情寻找开脱的借口。

对许多人而言，失败这个词意味着某种终结、某种最后的定局；意味着一种失去了活力和积极作用的死亡状态。在这种情况下，颓然无助、灰心丧气成了人们本能的反应。然而对于成功的管理者，失败却意味着新的开始，它正是飞向新希望的跳板。

洛杉矶市前市长汤姆·布莱德利在谈到自己竞选败北时说："对，当然了，看到自己以微弱的劣势输掉了竞选，我对这次州长竞选的结果自然感到十分失望。但这已不是我第一次在竞争中失利。我还会东山再起的。这方面，我历来是坚定不移的。这个立场，今天仍不会改变。我还无意从政坛退隐。我将继续为自己敞开选择的机会。其中的一种选择就是再次参加州长竞选。"

史密斯堡是 Quaker Oats 公司的董事长。在犯了两次严重的"错误"之后（他先后收购了一家不大的电子游戏厅和一家法式宠物用品商店，但随即又勾销了这两笔生意），他在一次会议上对手下的 60 名食品市场销售人员说："在我们这家公司里，还没有哪一位高级经理人员负责的产品没有失败过，包括我在内。这就像学滑雪一样，如果你不是从高处一落千丈地滑下来，你就什么也学不会。"

在此，我们不难看出，这些管理者所表述的问题的实质乃是失败和学习的对立统一关系。不能说他们喜欢失败，但他们看上去显然从中有所收益。他们善于吸取和运用从矛盾中迸发出来的力量向更高的目标迈进。他们几乎把每一步"失误"都当作一次机会、一个新的起点,而绝非什么世界末日。不管自己的理想看起来多么高不可攀,他们始终坚信自己以及自己的企业组织能够学会如何迈向成功。

管理者自御的意义

由于职业的原因,管理者一般都工作繁重,时间紧张,对情绪影响的可能性较大。同时,由于工作疲劳,接受各种外界的信息后,诱发各种强烈反差的心理情绪的可能性也较大。

所以,管理者一定要注意对情绪的自御,及时排遣各种不良情绪,保持良好的心态。总体来说,管理者自御具有四个方面的意义:

1. 提高工作效率的重要途径

管理者的情绪影响着他的精神。同一个人,在喜悦愉快的心绪下学习和工作,比他在悲伤、忧愁的情绪下学习与工作的效率要高得多。管理者的情绪之所以具有这样的作用,关键在于这种情绪对领导的其他心理活动和行为表现具有内在的感染性、传导性。欢乐、愉快、喜悦等积极情绪一旦产生,会直接对他的认识活动"喜庆化",观察体验、分析问题都带有积极的欢乐色彩。如此时听到一些有矛盾、有成见的人提出一些意见也能听得进,不反感。反映在他的行为上就是热情高涨、精力充沛,学习、生活和工作都有一种满意、舒适的体验,感到有意义,对未来充满希望,浑身有着一股永远用不完的劲。

心理学上把这些对人有激励、鼓舞、促进、推动、提高效率等积极作用的情绪叫"增力情绪",如困难中保持乐观、挫折后依然自信、紧张时沉着冷静等,就是增力情绪的表现。相反,不良的情绪,如自卑悔恨、烦恼懈怠、萎靡不振等,就是种种压抑人的积极性发挥、阻碍人们奋进努力的内部障碍,人们会因此心神不宁、无所事事、精神萎靡,造成工作、学习缺乏活力,身心健康受损,此谓之"减力情绪"。受减力情绪的影响,形成一种消极的心境，则必然反应迟钝，效率低下。

　　管理者从事的领导活动，是涉及某个团队的工作发展，某项事业的成败兴衰，相关人员的利害得失的复杂的劳动，没有积极情绪的支持是不行的。如果减力情绪增加，则会使整个领导行为受到影响。这就需要管理者自觉主动地对个人的情绪进行自御，保持较长时间的增力情绪的刺激，创造良好的心境。这种良好的心境，对管理者的正面心理效应是极其明显的：一是能使管理者较长时间保持不衰的活力与工作热情，并以此影响、感染其下属，有利于工作开展；二是可能促使管理者最大限度，甚至超水平发挥自己的能力，犹如运动员兴奋时体现出一种最佳的临场发挥一样，思维活跃，决策正确，协调顺畅，指挥得当，最终取得成功。

　　2. 建立良好人际关系的坚实基础

　　管理者工作的核心内容之一，就是做人的工作。良好的人际关系是管理者贯彻其领导意图，组织指挥各项任务完成的重要的外部条件。人际关系好，领导活动中得到的支持就大，领导行为就容易取得成果。但管理者的人际关系又与其个人情绪密切相关。管理者本人的情绪状态，直接关系到与之相联系的社会相关人员、组织成员。

　　一个情绪孤僻、冷漠、偏执、自大、暴躁的管理者，其不良情绪必然会影响与他人的正常交往，必然妨碍他与上下级之间畅顺的沟通与团结，更难以建立个人的友谊。而一个乐观、自信、宽容、幽默的管理者，就容易与相关人员交往，就容易获得上下级的支持与帮助。这就说明管理者应经常注意制怒，注意自我排解焦虑、忧愁等不良情绪。

　　管理者注意个人情绪的调节，长期保持良好的心境，还带来两种领导心理效应：一是给下级带来心理和情感上的吸引，找到认同感，使下级愿意主动与你接触，愿意向你交心，愿意与你共事；二是在某些特定的时刻，会表现出巨大的性格力量，使被管理者尊敬和佩服管理者，从而产生巨大的向心力。无疑，这对管理者完成其领导职责所需要的良好的人际关系是十分有益的。

3. 增强领导理智性的核心任务

情绪是有迁移性的，即某种情绪形成后，会扩散、转移到其他事物中去，从而使人对这些事物的认识和看法烙上相同或者相似的情绪印证。这种迁移性，带有十分明显的、强烈的感情色彩，具有主观性。对于管理者来说，当它一旦产生，便具有两大弊端：

一是这种迁移性（不良情绪）会使管理者缺乏学习进取的兴趣，降低吸收新知识的愿望，也束缚了思维的活跃，使其大脑皮层受抑，阻碍管理者智力的发展。

二是这种迁移性使情绪出现单向性，实践中管理者被这种单向性的强烈情感所制约，就不能全面客观和辩证地思考和处理问题。如某些管理者工作中受到挫折，心里烦闷，在下级身上会情不自禁地耍脾气、发虚火，因而影响团结，造成工作的被动。

这就是不良情绪迁移的恶果。因此，管理者必须对自己的情绪进行自御，这种自御反映了管理者个人的修养程度，标志着其个性心理成熟的水平，表现了其理智层次的高低。

4. 管理者身体健康的灵丹妙药

实践研究发现，情绪状况会影响我们的健康状况。美国一位心理医生伯斯指出，饱受悲观、绝望与低落情绪影响的人是容易患癌症的。由于生气、忧愁、发怒等不良情绪影响，导致或加重多种疾病，已成为临床上的常见病例。所以，控制与调节自己的情绪，防止和避免不良情绪的侵蚀与伤害，是预防疾病、有益健康的重要途径之一。

总之，对管理者来说，情绪自我调控得好，可以成为一笔宝贵财富，一份经常存在的潜在的心理动力；控制不好，也会成为束缚其发展的沉重的精神枷锁，还有可能如同一匹不听驾驭的脱缰野马，冲向危险的歧途和可怕的深渊。

自御的五个原则

对优秀领导者的研究可以发现，有效领导行为的一个关键因素是自我管理。就管理实践而言，对自我的有效管理和合理运用是极其重要的。这方面如果做得不好，领导者犯下的过错很可能会与其立下的功劳一样多。如同庸医误人一般，不称职的管理者也能使组织越治越病、病上加病，在解决问题的同时，也有可能引发新问题。

管理者自我管理，必须坚持五项原则：

1. 目的性原则

管理者自我情绪的控制，与普通员工的心理控制是有区别的。普通员工的情绪也需要自控，通过自控可以有益于自身的身心健康，有益于自己的成长与事业发展。而作为管理者，他的自御，除了要达到普通员工的普遍性要求外，应在这一基础上具有自己特定的目的性，这就是完成领导责任，实现领导目的。这一特定的目的性，是由管理者所处的领导地位决定的。任何一个管理者，担负一定的领导职务，承担一定的领导任务，都有着特定的目的性，大到任期的目标，小到每项具体工作任务的完成。在这一过程中，他要有效地实施领导，要用人、要决策、要协调，都有必要通过自我情绪的控制增加"增力情绪"，保持较长时间的精神饱满，以保证用人、决策尽量不受自己不良情绪的消极影响而有害于领导工作。

同时，在这个过程中，领导情绪的有效自控，可对下属产生有益的心理影响，在潜移默化中，增加个人的领导魅力，改变下属的情绪心理及行为，使下属的思想与行为与领导目标一致，从而团结一致，实现领导目标。所以，对于管理者来说，自觉地对自己的情绪进行有效控制，围绕的中心就是领导目的。

2. 方向性原则

现代管理者的情绪自控，在内容的价值上究竟是否具有一定的方向性呢？回答是有的。管理者的喜怒哀乐、热情、沉着、自信等都具有明确的方向性，这就是一个管理者应该具有的思想道德作风和正确的价值观。

有的管理者的情绪的方向性与价值观相反，比如为个人的蝇头小利而自喜，为升迁而忘乎所以，再如有的领导经常流露出一种当领导的就应该有权，就应该享受优越，这就是消极的情绪表现，对群体成员的负面影响很大，伴随产生的是离心力的加强、组织行为的失调。

应该说，情绪自控的方向性，在情绪心理的本质特征中占据着首要地位，起着主要作用。管理者要实现情绪自控，首先要培养调节和明确自己情绪品质的先进性。

3. 深刻性原则

有的人情绪是由某些事物的表面现象引发的，这样的情绪就显得比较肤浅，而有的情感是由事物的本质引发的，这样的情感就具有深刻性。比如说，有些人因为喝酒豪爽、趣味相投形成以酒肉为纽带的朋友，这就比较肤浅；而因事业心责任感联结在一起的友谊，所表达的情感则是深刻的。情绪的深刻性并不等于情绪的强烈性，强烈的情绪反应不一定就是深刻的反应，现实生活中，有些管理者听到下级对自己提了一些意见就大发雷霆，这种暴怒的情绪就十分强烈，但却不深刻，反而只表现出这样的领导缺乏情绪的自我修养。

4. 稳固性原则

管理者情绪自控的稳固性，指管理者通过自控，能够持久地保持良好的情绪。也就是说，管理者情绪的变化不是忽高忽低，而是相对比较平稳，形成一种有利于领导工作的一贯心境。

有的人情绪浮动变化无常，一种情绪很快地转变为另一种情绪，一会儿兴高采烈，一会儿愁眉苦脸。这种情绪的不稳定性，常常干扰管理者的精神生活，影响管理者个人的正常形象，缺少工作的持久动力，这是必须要经过自控而避免的。

5. 效益性原则

情绪的发生与发展，对于普通人来讲，如果作为一种消极颓废的存在，那就成为自己发展中的落后阻力而具有负面意义；如果作为一种积极有用的存在，那就赋予这种情绪以巨大的社会价值，对个人的一生产生积极意义。但管理者的自控不仅对其个人有意义，而且由于他要领导别人，因此他的这种情绪的自控还要涉及更广阔的社会面，产生更广泛的影响，其社会价值就更大。情绪自控得好，其工作效果和成绩就容易产生、扩展，管理者就是要通过情绪自控，让个人的情绪产生更大、更多的效益。

总之，目的性、方向性、深刻性、稳固性、效益性构成了管理者情绪自控的五大原则，这五大原则是统一的。现代管理者的情绪自控，首先要立足本职，从特定的目的出发，以方向性作为内在保证。方向明确的自控，情绪就趋于深刻而稳定；深刻而稳定的情绪又有利于完成领导目标。这样的情绪自控，必定具有效益，形成鼓舞个人和鼓励他人的巨大力量。

26 整体着眼，关注有意义的细节

好运是可以管理的

主管必须明白，他目前所规划的，决定着未来走向。换言之，在未来发展中，团队的运气或执行任务的运气与当前的规划密切相关。主管要通过科学的规划来确保好运。

如何实现科学规划？主管必须解决一个重大问题：那就是找到解决任务的关键钥匙。任何事物都有关键环节和关键点，找到关键细节，即可举重若轻，事半功倍。

任意抽出一把钥匙，并问道："这是什么地方的钥匙？"

"开家门的。"

"它可以用来开你的汽车吗？"

"当然不行。"

"为什么不能用这把钥匙开车门呢？"

答案显而易见，问题不在钥匙本身，而在你的选择和使用。

找到事情的关键，彰显主管的领导能力。正如一家知名的跨国集团总裁所说的那样："通向最高管理层的最迅捷的途径，是管理过程中展示你出众的创造力和解决问题的能力。"

20世纪70年代，日本的索尼彩电开始向美国销售。但是，这一在日本畅销的产品，在美国市场却无人问津。为此，公司特意派海外部部长卯木肇到美国芝加哥解决销路问题。

卯木肇开始时也一筹莫展。有一天，他在牧场散步，看到牧童赶牛的一幕：牧童先领一只大公牛进了牛栏，其余的一大群牛就驯服地跟在后面进去了。

他由此得到启发：假如能在当地一家最大、规格最高的电器销售商处获得突破，就如同牧童驯服了一头领头牛，其他的电器销售商就会不断地跟上。

于是，他找到当地最大的电器销售公司——马希利尔公司，希望他们销售索尼产品。开始时公司不答应，经过卯木肇的再三要求，并做了大登广告、重塑产品形象、提高知名度、大力改进售后服务等一系列工作之后，公司终于答应销售索尼产品。结果，很快该地区的100多家商店也开始销售索尼产品，美国的市场也由此打开。

眉毛胡子一把抓，结果往往是事事着手，事事落空，即使事情能做成，也要付出很大的时间和精力。与此相反，有的人不管遇到多棘手的问题，都能够以最快的速度抓住问题的要点，并采取相应的手段，这样，再棘手的问题也能很快解决。

1793 年，守卫土伦城的法国军队叛乱。叛军在英国军队的援助下，将土伦城护卫得像铜墙铁壁。前来平息这次叛乱的法国军队怎么也攻不下。土伦城四面环水，且有三面是深水区。

英国军舰就在水面上巡弋着，只要前来攻城的法军一靠近，就猛烈开火。法军的军舰远远不如英军的军舰，根本无计可施，法军指挥官急得团团转。

就在这时，在平息叛乱的队伍中，一位年仅 24 岁的炮兵上尉灵机一动，当即用鹅毛笔写下一张字条，交给指挥官："将军阁下：请急调 100 艘巨型木舰，装上陆战用的火炮代替舰炮，拦腰轰击英国军舰，以劣胜优！"

指挥官一看，连连称妙，赶快照办。

果然，这种"新式武器"一调来，英国舰艇无法阻挡。仅仅两天时间，原来把土伦城护卫得严严实实的英军舰艇就被轰得七零八落，不得不狼狈逃走。叛军见状，也很快缴械投降。

经历这一事件后，这位年轻的上尉被提升为炮兵准将。

你知道这位上尉是谁吗？他就是后来成为法国皇帝、威震世界的拿破仑。和许多卓越的人一样，拿破仑的成功在相当程度上是在关键的时候开动了脑筋，为指挥官找到了突破困难的方法。就这样，他才走上了一个有高度的新起点。

他后来每一步的升迁，几乎都和他善于运用智慧突破困难的惯常做法有关。如果我们要想成为称职的领导，就应当培养自己发现问题关键的能力，使自己成为一名解决问题的高手。

善于换一种方式去思考

管理者必须要懂得变通。南辕北辙、背道而驰肯定不行，方向稍有偏差，就会"差之毫厘，谬以千里"。如果你不懂得根据环境的变化适时调整方向，结果只能是失败。

尤其是问题迟迟不能解决时，换一种思考方式就可能豁然开朗。走错了路赶紧回头，检查其原因，调整原来的方向，从而突破桎梏，延伸视野，拓展新的思考空间。

一天，美国通用汽车公司客服部收到一封客户抱怨信，上面是这样写的：

"我们家有一个传统的习惯，就是我们每天在吃完晚餐后，都会以冰淇淋来当我们的饭后甜点。但自从最近我买了一部你们庞帝雅克车后，在我去买冰淇淋的这段路上，问题就发生了。每当我买的冰淇淋是香草口味时，我从店里出来车子就发不动。但如果我买的是其他的口味，车子发动就顺得很。为什么？为什么？"

很快，客服部派出一位工程师去查看究竟。当工程师去找写信的人时，对方刚好用完晚餐，准备去买今天的冰淇淋。于是，工程师一个箭步跨上车。结果，买好香草冰淇淋回到车上后，车子果然又发动不了了。

这位工程师之后又依约来了三个晚上。

第一晚，巧克力冰淇淋，车子没事。

第二晚，草莓冰淇淋，车子也没事。

第三晚，香草冰淇淋，车子发不动。

……

这到底是怎么回事？工程师忙了好多天，依然没有找到解决的办法。工程师有点气馁，不知是不是该放弃，转而接受退车的现实。

神圣的职业使命感使工程师安静下来，开始研究所发生的种种详细资料，如时间、车子使用油的种类、车子开出及开回的时间……难道和汽车无关？

工程师决定换个方式去思考。不久，工程师发现，买香草冰淇淋所花的时间比其他口味的要少。因为，香草冰淇淋是所有冰淇淋口味中最畅销的口味，店家为了让顾客每次都能很快的拿取，将香草口味特别分开陈列在单独的冰柜，并将冰柜放置在店的前端。

现在，工程师所要知道的疑问是，为什么这部车会因为从熄火到重新激活的时间较短时就会发不动？原因很清楚，绝对不是因为香草冰淇淋的关系，工程师很快地由心中浮现出答案：应该是"蒸汽锁"。买其他口味的冰淇淋由于花费时间较多，引擎有足够的时间散热，重新发动时就没有太大的问题。但是买香草口味时，由于时间较短，引擎太热以至于还无法让"蒸汽锁"有足够的散热时间。

"千里之堤，溃于蚁穴"。工作中有很多难以解决的问题往往源于一些并不起眼的细节。有很多棘手的问题往往是由一些简单的细节造成的，找出了这些细节，就找到了解决问题的钥匙。在这个事件中，购买香草冰淇淋有错吗？但购买香草冰淇淋确实和汽车故障存在着逻辑关系。问题的症结点在一个小小的"蒸汽锁"上，这是一个很小的细节。

如果工程师一直在汽车身上做文章，再怎么努力也可能一无所获。换个角度，从购买冰淇淋这个事情上去思考，一下子就找到了问题的症结。这就是换个角度思考问题带来的益处。作为团队的管理者，主管千万要避免使自己的思维陷入死胡同，要善于从新的角度柳暗花明。

有意义的细节是无价之宝

关注细节的核心要义是关注有意义的细节。著名建筑大师密斯·德娄，在被要求用一句话来描述他成功的原因时，他概括说："魔鬼藏于细节。"他反复强调，如果对细节的把握不到位，无论你的建筑方案如何恢弘大气，都称不上是成功的作品。但是我们必须清晰地认知到，魔鬼不会藏于边边角角的细节中，而是那些核心的、有意义的细节中。

日本狮王牙刷公司的员工加藤信三就是一个很好的例子。有一天，加藤为了赶去上班，刷牙时急急忙忙，没想到牙龈出血。他为此大为恼火，上班的路上仍是非常气愤。回到公司，加藤马上联系几个工作中要好的伙伴，相约一起合作解决牙刷容易导致牙龈出血的问题。

他们想了不少解决刷牙造成牙龈出血的办法，如把牙刷毛改为柔软的狸毛；刷牙前先用热水把牙刷泡软；多用些牙膏；放慢刷牙速度，等等，但效果均不太理想，后来他们进一步仔细检查牙刷毛，在放大镜底下，发现刷毛顶端并不是尖的，而是四方形的。加藤想："把它改成圆形的不就行了！"于是他们着手改进牙刷。

经过实验取得成效后，加藤正式向公司提出了改变牙刷毛形状的建议，公司领导看后，也觉得这是一个特别好的建议，欣然把全部牙刷毛的顶端改成了圆形。改进后的狮王牌牙刷在广告媒介的作用下销路极好，销量直线上升，最后占到了全国同类产品的40％左右，加藤也由普通职员晋升为科长，十几年后成为公司的董事长。

牙刷不好用，在我们看来都是司空见惯的小事，所以很少有人想办法去解决这个问题，机遇也就从身边溜走了。而加藤不仅发现了这个小问题，而且对小问题进行细致的分析，从而使自己和所在的公司都取得了成功。

美国质量管理专家菲利浦·克劳斯比说："一个由数以百万计的个人行动所构成的公司经不起其中1％或2％的行动偏离正轨。"世间最睿智的国王所罗门说过："万事皆因小事起。"不要忽视细节，一个墨点足可将白纸玷污，一件小事足可招人厌恶。在激烈的竞争中，细节常会显出奇特的魅力，它可以提升你的人格，使你博得他人的青睐，获得忠诚的追随。

著名的"铁娘子"、英国前首相撒切尔夫人在谈及习惯与生活细节时说："有时事务太忙，我也可能感到吃不消，但生活的秘诀实际上在于把90％的生活细节变成习惯，这样你就可以习惯成自然了。毕竟你想都不用想就去刷牙，这就是好习惯。"

看不到细节，或者不把细节当回事的人，是无法实现提升的。绝大多数人的成功也是把握了每一个关键细节，在做好每一件工作和生活中的小事后，一步步地走向成功的。

主管要想把握住有意义的细节，需要从以下几个方面提升自己：开拓自己的知识视野，从知识中获得创新的能力；提升自己的思维能力，擅于使自己获得新的思维角度；提高自己的系统思考能力，使自己能够从事情的一般规律中找到关键节点，从而撬动整个事情的进展。

在细节中发现创新的种子

创造性工作需要有创新精神和能力。管理者的创新能力决定着团队的创造力。有些团队的管理者总抱怨自己找不到创新的机会，根本原因就在于他们总是抬头望"天"，都不愿低头走好脚下的路；他们的目光总盯着能够震动一时的大事物，而不会从细小处着手，在细节中寻找到创新的种子。张瑞敏常说："创新不等于高新，创新存在于企业的每一个细节之中。"

在北美的大学校园里，海尔的一种只有 60 升的小冰箱特别受欢迎，但包括张瑞敏在内的海尔人自己都不明白为什么卖得好。为了解开这个问号，张瑞敏特地派数人到美国校园里调查，后来发现销量大的原因是因为海尔冰箱的顶部最平整——在美国的学校宿舍里，空间狭小，这种小冰箱的顶部可以当桌子使用。受此启发，海尔在冰箱顶部加了折叠板，令桌面更大，后来又采纳建议，在桌面下加了一个抽拉板放键盘，这样这个小冰箱又变成了一个电脑桌。

事实上，海尔在细节上创新的案例可谓数不胜数，仅公司内单以员工命名的小发明和小创造每年就有几十项之多，如"云燕镜子""晓玲扳手""启明焊枪""秀凤冲头"，等等，而且这些创新已在企业的生产、技术等方面发挥出越来越明显的作用。

老子说："天下难事，必做于易；天下大事，必做于细。"只有重视细节，并从细节入手，才能取得有效的创新。管理大师德鲁克说："行之有效的创新在一开始可能并不起眼。"而这不起眼的细节，往往就会造就创新的灵感，从而能让一件简单的事物有了一次超常规的突破。

自新任老板长川上任以后，常磐百货公司营业额每年翻一番，其经营物品几乎包揽了全县所有人的日常生活用品和食品。长川成功的秘诀是什么呢？

原来他刚刚到常磐百货公司上任时，公司只是一个很普通的生活用品商场，和他们公司同样大小的百货公司县城还有五家。怎样才能在竞争中尽快地出效益呢？

如今人们买东西常集中采购，为防止丢三落四，先写一个购物清单。有一次，长川看见一位女顾客买完一件东西要走时，把一个字条扔到商场门口的纸篓里，他马上跑过去捡起来，发现上面写了顾客需要的另外两种东西，他们商场里也有，只是质量不如顾客点名要的品牌好。他根据这一信息，他更换了该商品的品牌，果然有很好的效果。于是长川经理开始每天把废纸篓里的字条全部捡回去，仔细研究顾客的需要。很快，他就知道了顾客对哪几类商品感兴趣，尤其青睐哪几种牌子，对某类商品的需要集中在什么季节，顾客在挑选商品时是如何进行合理搭配的，等等。在长川经理的带动下，常磐百货公司总是以最快的反应速度适应顾客，并且合理地引领顾客超前消费，一下子把顾客全部拉进了他们的店里。

巨大的机会常常潜藏在一个微不足道的细节中。即使废纸篓里的一些废字条，有时也预示着某些创意。善于发现细节，在创新思维的指导下化平凡为神奇，就能掌握到更多的机会，从而能多角度、多渠道地解决好问题。拥有这个本领，团队的创造力就会得到极大的提升。

27/不说"巧妙的废话"

废话令人不悦且有危害性

一个成功的时间管理者不仅懂得如何珍惜自己的时间，而且特别珍惜别人的时间。因为他们深知这才是真正的赢取时间之道。"一个人如果根本不在乎别人的时间，"美国著名的《论坛报》的主编贺拉斯·格里利说，"这和偷别人的钱有什么两样呢？浪费别人的一小时和偷走别人5美元有什么不同呢？况且，很多人工作一小时的价值比5美元要多得多。"

贺拉斯·格里利就是一个特别善于利用时间的人。《论坛报》上很多睿智犀利的文章都是他在其他编辑和别人一起消遣，或会议迟迟没有开始时写成的。

华盛顿总统每天4点钟吃饭，如果有时候应邀到白宫吃饭的国会新成员迟到了，华盛顿就会自顾自地吃饭而不理睬他们，这使他们感到很尴尬。

华盛顿经常这样说："我的表从来不问客人有没有到，它只问时间有没有到。"

他的秘书找借口说："迟到的原因是表慢了。"

华盛顿回答说："那么，或者你换块新表，或者我换个新秘书。"

富兰克林对经常迟到却总是有借口搪塞的佣人说："我发现，擅长找借口的人通常除此之外什么都不擅长。"

拿破仑有一次请元帅们和他共进晚餐，他们没有在约定的时间到达，他就旁若无人地先吃起来。他吃完刚刚站起来时，那些人来了。拿破仑说："先生们，现在就餐时间已经结束，我们开始下一步工作吧。"美国前总统约翰·昆西·亚当斯也从不误时。议院开会时，看到亚当斯先生入座，主持人就知道该向大家宣布各就各位，开始会议了。有一次发生了这样一件事，主持人宣布就座时，有人说："时间还没到，因为亚当斯先生还没来呢。"结果发现是议会的钟快了3分钟，3分钟后，亚当斯先生像往常一样准时到达。

善于应对客人的人，都会在接到来客名单之后，就事先预定花多少时间。美国总统西奥多·罗斯福就是这样一个模范人物。

当一个久别重逢只求会见一面的客人到来时，他总是在握手寒暄之后，便很抱歉地说，他还有许多别的客人要接见，这样一来，来客就会很简洁地道明来意，告辞而返了。

有一位大公司的经理，他每次与来客把事情商洽妥当之后，便很有礼貌地站起身来，向来客握手道歉，叹惜自己不能有更多的时间再跟他多谈一会儿。那些客人对他的诚恳态度都十分满意，而不会认为他很吝啬地只肯会谈两三分钟。其实这样做，对于双方都节约了时间。

一个优秀的管理者不仅会设法回避那些消耗他们时间的人，而且会想方设法避免浪费别人的时间。对于那些不必要的废话，他们有一个恰到好处的收场方法，同时他们也绝不会在别人上班的时间和他人东拉西扯地谈些无关紧要的话。因为那样无疑是在妨碍人家的工作效率，损害他人应得的利益。管理大师德鲁克说，要想避免浪费别人的时间，有一个非常简单的方法就是询问别人。要敢于对对方说："如果你觉得我在废话，请立即制止。"

把复杂问题简化到一张纸上

丘吉尔的沟通艺术有一个非常重要的原则，沟通要讲究简洁明了，长篇大论的泛泛之谈只会让别人厌烦。宝洁公司的制度的特点是人员精简、结构简单，与公司雷厉风行的行政风格相吻合，它集中体现在该公司的标语"一页备忘录"里。

一次，宝洁公司的一位经理向总经理德普雷递交了一份厚厚的备忘录，上面详细介绍了他对公司问题的处理意见。没想到，德普雷看到后连翻都没翻，而是非常生气地在上面加上了这样一条命令："把它简化成我所要的东西！"然后吩咐将这份备忘录退回。

还有一次，一位主管递上来的报告非常复杂，德普雷在后面批示道："我不理解复杂的问题，我只理解简单明了的！"

这就是宝洁的风格。他们坚持只用一页便笺进行书面交流。宝洁公司要求员工不遗余力地将报告提炼浓缩到一页纸上，把问题搞清楚，把事情搞透彻才是最主要的，那些长篇大论就显得毫无必要了。对此，德普雷曾这样解释道："我工作的一部分就是教会他人如何把一个复杂的问题简化为一系列简单的问题，只有这样，我们才能更好地进行下面的工作。"

在宝洁，为了贯彻这种"一页备忘录"的原则，备忘录的写作甚至被当作一种训练的工具。对资历较浅的人员来说，一个备忘录重写 10 次是常见的事。公司资深经理或新任的品牌经理，在草拟备忘录时，一般也要至少打上五六遍草稿，才能达到"在一张纸上做到细致、慎思、严格"的要求。通过不断地重写备忘录，宝洁希望能够训练员工更加周密地思考问题，有效地沟通。

一页备忘录的威力在于要点鲜明集中，比主旨散布在十多页上的分布式、复杂式的报告要简洁清楚。同时，一页备忘录也解决了很多问题。

首先，只有少量的问题有待讨论，审核的速度加快了，工作效率也提高了；其次，避免了大量的、不必要的时间上的浪费；最后，这种精练的文章形式，使要报告的事情的含金量大大提高。管理者为了能做到简洁有效地沟通，可以通过训练自己的下列交流技能：

（1）简明扼要地说明任务的性质。

（2）告知员工去做什么，如何去做。

（3）鼓励圆满完成任务的员工。

（4）与员工建立和谐的关系。

（5）与员工一起探讨问题，听取他们的意见，了解他们的感情。

（6）有效地委托职责，以便了解员工可能提出的问题。

要做指挥家而非传话筒

管理大师德鲁克说，管理越来越像推销员。在推销的时候，我们不会劈头就问"我们要什么"，而会先问"对方需要什么，价值是什么，目标是什么，期望获得的成果是什么"。

优秀的管理者必定是指挥家或者教练，而非是传话筒。

李先生是一家大型企业 G 公司的一个基层管理者，手下有8个员工。李先生工作勤恳，为人谦和，对每一个下属都想给予一些关怀和照顾，所以跟大家的关系还算不错。他有一个最大的特点，就是他对自己的直接领导是言听计从，领导安排什么，他马上向下属贯彻什么。

一旦下属提出异议，他马上便说："领导说了，就照这样执行。你照吩咐做了，出了差错领导不会怪你，你如果不这样做，出了问题你得自己担着。"下属一听觉得也有道理，于是便开始认真执行。

渐渐地，下属有了不明白的地方，也就不再问他，而是隔着他直接请示更高领导，因为大家知道跟他说了也没有用，他还得去请示领导。李先生还遇到了一件烦心事：手下有个别人开始直接向他"顶牛"，公然不再听从他的指挥，他早就想把一些"害群之马"开掉，但苦于没有办法，他发现自己现在连这点权力都行使不灵了。他的"无能"渐渐被传播开来，以至于其他原本"听话"的下属也开始不拿他当回事了。

企业管理者一定要到下属中去，而不是通过制度、命令或者其他呆板的条款体现。向员工"推销"管理，目的是使员工理解管理并乐于接受管理，而不是对员工施加压力或者约束员工的行为。

雷·克拉克是麦当劳快餐店的创始人，他有个习惯，就是不喜欢在办公室办公，他的大部分时间用在了"走动管理"上，到所有的分公司和部门多走走、看看、听听、问问，收集大家对公司的意见。

麦当劳公司曾有一段时间面临严重的亏损，克拉克用他的"走动管理"在各公司发现了一个很严重的问题——官僚作风盛行。公司的各部门经理都有一个很不好的习惯，喜欢靠在舒服的椅背上对员工指手画脚，把很多时间浪费在抽烟、喝咖啡和闲聊上。

克拉克为此十分生气，于是他下令："把所有经理的椅背都锯掉，马上执行。"命令下得很快，执行得也很快，不出一个星期，每个经理的椅背都被锯掉了。

锯掉椅背后，经理们对克拉克的做法很不理解，甚至还很气恼。椅背锯掉了就不能像以前那样舒服地靠在椅背上抽烟、喝咖啡了，于是大家都走出办公室，学着老板的做法到各部门走走、看看、听听、问问。很快，他们就发现了管理当中出现的问题，顿悟了克拉克锯掉椅背的用意。于是，他们及时调整管理方案，现场解决存在的问题，终于使公司扭亏为盈。

克拉克推行的管理方式，企业管理者如何推销自己的管理提供了一种极佳方法。走动管理体现了上级对下级或对客户的一种关怀。通过面对面地接触，管理者常常可以更好地对下级进行指导，同下级直接交换意见，特别是能够听取下级的建议，了解遇到的各种问题，从而能更有效、更及时地采取相应的措施。

（1）能产生联动效应，即主管动，部属也跟着动。既然领导都已经做出表率了，那么下属自然也会紧跟领导步伐，加强走动管理。

（2）投资小，收益大。当今世界，人们都在努力提高效率。走动式管理不需要太多的资金和技术，就能提高企业的生产力。

（3）看得见的管理。最高主管能够到达生产第一线，与工人见面、交谈，期望员工能够对他提意见，能够认识他，甚至与他争辩是非。

（4）实现真正的现场管理。

（5）更能获得人心。管理者要常到职位比他低几层的员工中去多听一些"不对"，而不是只听"好"的。不仅要关心员工的工作，叫得出他们的名字，而且还要关心他们的衣食住行。这样，员工觉得领导重视他们，工作自然十分卖力。有了员工的努力，业绩自然就蒸蒸日上。

高明地泄露隐私以示坦诚

实现有效沟通，需要主管心怀坦诚，言而可信，向下属传递真实、可靠的信息，并以自己的实际行动维护信息的说服力。坦诚代表着管理者对沟通的态度，这对沟通的效果影响很大，任何时候，沟通都是双方面的，是心与心的撞击，是相互的包容与接纳。

京都陶瓷公司总裁稻盛和夫是个非常有意思的企业家。他能把自己的施政纲领向员工们慷慨陈词，也敢于大胆披露自己往昔的"隐私"和"丑闻"。

他都有哪些隐私和丑闻呢？这可不是别人刻意揭短，全都是他自己说的，例如：

"小学求知时期，在上学途中曾顽皮地用小木棍挑撩女同学的裙子。"

大家瞪大了眼睛，尤其是女职员。

"战后混乱时期，曾心惊胆战地从木材商店偷窃过木材。"

"大学深造时期，为了看体育比赛，乘车超过规定区间而被没收月票。"

这回，大家好像可以理解了，企业里许多人都这么干过。

"经商创业初期，因为偷税逃税而被税务局批评警告。"

偷税的事可以说，被罚月票的事也可以说……那偷木头和用小木棍挑撩女同学的裙子的事怎么能说呀！稻盛和夫是不是很傻？其实，这正是稻盛和夫的高明之处，正是这种勇于解剖自己的胆识，才使得员工们产生了"总经理也不是个完人，与我们一样会经常犯错误"的亲近感。这种感觉潜移默化地增进了上下级的心理融合度。也正是在这种劳资关系的催化下，京都陶瓷公司才能出现上下同心同德，并肩携手创大业的勃勃态势，一动而全动，一呼而百应，一步一步地走向繁荣。那么，管理者如何才能做到坦诚地沟通呢？

（1）赢得下属的信任。管理者要诚恳地争取对方的反馈信息，尤其要实心实意听取不同意见，建立沟通双方的信任和感情。下级对领导者是否信任，信任程度如何，对于改善沟通有很重要的作用。如果没有信任，完全真实的信息可能变成不可接受的，而不真实的信息倒可能变成可接受的。

（2）正确表达自己的意见。要实现坦诚地沟通，领导者还得会说，会表达自己的意见。在表达意见时，要诚恳谦虚。讲话时要力求简明扼要，用简单明了的词句表明自己的意思。

❷⑧／彻底解放员工想象力

以参与决策来激发激情

决策好像是管理者的事，如果这样认为并坚持这样去做，就会人为地将团队区分为两个阶层：决策层和普通员工。这不利于团队凝聚力的建设，管理者应该促使下属参与管理工作。

管理者让下属参与管理工作，可以提高他们的主人翁意识和工作热情，这既是一种有效的激励方法，同时也是提升组织凝聚力，鼓舞员工士气的重要途径。

韩国一家工厂，为了进一步加强工厂的凝聚力，培养员工的主人翁意识和责任感，实行了一项独特的管理制度，即让员工轮流当厂长管理厂务。

工厂每逢星期三就由一名基层员工轮流当一天厂长，负责管理工厂的业务。"一日厂长"上午9点上班，听取各部门主管的简单汇报，对整个工厂的经营情况有个全盘的了解，然后陪同厂长到各部门、车间去巡视工作情况。这样做，不仅让一日厂长熟悉其他部门、车间的业务，还可以开拓他的视野，了解工厂、车间之间相互协调的关系，以便自己更好地加强合作。

一日厂长可以对企业管理提出自己的看法，也可以对企业提出批评意见，并详细地记录在工作日记上，让各部门相互传阅，各部门有则改之、无则加勉。改进工作的部门要在干部会议中提出改进工作的成果报告，只有当干部会议认可后才算结束。

一日厂长有处理公文的权力，对各部门、车间主管送来的公文，他按自己的意见批示后，交送厂长酌定。一日厂长制经过一年多的实践，该厂的员工有40多人当过厂长，并节省了成本200万美元，收到了显著的实效，工厂把这部分钱作为奖金发给全体员工，又一次增强了大家精诚合作的向心力，令同行羡慕不已。

让下属参与管理工作不仅能够提高员工的责任感，而且还可以鼓舞员工士气，提高员工参与工作的积极性。

美国通用电气在公司内部实施无边界管理，让各部门的各级成员都可以直接参与公司决策，结果大大提高了员工工作的热情和组织凝聚力，极大地鼓舞了士气，使公司迅速走出了发展的低谷。

通用电气公司的前身是美国爱迪生电气公司，创立于1878年。经过100多年的努力，通用电气公司现已发展成世界上最大的电气设备制造公司。生产的产品种类繁多，除了一般的电气产品，如家电、X光机等，还生产电站设备、核反应堆、宇航设备和导弹。但到了1980年，这个巨大的公司却落到山穷水尽，难以维持的境地。

就在这危机关口，年仅44岁，出身于一个火车司机家庭的杰克·韦尔奇走马上任了，担任了这个庞然大物的董事长和总裁职务。

他上任后进行了一系列改革，其中最重要的一条就是，宣布通用电气公司是一家"没有界限的公司"，指出"毫无保留地发表意见"是通用电气企业文化的重要内容。

1986年，一位年轻工人冲着分公司经理嚷道："我想知道我们那里什么时候才能有点'管理'！"韦尔奇听说后，不仅不允许处分这个年轻人，还亲自下去调查，几周之后，分公司的领导班子被撤换了。

在通用电气公司里，每年约有两万到2.5万员工参加"大家出主意"会议，时间不定，每次50到150人，要求主持者要善于引导大家坦率地陈述自己的意见，及时找到生产上的问题，改进管理，提高产品和工作质量。

员工如此，公司的各级领导层也在这个精神的指导下，更加注意集思广益。

每年1月，公司的500名中高级经理在佛罗里达州聚会两天半。10月，100名主要管理者又开会两天半。30—40名核心经理则每季度开会两天半，集中研究下面的反映，做出准确及时的决策。

当基层开"大家出主意"会议时，各级经理都要尽可能下去参加。韦尔奇带头示范，他常常只是专心地听，并不发言。

开展"大家出主意"会议，给公司带来了生气，取得了很大成果。如在某次"出主意"会议上，有个员工提出，在建设新电冰箱厂时，可以借用公司的哥伦比亚厂的机器设备。哥伦比亚厂是生产压缩机的工厂，与电冰箱生产正好配套。如此"转移使用"，节省了一大笔开支。这样生产的压缩机将是世界上成本最低而质量最高的。

开展"大家出主意"会议，除了在经济上带来巨大收益之外，更重要的是使员工感到自己的力量，大大鼓舞了工作士气。经韦尔奇的努力，公司从 1985 年开始，员工减少了 11 万人，利润和营业额却都翻了一番。有调查说，通用电气是美国道·琼斯工业指数设立以来唯一至今仍在榜上的公司。通用电气曾被《财富》杂志评为"美国最受推崇的公司"和"美国最大财富创造者"。

让下属参与管理工作，可以使他们迅速摆脱工作中产生的挫败感及消极情绪，使他们重新恢复参与工作的热情和信心。

参与管理意味着领导并不是擅自做出决定，而是与相关的个人讨论，并听取了人们的意见之后再作决定。这样，领导或是考虑了员工的意见，或是部分地采纳了员工的意见，让员工有了分担管理、参与管理的感觉。管理者不这样做的话，就会挫伤员工的积极性，因为，如果他不征求员工的意见，员工会十分沮丧。他们其实想对别人有所帮助，找到自己的自重感。

如果领导听取了下属的意见，但又不准备采纳的话，他应该花点时间向下属解释他这样做的原因。许多研究都发现，是否对下属言明一切，很大程度上影响着他们的工作热情。如果你对下属说明了情况，那么，他们对工作结果产生的责任感要比那些始终蒙在鼓里的人强得多。

当然，并非对所有人来说都是如此。领导还应敏感地注意到，有些人会觉得如果上司拿不定主意，事事都要征求他们的意见，那么他凭什么拿比他们高的工资？让下属积极参与管理，但上下级之间还是要分清楚的。

能鼓舞人心的那些东西就是人们对某些回报的渴望，如果他们没有得到这些渴望的回报，士气就会低落。如果这种起激励作用的因素与你自己有关，你希望得到一些控制权，下属的士气就会低落。

如果你想取悦于最高领导而无视下属的优秀工作表现，下属的士气也会一落千丈。最后，如果这种起激励作用的因素与管理者有关，在一个充满竞争的情况下，作为组员卖力地工作却得不到尊重，这种结果肯定是比较糟的。

对于管理者而言，在征求大家的意见时，要注意不要偏信那些在工作小组中有较多权威的人。大多数时候，这类人多数为年岁较大之人。对那些年轻的员工，也应该给予同等的关注，而不因他们的年龄、经验等因素而忽略。

不要将自己的方法强加给下属

作为管理者，当下属遇到问题不能解决时，你不妨结合自己的经验告诉他们一些方法，这样会使他们对你感恩戴德。然而，许多时候，情况往往在开始时便弄巧成拙，变了质。管理者虽想用温和的方式传达给下属，但是语气上如果隐含命令的意味，那么下属表面上也许接受，心里却未必服气。这一点必须特别注意。要知道，当下属因为不知如何做而感到闷闷不乐的时候，管理者如果趁机在一旁干预，对于下属而言，或许意味着对他们不信任。

如果这样，我们为什么不这么做：告诉他"如果是我，我将这么做……你呢？"以类似的做法来指导下属，不但可以保持自己的立场，而且还将意见自然地传达给下属。甚至下属极有可能会认为管理者是站在自己的立场上考虑问题。这样，管理者说服的目的便达到了。

假如管理者将自己的方法强加给下属，那么你的下属除了服从，将无所适从。其次，对下属而言，只要服从管理者的指示，自己根本不必费脑筋思考，反倒轻松。然而，事实上，管理者直接表示自己的方法，毕竟无法让下属真正学到工作的实际技巧。如果管理者能够指出多种方法，让下属自己有机会加以思考，下属一方面会认为管理者是给自己面子，另一方面则将提高对上司的信赖感。

在对下属的工作进行必要指导时，必须注意说话的方法、语气可能给下属带来的心理影响。例如，可强调：先考虑对方的立场，让对方了解我们的利益也就是他们的利益。如此指导工作就可事半功倍，何乐而不为呢？

众所周知，演讲与讲课是不同的。在大学讲课，主要任务在于传授知识，只要有知识，人人均可以上讲台。然而，演讲则不然，为了使自己的思想能与听众沟通，必须"制造"刺激。换言之，就是在他们想学习的心态上点燃学习的火花。

对于每一次与别人的交往，人们都有这种感觉，即与人对话并不难，难的是要使对方理解自己能说的意思。就是说，要让对方用耳倾听并不难，要让对方用心思考则不是易事。在教导他人时，必须划清此两者的界限，才能达到预期的效果。

很多犯了错误的员工或下属就很难将上述两者予以分清，并且告诉他的上司，这样下来，下属就会把自己的全部知识和想法告诉对方。例如向他们指出：过失的原因在于此时此地发生此事，经由某作用，而产生某影响，所以我们应该如何做。如此就变成讲课了。话虽然进入对方大脑中，却不是对方切身需要的东西，因此无法吸收，甚至容易将之遗忘。

要解决这些问题，最好的办法就是明确地指出他的过失所在，但是上司最好不要教导下属如何去做，以及怎样防止问题再度产生和追究过失的方法。

让对方有自我思考的余地。当对方能自己思考却又无计可施时，自然会发问："这里该怎么办？"此时再给予适当的意见，才是最合乎实际的指导方法。

许多管理者为了提高工作效率，往往希望以最简单的方式将知识传达给下属，而不让下属自己去思考。如此将无法培养出优秀的下属。这一点，管理者必须提高警惕。

通过授权创造一种普遍的责任感

要想提升团队的责任感，管理者就必须通过授权将权力和责任交给下属。

领导者授权的真正核心是，要能够给下属以责任，赋予权力。只有这样才能保证员工出色发挥自己的潜能并最终赢得他们的拥戴。

北欧航空公司主管营销的副总裁詹·卡尔佐统计发现，第一线的员工每天需做出大约 17 万个大大小小的决策。当他升为最高业务主管时，公司每年的客流量已经达到 1000 万，员工与顾客的接触机会达 5000 次。因此，员工的服务状况将直接影响公司的效益。

美国通用电气公司前首席执行官韦尔奇是开发人力资本和激活知识型员工的能手。他提出了精简、速度和自信原则，认为培养员工自信的办法就是放权和尊重，建立简洁的组织。杰克·韦尔奇认为，企业里每个员工任何时候都会做出决策。一个优秀的领导者应当适当放权，将权力和责任交给自己的下属，这样才能使下属的才能充分地发挥出来。

然而，一些管理人员认为，授权给员工，让员工作决策将使企业变得混乱不堪，无法管理，而设立的规则和管理层越多，对员工进行的监督越全面，给他们"胡想"的机会越少，越好控制局面，自己的决策才能贯彻下去。但是，任何领导者必须注意以下两点：

第一，任何企业不可能百分之百地控制员工的工作。一定程度上讲，员工不得不使用自己的判断力。

第二，全面控制员工的决策权只会产生最低效果。交响乐团指挥的控制权看起来很大，演奏员绝不可能按自己的兴趣随便演奏，指挥实际上控制着整个表演过程的各个方面。

因此，可以说，指挥具有百分之百的控制权，每个演奏员必须听从指挥棒。但是，交响乐的一个成员曾说过：一个伟大的指挥家最具魅力的地方就是用最微妙的手势产生巨大效果，他让你了解他的意图和期望获得的效果，他通过指挥棒了解每个演奏员的能力，他需要和谐和力度，他给每个人充分决定权。但是，如果你越想控制，获得的效果越糟，到头来就只剩下生气了。因此，完全控制是不可能的，即便可能，在今天竞争激烈的商业环境中也不应该如此，否则你将因为自己的管理失策而失去领导者的地位。因此，任何一名成功的领导者在管理中都必须遵循这样一个原则，那就是给自己的下属一定的决策权，并让其为之承担相应的责任。

Sun公司成功的最大秘密是公司为员工创造了一个自由、宽松的环境，使员工有充分的自由去做他想做的事。麦克尼里最引以为豪的Java正是在这种自由宽松的环境中取得的。

1990年，Sun公司的软件工程师格罗夫·阿诺德对工作感到厌倦，对Sun的开发环境感到不满，决定离开Sun公司去别的公司工作。他向约翰递交了辞呈。本来对于Sun这样一个人才济济的公司来讲，走一两个人是无足轻重的，但是约翰敏感地意识到了公司内部可能存在着某种隐患。于是他请求格罗夫写出他对公司不满的原因，并提出解决办法。当时，格罗夫抱着"反正我要走了，无所谓"的想法，大胆地指出Sun公司的不足之处，他认为Sun公司的长处是它的开发能力，公司应该以技术取胜，他建议Sun在技术领域锐意进取，应该使当时100多人的Windows系统小组中的大多数人解脱出来，这封信在Sun公司内引起了很大的反响。约翰通过电子邮件将这封信发送给了许多Sun的顶层软件工程师，很快格罗夫的电子信箱就塞满了回信，这些信件都来自于支持他关于公司现状的评述的同事。

在格罗夫即将离开 Sun 公司的那一天，约翰向他提出了一个更具诱惑力的条件，即成立一个由高级软件开发人员组成的小组，给予该小组充分的自主权，让他们做自己想做的事情，只有一个要求：一定要有惊世之作。于是就诞生了一个代号为"绿色"的小组，这个小组的致力方向是，开发一种新的代号为"橡树"的编程语言，该语言基本上根植于 C＋之上，但是被简化得异常小巧，以适于具有不同内存的各种机器。

后来，Sun 将"绿色"小组转变成为一个完全自主的公司。经过调查研究，公司决定角逐似乎正在脱颖而出的交互电视市场，但是这次努力却以失败告终。面对失败，约翰不是解散公司，而是鼓励他们继续完善这种语言，他坚信这种语言一定会不同凡响。于是，Internet 发展史上的里程碑，富于传奇色彩的 Java 就这样诞生了。它成了约翰的最新法宝。

Sun 公司的成功实例告诉我们，唯有组织成员感到有力量、有能力、有用的时候，他们才可能完成不凡的工作。倘若组织成员觉得软弱无能、持续表现低劣，他们就会逃离组织。

管理咨询专家史蒂芬·柯维认为："每一个员工都是有很大的才能、潜力和创造性，但大多数都处于休眠状态。当领导者为了使人们为完成共同目标而进行协同时，个人意图的任务与组织的任务交织在一起。当这些任务重叠时，就创造出伟大的战略。当人们摆脱了对其潜能和创造力的束缚，而去做必要的、符合原则的事情时，就会产生巨大的能量，可以在服务顾客或股东时实现其自身的理想、价值和任务。这就是授权的含义。"而领导者统御下属一个最有效的办法就是充分地授权，给下属更多的决策权和责任。

现代管理大师德鲁克认为："管理的过程中过多地外来控制会将一个人做事的内在动机逐渐侵蚀掉。换句话说，人们甚至会认为，只有外在力量才能强迫他们去做事；然而，内在动机才是成就非凡事物的必要因素。当人们做一件事只是因为别人叫他去做，而不是他自己想要做时，他就不会尽力去做好。因此，依赖外来力量和控制，都会减弱个人和组织的生产力。"

在管理中，权力和责任是相辅相成的，德鲁克认为："如果让下属担负起一些责任，首先他们得被授权。让他们觉得拥有力量的不二法门是：创造一个他们可以参与，并且感觉自己很重要的环境。"事实上，那些深受下属拥戴的公司领导者，不但深知也身体力行着"权力是可扩张的大饼"这个观念。他们明白，权力并非一种零售商品，并非当别人拥有得比较多时，领导者就变得比较少。他们了解，当组织成员越是感觉拥有权力和影响力，他们的认同感和对公司的投入也就越高。领导者和成员若乐意受到彼此的相互影响，那么每个人的影响也就更大，且可带来彼此互利的影响。

越是能释放影响力，能倾听、能帮助他人的企业领导者，也就是最受尊敬和最具效率的领导。当企业领导者和其他人分享权力时，他们就表现出对他人的高度信任，以及对他人能力的尊敬。同样，当下属感觉自己能够影响领导者时，他们的向心力会更强，也会更有效率地贯彻自己的责任。领导者通过授权向下属传递的信任感能够换来员工的忠心和工作激情。

不能搞"扶上马，不撒缰"

"用人不疑，疑人不用。"领导者要做好授权，就应当放手让下属去干，不随意干预下属的工作，这样才能充分调动下属的积极性，激发出下属的潜能。

《吕氏春秋》记载，孔子弟子子齐，奉鲁国君主之命要到亶父去做地方官，但是，子齐担心鲁君听信小人谗言，从上面干预，使自己难以放开手脚工作，充分行使职权，发挥才干。于是，在临行前，主动要求鲁君派两个身边近臣随他一起去亶父上任。

到任后，子齐命令那两个近臣写报告，他自己却在旁边不时去摇动二人的胳膊肘，捣他们的乱，使得整个字体写得不工整。于是，子齐就对他们发火，二人又恼又怕，请求回去。

二人回去之后，向鲁君报怨无法为子齐做事。鲁君问为什么，二人说："他叫我们写字，又不停摇晃我们的胳膊。字写坏了，他却怪罪我们，大发雷霆。我们没法再干下去了，只好回来。"

鲁君听后长叹道："这是子齐劝诫我不要扰乱他的正常工作，使他无法施展聪明才干呀。"于是，鲁君就派他最信任的人到亶父对子齐传达他的旨意：从今以后，凡是有利于亶父的事，你就自决自为吧。五年以后，再向我报告要点。

子齐郑重受命，从此得以正常行使职权，发挥才干，亶父得到了良好的治理。

后来孔子听说此事，赞许道："此鲁君之贤也。"

古今道理一样。领导者在用人时，要做到既然给了下属职务，就应该同时给予其职务相称的权力，放手让下属去干，不能大搞"扶上马，不撒缰"，处处干预，只给职位不给权力。

北欧航空公司董事长卡尔松大刀阔斧地改革北欧航空系统的陈规陋习，就是靠充分放权，给部下充分的信任和活动自由。开始时，他的目标是要把北欧航空公司变成欧洲最准时的航空公司。但他想不出该怎么下手。卡尔松到处寻找，看到底由哪些人来负责处理此事，最后他终于找到了合适的人选。于是他去拜访他："我们怎样才能成为欧洲最准时的航空公司？你能不能替我找到答案？过几个星期来见我，看看我们能不能达到这个目标。"

几个星期后，他们按约见面，卡尔松问他："怎么样？可不可以做到？"他回答："可以，不过大概要花6个月时间，还可能花掉你150万美元。"卡尔松插嘴说："太好了，说下去。"因为他本来估计要花这个数目 5 倍多的代价。那人吓了一跳，继续说："等一下，我带了人来，准备向你汇报，我们可以告诉你到底我们想怎么干。"

卡尔松说："没关系，不必汇报了，你们放手去做好了。"大约四个半月后，那人请卡尔松去，并给他看几个月来的成绩报告。当然已使北欧公司成为欧洲第一。但这还不是他请卡尔松来的唯一原因，更重要的是他还省下了 150 万美元经费中的 50 万美元，总共只花了 100 万美元。

卡尔松事后说："如果我只是对他说：'好，现在交给你一件任务，我要你使我们公司成为欧洲最准时的航空公司，现在我给你 200 万美元，你要这么这么做。'结果怎样，他们一定也可以预想到。他一定会在 6 个月以后回来对我说：'我们已经照你所说的做了，而且也有了一定进展，不过离目标还有一段距离，也许还需花 90 天左右才能做好，而且还要 100 万美元经费。'可是这一次这种拖拖拉拉的事却不曾发生。他要这个数目，我就照他要的给，他顺顺利利地就把工作做好了。"可见，放不放权结果大不相同。

日本著名企业家士光敏夫也曾经讲过这样的话："领导者只需要制订大体的方针和目标，至于完成任务的方法，就应放手让下属去做。"领导者用人只给职不给权，事无巨细都由自己定调、拍板，实际上是对下属的不尊重、不信任。这样，不仅使下属失去独立负责的责任心，还会严重挫伤他们的积极性，难以使其尽职尽责。

所以，放手让你的下属去施展才华，只有当他确实违背你的工作主旨之时，你再出手干预，将他引上正轨。只有这样才能充分调动起下属的积极性，提升他们的工作业绩，而你最终也将赢得下属的真心拥护。那么，一个领导者应该将哪些权力授予下属呢？

（1）你不想做的事。如果你能将自己不想做的事委派他人去做，那你十分幸运。然而没必要将你对这项任务的厌恶感告诉被委派者，这样做可能会避开负面的影响。

（2）你没时间做的事。你没有时间去做，就找一个合适的人让他去做吧。

（3）别人能做得更好的事。有时别人做比自己亲自去做更好，那么就把这项工作毫不犹豫地交给别人。

（4）你喜欢做并能做好，但未能充分发挥你的才能的事。在你的领导生涯中，不要让自己吊在这些工作上。记住，你可能"适当"地做某项任务，但是否在做你最合适做的事呢？

（5）他人为了积累专业经验而必须做的事。当然，通常你会比下属或助理干得更快更好。但为了让下属或助理提高专业水平，可能要将工作交由他们去做。而且，随着你不断晋升，你将享受到将任务委派他人而来的自由感。认识这一点，尽管你一直做着一项具体工作（而且做得相当不错），抽出时间教会别人，长期来看，这是值得的。

在研究了许多优秀的管理者后会发现，他们大多数都是成功的授权者，正由于有了授权，他们才能从繁杂的工作中超脱出来，干更紧要的、更重要的、别人又干不了的工作。

㉙ 比起改变员工，更关注改变环境

培植造就优秀人才的土壤

人的成长，离不开环境的滋养和哺育。一般来说，环境造就人才，人才也改造环境。在当今社会，环境对人才成长与发展的作用显得日益突出和重要。每一个人的成长都与社会生存环境息息相关。只有合理利用环境、完善环境，才能做到人尽其才，才能使天下无弃才。

我们常说"时势造英雄""英雄无用武之地",说的就是人与环境的关系。可以说,环境就是造就人才的土壤,人与环境的关系就像树木与土壤的关系。

一位哲人曾说:"我们不缺少天才,我们缺少培养天才的土壤,希望大家都来做土壤。"这句话足以说明了客观环境对人才的影响。好的环境可以使天才脱颖而出,坏的环境足以毁灭天才。管理者要使员工成为"天才"、成为"千里马",就必须为员工营造一个好的环境和系统,即打造优秀的企业文化。

一个企业就是一个团队,在这个团队里,组织框架是骨骼,文化是其灵魂,没有灵魂的团队,好比一部缺少润滑剂的机器,故障多,效率低,内耗大,管理成本高,难以形成强大的核心竞争力。因此,用优秀的文化创建团队,是打造优秀企业团队的根本途径。

优秀的企业文化在满足4个标准:

(1)从制度中体现优秀的企业文化。优秀的企业文化可以从制度中得以体现,因此,通过制度体系的建立可以表达出团队的价值取向:支持什么,反对什么?用什么样的人?如何用人?赞许什么行为?反对什么行为?如何管理,用制度管理还是人情管理?

一个优秀的团队,可以把企业带到成功经营的至高境界;一个优秀的团队,可以更好地达成企业的经营和质量方针,可以更好地达成企业的质量目标;一个优秀的团队,可以更好地达成顾客的满意度。这对于一个优秀的团队来说,其影响力是深远的。

(2)共同的目标、共同的期望。共同的目标、共同的期望是形成一个团队的首要条件,而这也正是企业文化的重要组成部分,也是达成员工对一个团队、一个企业忠诚的重要方式。员工是否忠诚奉献的关键问题是:员工是否了解并且认同企业的发展目标?员工是否明确并且履行自己的职责?

　　唯有切实了解员工的期望和需求，发展新型的员工与企业关系，才能让员工乐意释放出，而不是被挤出自己的能量。只有这样，一个团队、一个企业才能够茁壮成长，不断地走向成功。

　　（3）良好的沟通协调。团队内部良好的沟通协调是形成一个优秀团队不可或缺的重要条件，具有创新能力的团队才能称其为优秀团队，用高尚的精神去塑造员工，有利于促进团队内部良好的沟通协调，有利于员工创造性地开展工作。然而，培育高尚的精神十分需要有一个文明环境，企业只有不断地用优秀的文化营造文明环境，才能更有成效地用高尚的精神去塑造员工。

　　（4）营造良好的文化环境。在企业内部营造良好的文化环境，是塑造文明员工的重要条件。企业的发展关键在于员工的思想，在于员工队伍的志气和士气，只有一流的人品，才会创造一流的产品；有了一流的产品，才会创造一流的效益。

　　用优秀的文化创建团队，最终有利于在员工中倡导高尚的精神，提升境界、激发活力，昭示以荣为荣，以耻为耻的价值判断标准，使优秀的企业文化如夜路明灯、春风雨露一样，滋润到每一个员工心田，形成推动企业不断发展的强大合力。

　　总之，优秀的企业文化能够为员工的成长提供有力的支持。员工在工作过程中难免遭遇各种各样的困难。在这种情况下，如果企业能够为员工提供宝贵的资源和强大的力量，那无疑会促进员工的成长。作为个体来说，首先要尽量适应环境，当我们与环境格格不入时，可以充发挥自己的主观能动性，自我优化环境，使自己的才能得到最大限度地发挥。

员工的怒气扼杀90%的业绩

　　怒气这种情绪在工作环境里肯定不是什么新鲜事。怒气对团队气氛具有很强的杀伤力。有位管理学家甚至说，员工的怒气会扼杀 90％的业绩。因此管理者要重视员工的怒气问题。

两个外派进行市场调查的员工的对话。

甲：我决定提早收工。

乙：为什么？

甲：今天心情不爽，上个月我的奖金凭什么被扣掉一半？

那是什么加剧了怒气呢？就工作环境而言，原因众多。比较常见的有三种：权力的损失、资源的损失和利益的损失。上述案例中甲的怒气就来自于利益的损失。某人从核心部门调到非核心部门，这就是权力的损失；某人的客户资源被公司拿走，这属于资源的损失。

对于咄咄逼人的强烈怒气，管理者要为下属的怒气提供适度的发泄渠道。

如今，但凡体面些的企业，总会备有那么两只闪亮的咖啡壶，咖啡是全天候免费供应的。稍微讲究些的公司，甚至还会专门有一间小小的咖啡厅供员工们休息时享用。于是乎，在这里金属勺搅拌咖啡时所发出的叮叮当当的"悦耳音乐"便也化为了企业文化的一种。

供应免费咖啡，对于公司的老板来说其实是"打一鞭子赏一甜枣"的恩威并施战略。福利待遇越好的工作，管理就越发严格。每个人都必须在最短的时间内让人看到你的工作成效，因为在管理者的眼中，"效率"是衡量员工的第一标准。

咖啡厅对员工的怒气有缓解作用。可以想象一下，在这样的工作环境中，当下属面对着厚厚一摞待处理的文案愁眉不展时；当他们刚刚挨了上司的钉子，心中怒气冲天却不能发作也不敢发作时；当有人加了一个通宵的夜班，头昏脑胀可又不得不出席一个重要的会议时。一杯热气腾腾、香气四溢的咖啡无疑是最适宜的调节。

如此花钱虽不多却人情味十足的"温柔政策"，员工们是十分买账的，于是鞭打的痛就不那么难以承受了。但凡公司集中的区域，咖啡厅的生意也肯定红火。

管理人员不要压制自己和员工的怒火，这一点非常重要。正像搞好管理人员的关系是成功开发市场的关键，搞好员工关系在企业内部也是绝对必要的。管理人员要做的几件大事：

第一，不要使下属在物质待遇上有怨气，管理者要一视同仁，尽可能给高薪。

第二，不要使下属在精神待遇上有怨气，管理者要懂得关爱和尊重下属。

第三，要制订制怒计划，包括制定政策，以及对下属怒气的紧急情况应对。

第四，重视申诉交流示范的作用，从上到下都要掌握处理纠纷的本领。

第五，加强对员工的指导、培养和发展，使其能力和本领获得增长。研究表明，能够获得能力提升的员工一般怨气较少，即便有怒气，也是暂时的，能够较快调整。

创造有助于提高员工幸福度的环境

员工幸福度是指个体作为职业人的幸福程度，也就是个体对他所从事的工作的满意程度。创造有助于提高员工幸福度的环境，对企业经营管理意义重大。高的员工幸福度能够有效用户满意度，于是能够为企业创造更大的价值。员工幸福度指数高有利于调动员工的积极性和创造性，提高员工工作效率。员工幸福度指数高有利于企业的稳定与团结，有利于提高员工的忠诚度，从而提高企业凝聚力。

随着市场竞争的异常激烈，想要发展壮大的企业，越来越注重企业人性化管理与感情投资，致力于将公司建设成为员工温馨的家园，为员工创造良好的生活及工作环境，提高优质化服务水平，从而以良好的工作环境与生活福利提高公司的凝聚力、向心力与竞争力。

企业在什么情况下可以留住员工？团队管理者到底什么时候才可以避开"亡羊补牢"的陷阱？那就是要创造有助于提高员工幸福度的环境。

很多企业管理者核心的需求还是希望这些员工很快乐、很开心。大多数的情况下是提升幸福感，提升心理资本，让大家更加有激情、有热情、有活力地发挥自己的潜能。心理资本的因素之一是乐观，而乐观的定义就是对于事情有一个积极、正向的期待。

白芨沟矿为了提高员工的工作积极性，同时也为了实现矿区和谐发展，对矿区范围内所有的路面、场地、设施进行修理、绿化，改善矿区环境。以前的矿区的环境是：街道上六七十吨重的拉满煤炭的大车驶过，噪音大、污染大，同时给矿区群众出行带来不便。矿区的环境污染严重，绿化地带面积很小。因此在这里工作的矿工心情很不好，经常能在街道上或是在矿工工作的地点看到打架或是吵架的矿工，大家工作情绪也很消极，每天只是将属于自己的那部分干完以后就不管其他的了，甚至很多人有时候连自己的工作也干不完。

要解决这个问题，矿区领导经过研究，抽调人力物力用了1个月的时间沿着山脚开辟了一条四五公里长的运煤专用线。然后还投资改善周边的环境，在矿区周围种了很多树，还治理污染的河流。最后还改善矿工的生活条件，在矿上又新建了员工食堂。为了满足员工的不同口味，食堂专门制定了每周食谱，荤素搭配，并且专门配了辆车用于采购新鲜蔬菜。

矿区工作环境的转变换来了矿工心情的转变，矿工的精神面貌正在发生着深刻的变化，落后陈腐的观念消失了。环境的改善同时还激发了员工的干劲，员工加班加点、夜以继日地工作，为实现矿区的和谐发展贡献着自己的力量。

企业坚持着以人为本，秉着发展员工为基本，以人性化方式管理和服务员工，从小事做起，努力为员工营造良好的、身心舒适的生活和工作环境，并不断更新和完善，就能激起员工的工作积极性，这样能以最小的投入换取最大的成效。

企业管理者了解幸福学，关心人的心理因素，就能很好地达到管理的目标。管理者要学会让下属在幸福的环境中完成自己的工作。下属能实现自己的目标，便能完成企业的目标，促进企业的发展。创造有助于提高员工幸福度的环境，对组织有效性也有价值，因为有活力的员工才能让组织更具生产力，绩效更出色。作为管理者，若能掌握一定的心理学知识，运用幸福学的理论，企业管理者就能更理性、更科学地管理和决策，使员工最大限度地提升员工的幸福度。

㉚ 依靠全员解决而非专家

认为下属的智慧微不足道是大错特错

不注重下属的智慧，是决策误区之一。一个高明的领导善于充分发扬民主，集思广益，从谏如流，兼收并蓄，博采众长，注意发挥决策群体的作用。"议决"而不"自决"。

巨人集团曾经风光一时，号称要建珠海第一高楼——巨人大厦。但是因为资金链断裂，巨人大厦仅仅建了三层之后就猝然停工。公司董事长史玉柱成为闻名全国的"负翁"。

但是几年之后，史玉柱凭借保健品脑白金成功翻身，并涉猎网络游戏，成为中国改革开放以来最具有传奇色彩的企业家之一。再次辉煌的史玉柱如是说：

我觉得在公司内部，民主集中制很重要。早期我在公司的时候往往不民主，然后中间也有过不集中的时候，其实都不是很好。公司的决策一定要既有民主，又有集中。任何一个人都会犯错误，你是老板，是个天才，你也会犯错误。我前面说，我过去自以为是想成熟的，70%的都是错的，我作为一个企业的负责人，错误的东西是很多的，所以我只能和自己的企业内部骨干多交流，多征求他们的意见，决策权一定要民主。决策完了之后，只要不是方向性错误，就要坚定地执行。登山有很多条路，有可能你选的这条路不是最近的，有可能远一点，但是如果你坚持走，一定会到达终点；总比那种好：那种你走了一条路，发现不是最近的，另外选一条路，然后下山再去走那条路，发现又不是最近的，登了一半再下来。

要吸引下属参与到团队决策中来。每个人都有参与意识，如果你让他们了解得越多，给予更多的参与机会，使他们对前途有更好地把握，他们去其他公司发展的念头就越少。若员工感到在现有职位能真正发挥作用，即使其他业主提供某种职位，他也很少愿意去应聘。

除了促使提升员工忠诚度，"议决"而不"自决"，其重要意义体现在以下四个方面：

一是在民主讨论中各人发表不同的意见和建议，就等于提出了更多可供选择的方案。

二是民主讨论必然使决策进一步优化。不同意见之间互击其短，各扬其长，就使方案的利弊得以充分显现，还可以互相启示，开阔思路，取长补短，从而提炼成最佳的决策方案。

三是民主讨论的过程实际上也就是统一决策认识的过程。一旦决策，就可同心同德，上下一致地去实施，有利于发挥各方面的主动性、积极性和创造性。

四是通过民主讨论形成的决策更具有可靠性。当实践证明决策有失误时，原来的反对意见往往就是一个现成的补救方案，不致临渴掘井，束手无策。因此，管理者不可把决策的民主讨论当作可有可无的形式，而应该以此作为决策过程中必不可少的重要环节。

团队领导绝不能搞个人英雄主义

个人英雄主义主导的团队必然会失败。当年，刘邦与项羽经营着两个不同的"民营企业"。汉高祖刘邦有一句经典名言："夫运筹帷幄之中，决胜于千里之外，吾不如子房（张良）；镇国家，抚百姓，给馈饟，不绝粮道，吾不如萧何；连百万之军，战必胜，攻必取，吾不如韩信，此三者，皆人杰也，吾能用之，此吾所以取天下也。"与其相反的是项羽，当初凭着个人英雄主义，势力一度膨胀，结果无颜见江东父老，自刎而亡。

客观地说，个人英雄主义在项羽创业初期确实发挥了很大的作用。但关键是在势力壮大、地盘扩大后，面对纷繁复杂的战争形势，他应该及时培养人才，授之予权，通过管理团队而不是个人的骁勇来夺取胜利。项羽的失败，是个人英雄主义的失败，而刘邦的高明正是在于发挥团队优势。一胜一败揭示了企业运营的真相：团队高效才能成功。

现代化企业之中，制度建设很完善，部门分工明确，多数工作都需要相互协作才能完成。如果员工不能融入团队，在团队中显得极不合群，往往以个性主导团队运行规则。这样的员工即使再优秀、再有能力，也不足以委以重任。因为现代企业更注重团队协作精神，拒绝崇尚个人英雄主义。企业管理者更应该注意的是：因为地位的特殊性，企业的领导者更容易成为企业的"个人英雄"。切记不能为逞个人英雄而使企业的长期发展陷入隐患。

惠普公司原总裁格里格·梅坦曾说："企业的领导不能成为团队的主宰者，尽管企业的领导具有超强的能力，是团队中英雄级人物。"他还说：

"作为领导者我对该组织的构想当然重要，但是仅仅有我的构想还不够。我的观点是我最重要的领导资产，同时也给我带来了最大限度的限制。我认为，老板是轮毂，员工是轮辐，员工之间的谈话以及人际关系的质量是轮边。如果因为同事之间不能解决相关问题，所有的决策都需要通过轮毂，那么这个组织创造价值的能力就会受到老板个人明智程度以及时间的限制。这显然不能造就高效运营的团队。为了创造一种'轮边'会谈，老板就必须有意识地说明什么事情应该由轮毂来解决，什么事情应该由轮辐来解决。"

他还举例说明：那些来自世界各地的员工在伦敦相聚，作为老板的他并不参与，因为他们正在寻找解决一个复杂并且有争议的问题，他已经为他们创造了这一"轮边"会谈。他不希望因为自己的出现而使会谈没有结果。后来，果不其然，他们的会谈很成功。

曾几何时，"万家乐，乐万家"的广告语响彻大地，空调行业对拥有热水器行业龙头品牌背景的万家乐空调寄予了厚望，期望万家乐带领民族企业在国际市场上创造奇迹。在万家乐空调 2002 年 3 月 15 日产品上市之后，广大的经销商就投入到销售万家乐空调的队伍中。然而，好景不长。万家乐空调在国内空调市场上销售了一年多之后，于 2003 年年底爆出被珠海市中级人民法院查封的消息。

一颗冉冉升起的品牌瞬间陨落。万家乐的失败就是典型的因为个人英雄主义主导团队而引起的失败。万家乐空调老板陈雪峰是个典型的具有"个人英雄主义和独裁治理"特征的人。在陈雪峰的心中一直隐藏着像张瑞敏、李东生、黄宏生一样，做中国家电业的顶级风云人物的野心，因此他独断专行，不纳谏言，不但在公司战略上以卵击石，以微薄之力进军大家电，在公司内部治理上，陈雪峰还自高自大，以为凭借自己的个人英雄主义就可以吞并天下。

陈雪峰从来都听不进业内资深员工的忠告，动辄对员工大发脾气。在人员使用上，陈雪峰仅凭自身好恶任意任免高级管理人员。由此带来的影响是，万家乐空调的品牌负责人换了一任又一任。公司的企业文化不成体系，缺乏企业精神和足够的凝聚力，导致中下层员工缺乏归属感，结果公司上下人心涣散，最终落下失败的下场。

作为管理者不应该让个人英雄主导团队，不应该过分强调个人的效能，应该极其重视个人与个人合作所产生的效能。现代社会，仅凭一个人的能力和经验已经不能应对所有工作。在任何一个成功的团队里，每个人都是英雄。而团队失败了，则没有英雄存在。

建立协同个人贡献的群体机制

企业实现执行力的关键是需要建立一种协同个人贡献的机制，即"群体运行机制"。企业的管理者为了提高公司业绩和执行力，已经越来越重视人才的使用。但大量事实证明，单纯关注个体员工使用的管理者并不能保证一个组织高效运行。

沃尔玛的群体运行机制就很具有效率，一直为业内效仿。在 20 世纪 90 年代初，沃尔玛的创始人山姆·沃尔顿从周一到周三，每天都要派出大约 30 名主管去调查 9 家沃尔玛商店和 6 家竞争对手的商店。他们搜集出很多商品的价格，并作对比。在调查商品价格的同时，这些负责调查的主管们还会观察货物是怎么摆放的，消费者在购买些什么，商店的外观、氛围如何，竞争对手采取了哪些新的措施，雇员的反应如何等。

这个机制的高效率秘诀在于管理者和现场执行之间没有隔层。没有隔层的最大意义在于时间和质量，没有延迟，没有扭曲，没有怀疑。星期四的早上，沃尔顿召开了一次 4 个小时的会议，与会的还有约 50 个经理。他们中有考察商店的主管、物流经理，还有广告部负责人。通过考察结果，他们很快就会作出类似某地区需要 10 万件羊毛衫上架这样的决定。

观察家表示，沃尔玛这套机制运行的关键在于，创始人山姆找到了最适合从事调查工作的人，这个机制保证了调查人员的效率，保证了因为调查结果而决策的效率。通过这样的机制，能够使调查的主管积极工作，使商店的执行人员迅速根据决定进行调整，使物流和广告投放人员在团队运行下高效工作。在这里，人们协同一致地工作，同时，还增强了责任感。如果有人在工作中没有尽力，自然就不能为星期四的会议做好准备，在会上马上就能被山姆看出来。

保证人尽其才，这需要在合适的岗位安排合适的人才，并使这些人才协同一致，以此来提升团队的运行效率。迪克·布朗就是设计这种制度的高手。

迪克·布朗在 1999 年 1 月当上了 IT 服务业的巨人——电子数据系统公司（EDS）的 CEO。而在他上任之前，公司庞大的规模和全球化经营使 EDS 陷入了繁杂的事务中。EDS 试图调整业务，但结果很不理想——业务大幅萎缩，连续几年未能达到预期赢利。

布朗创立了群体运行机制，以保证业务的成功。其中最重要的一项是每月一次的"执行会议"——一个包括来自全球约 100 个 EDS 业务主管的电话会议。在会议中，每个单位的月成果和自年初的累积成果都要被讨论到。这样很快就可以知道谁做得好，谁需要帮助。这使每个部门不得不高效工作，避免居人之后。另外，在与业绩不理想的主管的对话过程中，布朗会刨根问底地询问，以此使落后者感到压力，从而迎头赶上。

布朗设计的群体运行机制以其公开、公平、透明的特点赢得了公司上下的赞誉，使每个主管都会根据业绩的需要自觉调整自己的团队，力求每一个人都是在他最合适的岗位上工作。布朗每两周都要给全体员工发电子邮件，让他们了解公司的一些特别成就，同时讨论公司在优先业务里所处的状态，这种做法使公司的共同目标得到加强，决策得到制定。到 1999 年年底，EDS 的群体运行机制表现出效果，公司各级主管把关注点转移到吸引和留住有天赋的人身上，促使人尽其才。同时，公司里的每一个员工对公司自身的成长、客户满意度以及责任感的关注也日益增强。EDS 的业绩由此直线上升。

随着组织成员越来越多，协同一致就成了更大的挑战。通常，信息在内部流动时会遇到或这样或那样的障碍和歪曲。公司规模越大，人们分享信息、做出一致的决策和调整其优先业务的难度就越大。决策的速度变慢，执行力的优势就被削弱。因此，企业运行机制的最大意义是保证公司各项信息流动的便捷性、有效性和准确性。机制的最大意义是保证人尽其才。

以"卷入"策略刺激员工参与感

参与式管理是提高企业工作效率的重要途径。"卷入"策略即鼓励、甚至刺激员工参与公司管理。门户开放是最典型的例子。门户开放是指在任何时间、地点，任何员工都可以口头或书面形式与管理人员乃至总裁进行沟通，提出自己的建议和关心的事情，包括投诉受到不公平的待遇，而不必担心受到报复。

若他的上司本身即是问题的源头或员工对答复不满意，还可以向公司任何级别的管理层汇报。门户开放政策保证员工有机会表达他们的意见，对于可行的建议，公司会积极采纳并实施。任何管理层人员如有借门户开放政策实施打击、报复行为，都将受到相应的纪律处分甚至解雇。

劳拉公司是美国一家成功的风味餐厅，支撑它繁荣的是一支 4000 人的忠诚的员工队伍。公司没有令人窒息的清规戒律，雇员参与到公司的每一方面的发展，厨师、管理者、设计者和美术人员都为每一家餐厅的历史竭尽全力。它的长期雇员一般都有机会获得自己公司的股份。公平的股份、深入的员工培训、丰厚的福利和广泛的晋升机会，使得公司在开发员工高度忠诚的同时保持了持续不断的创造性，这在员工流动率很高的服务行业实属凤毛麟角。

在这里，如果一名主管不培养出自己的接班人，就不会得到晋升。公司老板认为，如果人们感到满意，并且过着受人尊敬的生活，你就可以使大家齐心协力。那么，怎样才能让每位员工像总经理一样思考？具体措施有哪些？

第一，充分放权。只有当员工有一定的职能权利，才能保证员工的创新思考转化为现实生产力。而且，放权能让上一层经理人思考更高层次、更深远的战略问题。许多企业发展到今天已经是一个大企业了，却主张像经营小企业一样经营大企业，绝对抵制官僚、倚老卖老、不思进取的作风。

第二，鼓励公司员工创新。企业不仅要长期地在经营哲学方面教育员工，而且在制度上也有许多保障。企业可以成立改善小组，小组由来自不同部门的员工组成，他们定期坐在一起，根据从顾客方面获得的信息，共同探讨可以改善的方面。

许多企业还设有"改革奖""创新奖"，这些奖项不仅针对新的产品，也表彰各种创新的行为，无论服务于哪个部门，每位职员都有可能因为自己的杰出创造力获得奖项。

鼓励下属参与公司管理，卷入策略彰显的是管理者的胸怀和管理智慧。如果员工积极参与到团队管理中来，管理者和下属就浑然一体，成为彼此力量的支撑；反之，主管和下属就如同断裂的两层，尽管在一个组织，但彼此骨肉不连，无法形成合力，毫无合作精神可言。